昭通扶贫

昭通市脱贫攻坚大决战实录

产业就业扶贫卷

政协昭通市委员会 组编

中国文史出版社
CHINA CULTURAL AND HISTORICAL PRESS

图书在版编目（CIP）数据

昭通市脱贫攻坚大决战实录 . 产业就业扶贫卷 / 政协昭通市委员会组编 . -- 北京 : 中国文史出版社 ,2021.12

ISBN 978-7-5205-3176-4

Ⅰ . ①昭… Ⅱ . ①政… Ⅲ . ①扶贫—工作概况—昭通 Ⅳ . ① F127.743

中国版本图书馆 CIP 数据核字 (2021) 第 187205 号

责任编辑：窦忠如　秦千里　方云虎
特约编辑：窦广利　张幼平　邓文华

出版发行：中国文史出版社
社　　址：北京市海淀区西八里庄路 69 号院　邮编：100142
电　　话：010－81136606　81136602　81136603（发行部）
传　　真：010－81136655
印　　装：廊坊市海涛印刷有限公司
经　　销：全国新华书店
开　　本：787 毫米 × 1092 毫米　1/16
印　　张：26.5
字　　数：366 千字
版　　次：2021 年 12 月北京第 1 版
印　　次：2021 年 12 月第 1 次印刷
定　　价：1980.00 元（全 19 册）

《昭通市脱贫攻坚大决战实录》丛书

编　委　会

《产业就业扶贫卷》

总 序

成联远

贫困是人类社会的顽疾，消除贫困是人类梦寐以求的理想，人类发展史就是与贫困不懈斗争的历史。

中国共产党从成立之日起，始终高度重视解决贫困问题，持续向贫困宣战。党的十八大以来，以习近平同志为核心的党中央，把脱贫攻坚摆在治国理政的突出位置，团结带领全党全国各族人民打响了人类历史上规模最大、力度最强、惠及人口最多的脱贫攻坚战。经过 8 年持续奋斗，如期完成了新时代脱贫攻坚目标任务，现行标准下近 1 亿农村贫困人口全部脱贫，贫困县全部摘帽，消除了绝对贫困和区域性整体贫困，脱贫地区处处呈现山乡巨变、山河锦绣的时代画卷！这是中国共产党团结带领全国各族人民艰苦奋斗所创造的又一个彪炳史册的人间奇迹，生动展示了中华民族摆脱贫困、走向复兴的强大力量。

昭通地处云、贵、川三省接合部的乌蒙山区腹地，是集革命老区、地震灾区、散居民族地区、生态敏感脆弱地区为一体的深度贫困地区，是全国贫困人口最多、贫困程度最深、脱贫任务最重、攻坚压力最大的地级市。全市 11 个县（市、区）中有国家级贫困县 10 个，1379 个村（社区）中有贫困村 1235 个，629 万人口中有贫困人口 185.07 万人，正可谓全国脱贫看云南、云南脱贫看昭通。

历史的洪流浩浩荡荡，精彩的答卷壮阔恢宏。近年来，特别是习近平总书记于2015年视察昭通以来，市委、市政府始终铭记习近平总书记的殷殷嘱托，感恩党中央的亲切关怀，始终把脱贫攻坚作为最大的政治任务，全面落实精准扶贫、精准脱贫方略，团结带领全市各族干部群众，攻坚克难、感恩奋进，发扬钉钉子精神，敢于啃硬骨头，奋力夺取了脱贫攻坚大决战全面胜利。全市现行标准下185.07万农村贫困人口、1235个贫困村、10个贫困县全部退出贫困序列，贫困群众人均收入由2015年的2703元增加到9899元，昭通千百年来的绝对贫困问题历史性地画上句号，全面建成小康社会取得历史性成就。昭通的奋力崛起、华丽转身，是云南乃至全国扶贫开发事业的一个缩影。

荆棘载途，玉汝于成。一切向前走，都不能忘记走过的路。在脱贫攻坚工作中，数万名扶贫干部倾力奉献、苦干实干，将最美的年华无私奉献给了脱贫事业，涌现出许多感人肺腑、可歌可泣的先进事迹。“感动南网”的彝良县牛街镇水田村第一书记吴长碧，用柔弱肩膀扛起扶贫重任；把病情报告单“藏”起来去扶贫的女干部金碧琼，一直坚守在扶贫第一线；特别是即将结婚却没有等到婚礼那一刻的“90后”扶贫干部王秋婷、积劳成疾牺牲在扶贫一线的驻村工作队队长李永春等25名扶贫干部，更是用生命诠释了共产党人的初心使命；还有216对“父子兵”、1284对“夫妻档”，572名干部“轻伤不下火线”，他们用身影、心血和汗水，交出了让党和人民满意的答卷。为全面记录新时代昭通艰苦卓绝、波澜壮阔的脱贫攻坚历史进程，客观反映乌蒙大地发生的翻天覆地历史性巨变，真实记录各级干部群众在脱贫攻坚中的感人故事，经市委同意，我们组织相关县市区、部门、专家对2015年至2020年我市开展脱贫攻坚的重大事件、典型故事进行搜集整理，编写《昭通市脱贫攻坚大决战实录》，旨在通过回望昭通脱贫攻坚的壮阔历程，探索总结蕴含其中的宝贵经验和深刻启示，赓续传承伟大的脱贫攻坚精神，从历史回望中照见未来，以更坚定的信心、更昂扬的斗志，继续走好新时代的长征路，奋力谱写昭通高质量跨越发展新篇章。

以昭通脱贫攻坚的壮阔历程资鉴后世。回望昭通脱贫攻坚的壮阔历程，市委、市政府团结带领全市各族人民披荆斩棘、栉风沐雨，攻克了一个又一个贫中之贫、坚中之坚，脱贫攻坚取得了重大历史性成就。昭通脱贫攻坚任务之艰前所未有，全市基础条件薄弱、致贫原因复杂、发展滞后明显，贫困面积大、贫困人口多、贫困程度深，贫困发生率高达 34.8%，“大山大水大峡谷、天寒地冻不出种、人多地少矛盾多”是昭通最大的市情。昭通脱贫攻坚规模之大前所未有，全市 11 个县市区中有国家级贫困县 10 个，其中深度贫困县 7 个；1235 个贫困村中，有深度贫困村 691 个；农村贫困人口高达 185.07 万人，占全省贫困人口的 1/5 以上，平均每天脱贫人数达到 1000 人以上。昭通脱贫攻坚成效之巨前所未有，全市累计投资 1658 亿元，规划的 12 条高速公路全部落地建设，打通了 11 个“出滇入川进黔”大通道，通车里程达 750 公里；累计新建或改造农村住房 55.89 万户；215.4 万人饮水安全得到巩固提升，自来水普及率达 94%；累计硬化农村公路 1.86 万公里，建成公路安全生命防护工程 1.05 万公里；因地制宜规划建设集中安置区 23 个，35.47 万名搬迁群众全部搬入新居；全市生产总值 5 年连跨 5 个百亿级台阶，年均增长 8%，达 1289 亿元。脱贫地区经济社会发展大踏步赶上来，整体面貌发生历史性巨变，极大增强了人民群众的获得感、幸福感、安全感。我们通过收集广大奋战在一线同志的真实故事，以“当事人”的亲身经历，将昭通脱贫攻坚艰苦卓绝、成效卓著的壮阔历程系统完整地记载下来，形成档案性的历史资料，以资后人，以鉴后世。

探索总结昭通打赢脱贫攻坚大决战的深层逻辑。习近平总书记强调：“办好中国的事情，关键在党。”有了党的坚强领导，脱贫攻坚就有了坐镇中军帐的“帅”，亿万人民就有了众志成城的“主心骨”。面对夺取脱贫攻坚大决战全面胜利的历史重任，市委、市政府始终坚持把党的领导贯穿各项工作全过程，坚持以脱贫攻坚统领经济社会发展全局、以党的建设统领推动各项工作落实“双统领”，强化铁的纪律和硬的作风“双保障”，努力实现党的建设和脱贫攻坚“双推进”。始终坚持以人民为中心的发展思想，提出“坚持以人民为中心、以群众工作为主线，抓住精准、统筹、务实三个关键，实现思想、工作和情感三个认同”的“133”工作思路，让人民群众真正成为脱贫攻坚这棵参天大树的主干。始终坚持精准扶贫、精准脱贫方略，围绕“扶持谁”“怎么扶”“怎么退”“退出后怎么办”四个重点，着力扣好精准识别、精准施策、精准退出、巩固提升“四粒扣子”，构建了一整套行之有效的政策体系、工作体系、制度体系，用发展的办法消除贫困根源。始终深入贯彻落实“五级书记抓扶贫”“党政同责促攻坚”的要求，坚持“一把手”负总责，切实强化市县抓落实机制，着力构建各级领导干部责任上肩、挂甲上任的组织体系。始终坚持集中精锐力量投向脱贫攻坚主战场，累计选派4592名驻村工作队队员、823名驻村督导员、6.37万名各级帮扶干部充实到扶贫一线，鲜红的党旗始终在脱贫攻坚主战场上高高飘扬。这些宝贵经验、深刻启示，我们通过编撰实录的形式如实记录，推动脱贫攻坚的认识和实践实现一个新的飞跃，为以后的改革发展提供重要的历史借鉴和方法指导。

赓续传承新时代脱贫攻坚昭通精神。伟大事业孕育伟大精神，伟大精神引领伟大事业。脱贫攻坚伟大斗争，锻造形成了“上下同心、尽锐出战、精准务实、开拓创新、攻坚克难、不负人民”的脱贫攻坚精神，这是中国精神、中国价值、中国力量的充分彰显。回望昭通脱贫攻坚大决战的壮阔历程，市委、市政府团结带领全市各族人民风雨同舟、携手与共、砥砺奋斗，努力闯出了一条以脱贫攻坚统领经济社会发展全局，倒逼产业形态、基础设施、城乡建设、生态文明等各个领域创新突破的“昭通路径”，奋力跑出了争先进位、赶超跨越的“昭通速度”，锻造锤炼了为民务实、实干求真的“昭通作风”，树立展示了“文明友善、开放包容”的“昭通形象”，淬炼形成了敢打善拼、坚韧求成、再硬的骨头也要嚼碎的脱贫攻坚“昭通精神”，这是一笔昭通当代脱贫攻坚人留给后世的宝贵精神财富。我们着力做好时代的忠实记录者，发挥文史资料“存史、资政、团结、育人”功能，赓续传承、大力弘扬新时代脱贫攻坚昭通精神，激励全市600多万名各族儿女在新征程上再鼓干劲、再聚合力、再立新功。

引领我们不断从胜利走向新的更大胜利。春江浩荡暂徘徊，又踏层峰望眼开。脱贫摘帽不是终点，而是新生活、新奋斗的起点。我们如期完成新时代脱贫攻坚目标任务，为实现两个百年奋斗目标以坚定信心、强劲动力，必将激励我们不断从胜利走向新的更大胜利。站在新的历史交汇点上，推动滇东北开发提速和崛起的奋斗史诗正在书写，我们必须从决战决胜脱贫攻坚的实践中汲取智慧和力量，进一步增强“四个意识”、坚定“四个自信”、做到“两个维护”，不断提升政治判断力、政治领悟力、政治执行力，在以习近平同志为核心的党中央的坚强领导下，永远保持慎终如始、戒骄戒躁的清醒头脑，永远保持不畏艰险、锐意进取的奋斗韧劲，永远保持永不懈怠、一往无前的精神状态，真抓实干、埋头苦干，脚踏实地、久久为功，在推动昭通高质量跨越发展的新征程上奋勇前进！

（作者时任中共昭通市政协党组书记、政协昭通市委员会主席）

目 录

第一编 本卷概述

第二编 特色产业登塔尖

第三编　创新机制求发展

第四编　借船出海拓市场

第五编　开辟就业新天地

第六编　乡村旅游展新姿

第一编　本卷概述

本卷概述

产业培育和劳动力转移就业，是市委确定的坚决打好打赢脱贫攻坚战“四篇文章”的核心内容。“十三五”时期，全市紧紧围绕“两不愁、三保障”的“精准扶贫、精准脱贫”目标，按照“近抓外出就业为主、远抓产业培育支撑”的思路，采取各种举措，抓牢抓实产业培育和劳动力转移就业，为全面完成脱贫摘帽目标任务奠定了坚实基础。

产业培育是增强贫困地区“造血功能”、巩固脱贫成果和实现可持续发展的重要保障。2017 年以来，市委高度重视，高位推动，强化顶层设计，先后印发了《做优做强苹果产业助推脱贫攻坚的意见》《大力发展马铃薯产业助推脱贫攻坚的意见》《关于做大做强竹产业助推脱贫攻坚的意见》等七个文件，全市以苹果、马铃薯、竹子、花椒、天麻、特色养殖等“六个百亿元”产业为重点的高原特色产业不断向高质量发展目标迈进。各县市区立足各自资源优势，抓示范建基地，建成了一批产业强镇、产业强村，形成了“一村一品”支撑“一县一业”、“一县一业”引领“一村一品”的发展格局。全市 39.71 万建档立卡户参与到产业发展中，实现了增收脱贫。截至 2020 年，按照“瞄准中国苹果塔尖上的 10%”的登顶意识，以海升、国投中鲁、云南农垦、昭通东达、绿健果蔬为代表的现代化苹果种植，引领昭通苹果实现了“此苹果非彼苹果”的蝶变，“半城苹果满城香”的“苹果之城”建设阔步前行，全市苹果果园面积发展到80万亩；以高度组织化和集约化模式打造的5万亩“洋芋帝国”为示范，带动实施100万亩马铃薯规范化种植，打响“昭通大洋芋、世界马铃薯、扶贫大产业”品牌，马铃薯播种面积250万亩，昭通荣获“世界马铃薯高原种薯之都”称号；以发展筇竹、方竹等笋用竹为主，北部8县市区抓规划建基地，大力发展竹产业，竹产业面积发展到450万亩；以彝良小草坝为代表的昭通天麻种植面积近8万亩，昭通被授予“全国最具影响力天麻主产区”“中国乌天麻之乡”称号；以巧家、永善、鲁甸为主产区的花椒面积保有量144万亩，“小小花椒树”形成“致富大产业”；以生猪、肉牛、乌骨鸡为主的特色养殖业，以及蔬菜、特色水果、中药材、茶叶、蚕桑、巧家小碗红糖等区域特色产业蓬勃发展，全市基本形成了“6+N”的高原特色产业体系，在昭通大地闯出了一条条深度贫困地区产业发展实用之路。

在推进全市高原特色产业发展中，全市各级各部门狠抓“良种良法、高度组织化和集约化、‘党支部+合作社’”三个全覆盖的机制创新，特别是以农民专业合作社的建立和规范为主要抓手，让机制创新融入特色产业发展各环节，以机制创新提升特色产业发展的组织化、专业化、规模化水平，实现特色产业高质量发展。截至2020年7月，全市依法登记注册的合作社7013个，比2015年年底的2887个增加了4126个，增长142.9%，入社农户34.04万户，比2015年增加了2.35倍，其中入社建档立卡户26.35万户。组建合作社联合社46个，创建市级以上示范社542个，其中国家级示范社18个。

在持续打牢高原特色产业“第一车间”基础的同时，为切实提高昭通高原特色产品的知名度，打响“绿色食品”牌，增强市场竞争力，全市上下采取多种措施，不断加快昭通高原特色产品借船渡海“走出去”的步伐。一是加快“三品一标”认证。5年来，累计认证“三品一标”414个，其中有效期内无公害农产品113个、绿色食品认证167个、有机农产品认证127个、农产品地理标志登记7个。二是线上线下结合，全方位营销昭通高原特色产品。实施电子商务进农村综合示范项目，全力推进电商扶贫。全市已建成1个市级电子商务公共服务中心、10个县（市）级电子商务公共服务中心、139个乡镇（街道办事处）电子商务公共服务站、783个村级电子商务公共服务点，为农产品上行“最初一公里”和工业品下行“最后一公里”创造了条件。与阿里巴巴、本来生活、每日优鲜、百果园、盒马鲜生等百余家知名电商平台签约合作，通过网络渠道的扩散能力营销昭通特色产品。通过中央电视台精准扶贫广告，《人民日报》、央广网、京东网、网红石榴哥等多家媒体的深度报道，以及通过云南省驻京办举办的“百日总攻·抖来助力”活动，将昭通高原特色产品推向广大消费者。发挥市政府驻外招商联络处的优势，在北京、上海、广州、深圳、成都等地开设昭通高原特色产品线下体验店，让消费者与实体产品“零”距离接触，提高了消费者对昭通高原特色产品的认知度。三是举办或参加各种展会，宣传推荐昭通高原特色产品。先后承办和举办中国马铃薯大会、全国贫困地区农产品产销对接会、昭通苹果展销会暨“昭阳红”品牌发布会、全国天麻会议暨中国（小草坝）天麻产业发展高峰论坛等大型活动，在北京举办“昭品进京”系列活动等，打响昭通高原特色产品品牌，让昭通高原特色产品走向全国。

劳动力转移就业是脱贫攻坚增收的又一重要抓手。昭通是人口大市，也是人力资源大市，全市有农村劳动力近305万人，长期以来，务工收入都是大多数农村家庭收入的主要来源。在脱贫攻坚的关键时期，全市上下更是把农村劳动力转移就业作为解决贫困群众“两不愁、三保障”突出问题最现实、最快捷、最有效、最直接的首要措施来抓，采取技能培训、有组织输出、建设扶贫车间、开发公益岗位、抓稳岗保岗和服务保障等多种方式，确保有劳动力的建档立卡户“零就业”家庭动态清零。特别是2020年疫情期间，市委成立农村劳动力转移就业和输出领导小组，市委、市政府主要领导亲自挂帅，全市上下采取超常规举措，下足“绣花功夫”，展开返岗复工大决战，发出云南省第一趟返岗复工专车、全国首趟返岗复工专列、全省第一家务工动员令。截至2020年6月30日，全市共组织高铁、专列43列，包机4架，包车3905辆，累计组织返岗复工“保姆式”服务

20.09 万人，占劳动力转移输出总人数的 20.76%。全市现有农村劳动力已转移就业 247.19 万人，转移就业率 80.99%，其中省外转移就业 108.5 万人。104.55 万建档立卡贫困劳动力实现就业 89.77 万人，就业率 85.86%。

随着脱贫攻坚的强势推进，全市县乡、乡村交通基础设施不断得到新建完善和改造提升，美丽村庄建设不断加快，为发展乡村旅游创造了条件。按照“旅游开发带动脱贫攻坚、脱贫攻坚促进旅游开发”的思路，强化抓旅游就是抓产业和就业的意识，全市红色旅游、生态旅游、文化旅游、休闲旅游、康养旅游等蓬勃兴起，不断探索出行之有效的旅游产业与文化、体育及其他产业的融合发展途径，形成了旅游产业发展与脱贫攻坚相互促进的良好局面。2016 年以来，通过积极争取和加快创建，昭阳区入选省级旅游扶贫示范县（区），盐津县豆沙镇、彝良县小草坝镇、镇雄县芒部镇被列为省级旅游扶贫示范乡镇，重点建设 118 个旅游扶贫示范村，重点培育 960 户旅游扶贫示范户，乡村旅游受益农村贫困人口累计达 25 万人以上。到 2020 年，全市共创建 A 级景区 12 家。开启了智慧旅游模式，“一部手机游云南”昭通板块建设投入使用，昆水南丝绸之路、沿金沙江高峡平湖、镇彝威红色旅游 3 条自驾游线路启动建设。五年来，全市累计接待游客 1.88 亿人（次），旅游总收入达 1458 亿元，昭通创建成为全国首批“国民休闲旅游胜地”。

雄关漫道真如铁，而今迈步从头越。在党中央国务院、省委省政府的关心下，在市委的坚强领导下，在社会各界的大力支持下，通过全市各族人民克难攻坚，到 2020 年，全市 185.07 万名农村贫困人口如期脱贫、1235 个贫困村全部出列、10 个贫困县（区）全部摘帽，昭通与全国全省一道共同迈入了小康社会。在未来的巩固脱贫成果、接续乡村振兴中，产业培育和劳动力转移就业仍将是确保收入来源的“两翼”，仍将是昭通经济高质量跨越发展、实现“滇东北开发”不可缺少的重要抓手和永恒课题。

（编者）

第二编　特色产业登塔尖

昭通脱贫攻坚产业扶贫“突围”之路

李启章

党的十八届五中全会从实现全面建成小康社会奋斗目标出发，把“扶贫攻坚”改成“脱贫攻坚”，明确了新时期脱贫攻坚的目标，即到2020年实现“两个确保”：确保现行标准下农村贫困人口实现脱贫，确保贫困县全部脱贫摘帽。2020年，昭通市185.07万名农村贫困人口如期脱贫，10个贫困县全部摘帽，1235个贫困村全部出列。脱贫成绩来之不易，发展产业是实现脱贫的根本之策。

昭通作为全国贫困人口最多、贫困程度最深、脱贫任务最重、攻坚压力最大的地级市，“大农业、小产业、示范弱”的窘境坚如磐石，产业支撑不足成为昭通最大的短板。作为脱贫攻坚的“硬骨头”，全国脱贫看云南，云南脱贫看昭通，全市11个县（市、区）中10个国家级贫困县（深度贫困县7个）全部集中在乌蒙山集中连片特殊困难地区。时间紧、任务重、难度大，如何确保“一户不落、一人不少”地攻克深度贫困堡垒？市委、市政府聚焦“扶持谁、怎么扶”，如何“破局”、如何“突围”、如何“巩固”等问题，把产业扶贫作为稳定脱贫的主要依托和根本措施，坚持以新理念、新机制、新技术引领新发展，充分借鉴云南烟草发展模式和经验，按照良种良法、高度组织化和集约化模式、“党支部＋合作社”“三个全覆盖”的要求，全力推进“村村有亮点、组组有看点、户户有支撑”网格化管理，大力发展对贫困户增收带动作用明显的特色种植养殖业，在昭通大地上拉开了一场高原特色产业高质量发展“突破战”，闯出了一条深度贫困地区产业突围之路。

苹果、马铃薯、竹子、特色养殖、花椒、天麻“6个百亿元”高原特色产业加快发展。2019年建档立卡户人均纯收入8661元，全市有93.89%的建档立卡户从产业扶贫中获得了收入，发展产业获得的人均纯收入达到2650元，占贫困户家庭人均纯收入的30.6%，比2017年的20.02%提高10.58个百分点，特色产业有力支撑了脱贫收官。

夙夜为谋　“破局定位”

2017年9月18日，市委书记杨亚林接受新华网专访“砥砺奋进的五年（2012—2017）”时介绍，“过去五年，昭通市团结带领全市各族干部群众，围绕‘做大做强，彰显特色，形成支撑’的目标，在坚持抓好传统产业电、烟、煤的基础上，培育高原特色产业及清洁能源产业，扩大劳动密集型产业规模”。在回答新华网记者詹晶晶女士关于“昭通一直是云南省脱贫攻坚的主战场，云南脱贫攻坚的重点在昭通，难点也在昭通，昭通将采取什么样的措施来确保打赢这场脱贫攻坚战？”的提问时，就“加大产业培育力度”方面，杨亚林书记的回答是，“我们立足优势，以传统的苹果、马铃薯、天麻、花椒等为重点，计划用未来3—5年时间，种植苹果100万亩，让种植农户增收1万元以上；计划种植良种马铃薯，使300万亩以上的马铃薯平均单产从1吨提高到2吨以上，实现每户至少增收3000元；通过发展天麻、花椒等特色优势产业，再带动一批农户增收致富，让我们的‘标签’为脱贫攻坚发挥它应有的作用”。为此，市委、市政府主要领导、分管领导多次进村入户，深入农业生产一线、农业龙头企业调研，多次带队或安排有关领导干部、专家团队到国内外考察学习，组织团队研究起草产业发展政策性文件，杨亚林书记、郭大进市长分别多次主持召开市委常委会、市政府常务会、座谈会、专题会等会议研究发展高原特色产业助推脱贫攻坚工作。

“扶持谁?”精准识别“靶向瞄准”。习近平总书记多次对精准扶贫做出重要论述强调，“扶贫开发成败系于精准，要找准‘穷根’、明确靶向，量身定做、对症下药，因乡因族制宜、因村施策、因户施法，扶到点上、扶到根上。”市委、市政府牢记总书记的指示嘱托，以纵向扣好脱贫攻坚“四粒扣子”为契机，聚焦“扶持谁”，动员2万余名干部，按照“有劳动力、有产业发展意愿、有土地等资源”三个基本条件，对全市42.29万户建档立卡贫困户全面摸排，识别有产业发展条件的建档立卡贫困户39.71万户，占全市建档立卡贫困户的93.89%，系统全面地建立产业扶贫工作台账。

“怎么扶?”选准产业“破局定位”。市委、市政府高位推动，主要领导夙夜为谋，对39.71万户具备产业发展条件的贫困户系统分析、分类研究，精准选择产业、优化顶层设计，做到精准施策。2017年7月22日，市长郭大进主持召开了市政府第5次常务会议研究马铃薯、苹果、天麻产业发展工作。2017年7月24日，市委书记杨亚林主持召开市委常委会第22次会议，审议了马铃薯、苹果、天麻产业发展相关意见并提出下一步工作具体措施和建议。紧接着杨亚林书记、郭大进市长就高原特色产业发展开展密集调研，亲自组织各有关方面领导干部、专家学者对几个产业的发展意见深入研究、反复论证、修改完善、达成共识。2017年9月5日，市委、市政府印发了《做优做强苹果产业助推脱贫攻坚的意见》《大力发展马铃薯产业助推脱贫攻坚的意见》等6个市委文件。2017年12月10日，市委书记杨亚林主持召开昭通市苹果产业和马铃薯产业规划汇报会，对全市苹果产业和马铃薯产业发展做再一次研究部署。在此基础上，市委、市政府结合昭通筇竹、方竹等资源优势和发展基础，提出把竹产业培育成为我市高原特色优势产业和主产区群众脱贫致富的支柱型产业。2018年11月19日，市委常委会第43次会议审议了《市委　市政府关于做大做强竹产业助推脱贫攻坚的意见》，会后印发执行。至此，从顶层设计选定以苹果、马铃薯、竹子、特色养殖、花椒、天麻“六大产业”为重点，积极倡导各地因地制宜发展蔬菜、特色水果、中药材、茶叶、蚕桑等区域特色产业，形成了“6+N”高原特色产业发展体系。市级统筹规划和定位“六大产业”发展目标，在昭鲁坝区适宜区域规划建设百万亩苹果基地，着力打造与百万人口高度融合的“苹果之城”。在全市高寒山区、二半山区规划种植马铃薯300万亩，打响“昭通大洋芋、世界马铃薯、扶贫大产业”品牌。在北部8县市规划发展500万亩竹产业，以彝良小草坝为核心区稳定天麻种植面积8.5万亩，在鲁甸、巧家等6县区规划发展花椒产业150万亩，招大商、引大资、抓大项目，发展生猪、肉牛规模化养殖，带动特色养殖转型升级。

“谁来扶？”织密扣牢“三重责任体系”。从“六大产业”工作机制、产业扶贫机构体系、技术服务保障三个层级构建责任体系，解决“谁来扶”的问题。针对“六大产业”，落实“一个重点产业、一套工作专班、一个工作方案”，成立六大产业发展领导小组，构建市级领导挂钩到县、县级领导挂钩到乡镇、乡镇及部门领导挂钩到村的责任机制。针对产业扶贫，2018年8月全省产业扶贫现场会临沧会议后，调整充实了领导机构，市级领导小组由常务副市长任组长、分管副市长任副组长，市委组织部、市财政局、市农业农村局、市林草局、市扶贫办等30个市直部门为成员单位，领导小组设办公室在市农业农村局，明确了各成员单位任务清单。各县（市、区）、乡镇实行党政主要领导挂帅，对应调整充实了领导小组、优化了工作机构，全市上下形成党政齐抓、高位推动、专班专干的工作合力。针对技术支撑保障，建立科技人员“挂县区、挂产业、挂企业，研究产业技术、研究发展模式、推广经验做法”的“三挂两研一推”机制，分产业组建7个专家技术服务团队，选聘产业发展指导员2944名，责任到人、到地块并竖立责任标牌，常态化开展技术服务。

登顶跨越 “蝶变突围”

围绕省委、省政府打造“世界一流食品牌”决策部署，树立“大产业+新主体+新品台”发展理念，坚持“一步登顶、跨越发展，产城融合、三产联动，龙头带动、品牌引领，因地制宜、规模经营，科技支撑、绿色高效”五大原则，瞄准全国苹果产量塔尖上的10%，紧盯“塔尖”求突围，大力实施“单点突破带全局”战略战术，开展“一县一业”创建，实施“一村一品”行动，打造特色产业升级版。昭通超越公司10万亩苹果示范园成为全国单体面积最大的矮砧密植示范基地，全市苹果面积从2015年的34万亩发展到2020年的80万亩，未来两年昭通苹果种植面积将达100万亩以上，实现“此苹果非彼苹果”蝶变，“城在园中、园在城中”的“苹果之城”建设阔步前行。“世界马铃薯高原种薯之都”的亮丽品牌，强势引领昭通马铃薯产业华丽蜕变。

高端化引领，单点突破带全局。产业高质量发展怎么撕开突破口？市委四届五次全会提出以点的突破支撑带动面上的发展。各县（市、区）层层办样板、建基地，建成了一批产业强镇、产业强村示范村镇，形成了“一村一品”支撑“一县一业”、“一县一业”引领“一村一品”的发展格局，呈现点面结合、以强带弱、统筹推进的强劲态势。2020年，全域共有苹果果园近80万亩、竹基地450万亩、马铃薯面积250万亩、花椒面积保有量144万亩、天麻面积近8万亩。以生猪产能恢复、稳产保供为主的特色养殖业有力有效推进，生猪出栏有望在未来1年内恢复至430万头左右。昭通苹果“色泽好、口感脆、糖分高，能卖个好价钱！”是广大果农的信条，“红蛇”“华硕”等优良品种每亩收益最高突破10万元，苹果树真正成了“致富树”“摇钱树”。2020年，市委、市政府引进16家新型经营主体，以高度组织化和集约化模式打造“洋芋帝国”，把业界最优品种、拔尖过硬技术集成组装配套推广，在昭阳区靖安、洒渔和永善县茂林、莲峰、伍寨共2县区5乡镇，建设5万亩集中连片马铃薯高标准示范基地。基地平均单产达3吨以上，树立了行业标杆，带动全市50亩以上连片规范化种植的马铃薯基地达到100万亩。绥江县通过大力发展以半边红李子为主导的农业特色产业，注册了“绥江半边红”商标，获得绿色食品证书，认证了绥江半边红李子全国农产品地理标志，实施地域保护。到2020年，绥江县发展半边红李子10万亩，投产6.65万亩，产量约5万吨，产值约2.8亿元。

品牌化提升，增强市场竞争力。先后承办举办中国马铃薯大会、全国贫困地区农产品产销对接会、昭通苹果展销会暨“昭阳红”品牌发布会、全国天麻会议暨中国（小草坝）天麻产业发展高峰论坛等大型活动，持续放大品牌带动效应。5年来，累计认证“三品一标”414个，其中有效期内无公害农产品113个、绿色食品认证167个、有机农产品认证127个、农产品地理标志登记7个。昭通绿健果蔬商贸有限公司“满园鲜”牌苹果荣获2018年云南省“十大名果”第一名，鲁甸浩丰专业合作社“嘎嘣脆”红富士苹果品牌获第十四届中国国际农产品交易会金奖，彝良县成为全国唯一的“有机天麻”认证县，2020年昭通超越公司“昭阳红”牌苹果获得云南省“十大名果”第二名，世界马铃薯大会授予昭通“世界马铃薯高原种薯之都”称号。近年来，昭通苹果、马铃薯等特色农产品远销东部沿海城市、东南亚及南亚国家，拓展了迪拜等中东市场，昭通苹果销往市外的比例达80%以上，鲁甸核桃、巧家红糖、盐津苗岭碧芽和大关翠华贡茶、昭通牛干巴、昭通酱、四季面等特色品牌打入全国市场。

组织化推动，强化联农带贫。规范和完善龙头企业绑定合作社、合作社绑定贫困户的“双绑”利益联结机制，3579个新型经营主体带动有产业发展条件的贫困户39.71万户发展产业，建成行政村产业扶贫基地4937个。截至2020年9月，有产业发展条件的贫困村均有一个产业扶贫基地，扶贫产业对39.71万户有发展条件的贫困户全覆盖，达到“有劳动能力、有产业发展条件和意愿的贫困户至少与1个新型经营主体建立合作关系”的目标，主体带动率100%，产业扶贫受益贫困人口176.3万人。

昭通市昭阳区树旭种植专业合作社与昭通市瑞景公司、昭通市千和公司建立合作关系，在昭阳区靖安镇松杉村建立马铃薯基地带动村民抱团发展，企业负责跑销售，合作社组织群众发展生产。靖安镇松杉村 8 组的贫困户孔令军一家 5 口人，加入树旭专业合作社参与马铃薯产业发展，每年可增加纯收入 4000—5000 元。

永善县桧溪镇强胜村引入永善县强盛猕猴桃惠民生态农业发展专业合作社建设 1200 亩“红心”猕猴桃基地。该村 3 组的贫困户杨家兵夫妇常年在外地建筑行业务工，因家里小孩无人照顾，返乡加入强盛猕猴桃合作社种植猕猴桃 20 亩，并在合作社兼任基地技术管理员。2019 年，杨家兵的猕猴桃开始挂果，果子还在树上就有电商订货，当年杨家兵一家仅卖猕猴桃收入就达到 45000 多元。

彝良县原生态天麻种植专业合作社带领 158 户村民发展天麻产业，建立良种繁育基地 500 亩、仿野生栽培 5200 亩，通过有机认证 3000 亩，每年采收天麻 80 万斤，产值近 2400 万元。小草坝镇小草坝村大厂村民小组贫困户杨盛宝加入该合作社种植天麻，政府每亩补助 500 元，2018 年天麻卖了 20000 元。

接续巩固 “振兴崛起”

省委、省政府赋予昭通“滇东北崛起”新定位。市委、市政府高瞻远瞩、超前谋划。2020 年 5 月 7 日，杨亚林书记在市委四届六次全会上强调，“置身‘两个一百年’奋斗目标的历史交汇点，站位全国看昭通，我们能干什么？站位昭通看昭通，我们该干什么？更重要的是要在站位全国和昭通之间，主动把昭通的发展摆在全国全省的大局大势中来科学谋划、准确定位，找到结合点、抢占制高点，因势利导、顺势而为，奋力开启第二个百年奋斗目标的新征程”。

2020年以来，各级各类媒体都报道了各地抓产业培育，巩固脱贫成果接续乡村振兴的很多典型做法。昭阳区申报了永丰乡村振兴示范园，拟投入政府专债资金10亿元、撬动投资40亿—50亿元，规划建设龙山寨社区昭通苹果小镇、绿荫万亩荷塘千倾池、新民荒冲苹果文化旅游小镇、布嘎迎水苹果湖，项目建设将有力推动昭阳区步入乡村振兴快车道，将加快“半城苹果满城香”“秋韵昭通 苹果之城”建设步伐，示范带动乡村产业振兴创新突围。巧家县以建设样板为突破，2019年投入1000万元资金，在马树社区集中打造1000亩草莓核心示范基地，带动全县种植面积6100余亩，提供就业岗位4000余个，实现年产量1.22万吨，年产值1.7亿元，实现群众务工收入3200余万元。2020年巧家县把草莓纳入重点产业扶持，政府投资近7000万元建设高标准产业基地，计划3年内带动草莓种植2万亩以上，打造“全国万亩夏季草莓基地”，巩固产业扶贫成果，接续乡村产业振兴。

第一个百年奋斗目标决胜告捷，千百年绝对贫困全面消除，产业兴旺是脱贫攻坚接续乡村振兴的基石，产业培育作为永恒课题必须久久为功、接续推进。后脱贫时代产业扶贫成果怎么巩固？如何接续乡村产业振兴助力滇东北崛起？还有很长的路要走。

正如习总书记所说，“脱贫摘帽不是终点而是新生活新奋斗的起点。”作为农业农村工作部门，我们将牢记总书记嘱托，全面贯彻落实省委、市委决策部署，持续以“单点突破带全局”深化产业扶贫成果巩固，接续推进乡村产业振兴，为促进滇东北崛起而努力奋斗。

（作者时任中共昭通市委农办主任，昭通市农业农村局党组书记、局长）

品天下苹果　还看今“昭”

李云国

苹果是大自然赋予昭通的“天赐圣果”，也是昭通人民历久弥新的宝贵财富。1938年春，在浙江大学农科专业攻读的学者陇体芳先生引进10多株苹果苗，种植于彝良县拖姑梅。1940年，留美博士吴敬漪又从四川成都引进其他苹果品种栽种于昭通洒渔。从此，昭通与苹果结下了跨越世纪的不解情缘，正所谓“金粉漫施梳红妆，食后流涎仍觉甜。笑问珍果何处出，神工点缀乌蒙山”。

昭通苹果与全国其他产区苹果相比，具有色泽鲜艳、肉质细脆、甜酸适度、汁液丰富、风味浓郁和成熟早的特点。经过80年的发展，昭通苹果从最初的158株发展到现在的近80万亩。2016年，昭通苹果获“中国最有影响力的十大苹果区域公用品牌”，2017年入选“百强农产品区域公用品牌”，“满园鲜”牌苹果获2018年度云南省绿色食品“十大名品”中“十大名果”第一名；“满园鲜”牌苹果和“嘎嘣脆”牌红富士苹果荣获2018年云南名牌农产品；昭阳区被认定为云南省第一批特色农产品优势区、云南省“一县一业”示范创建县；“昭通苹果”“昭阳红”“嘎嘣脆”等品牌荣登2020年度中国苹果产业榜100品牌名单，“昭阳红”品牌获2020年度云南省绿色食品“十大名果”之一。

80年里，昭通苹果产业发展历经了引种试种、示范栽培、规模化扩张、提质增效改造、标准化建园、产业化升级、品牌化经营、市场化开拓等阶段。如今，在南方丝绸之路要冲、神奇乌蒙山腹地的昭鲁坝子，孕育出中国南方冷凉高地最具代表性和影响力的优质苹果生产区。苹果产业的发展，凝结着一代又一代昭通人的智慧和汗水，凝聚着昭通人开拓创新、与时俱进的精神。苹果产业的发展，改变了昭通贫困落后的历史，创造了因果致富的生活，谱写着一曲又一曲催人奋进的时代凯歌。

在中华民族的文明历史上，昭通留下了灿烂的一页。今天，勤劳朴素的昭通人民，依托得天独厚的资源禀赋，迈开前所未有的步伐，一步一个脚印，大力发展苹果产业，描绘了一幅以果致富的壮丽画卷。昭通苹果红了，乌蒙高原美了，果农儿女笑了，大家在讲述着中国南方的苹果传奇。在这块深度贫困、人杰地灵、文化厚重的土地上，举世闻名的苹果之城正在滇东北崛起。

近年来，昭通市委、市政府高瞻远瞩、顺势而谋，按照“老产业 + 新理念、新机制、新技术 = 新产业”的思路，以“三个全覆盖”为抓手，采取“引龙头、抓创新、强技术、重质量、树品牌”等举措，苹果产业规模与质量、品牌与效益同步提升。昭通创新机制模式，推动苹果这个传统产业在新时代提质增效、凤凰涅槃，在实现“此苹果非彼苹果”华丽蝶变的同时，融入了一座城市丰富的文化内涵，确立了鲜明的特色定位，树立了崭新的品牌形象，让苹果与昭通相得益彰、交相辉映，让所有人说到昭通、想到苹果，吃到苹果、想到昭通。围绕把昭通建设成为“引领区域发展的滇川黔省际中心城市”的目标，按照“苹果产业”“苹果品牌”“苹果之城”三部曲的思路，坚持以生态为底色，以产业为特色，统筹推进生态“苹果之城”建设。一座“城在园中、园在城中、半城苹果满城香”的美丽画卷徐徐展开，百万人口与百万亩苹果高度相融的半城苹果满城香的“苹果之城”正在滇东北崛起，“秋韵昭通　苹果之城”的独特魅力不断彰显。

产业规模得到不断扩大。经过长达 80 年的发展，昭通顺天时、应地利、依资源、挖潜力、理思路、定政策、树品牌、闯市场，不失时机地用现代理念、模式和方法推动苹果产业在新时代、新形势下重获新生。通过引进一批关联度大、带动能力强、具有市场竞争力的龙头企业，把土地整合起来，把群众组织起来，走规模化、组织化、专业化、绿色化、品牌化发展的路子，对传统苹果产业进行“重组优化”，让老产业焕发新活力。2019年昭通苹果种植面积近70万亩，产量65万吨，综合产值80亿元，成为西南冷凉高地苹果种植面积、产量最大的地区，稳居全省乃至西南冷凉高地产区首位，并建成目前全国单体面积最大的6.2万亩矮砧密植格架现代苹果产业扶贫示范园。

产品绿色安全巩固提升。围绕发展最适合自己、最能彰显独特性、最具市场竞争力的产业产品，昭通市委、市政府及职能部门科学编制《绿色食品　昭通苹果生产技术综合规范9项技术标准》《昭通百万亩苹果产业发展规划（2018—2025年）》《关于做优做强苹果产业助推脱贫攻坚的意见》《2018年苹果产业良种良法和组织化、“党支部+合作社+农户”全覆盖工作方案》等文件，有力促进了生产标准化水平和产品品质的提升，全面构建“老产业+新业态”产业体系。2019年年底，建成标准化苹果示范园近20万亩，全面推广绿色生产技术，开展“三品一标”注册认定。目前，共认证绿色苹果25个、有机转换产品1个、出境水果果园检验检疫登记1个，昭阳区被列为云南省“一县一业”示范创建“昭阳红”现代农业创业园区。

产业科技创新稳步推进。2017年以来，昭通强化技术指导、走科技创新之路，构建科研专家挂企业、农技人员联果农、技术管理到人、良种良法进园的科技成果转化应用和标准化生产体系，着力破解技术推广应用“最后一公里”的问题，实现苹果生产“第一车间”和“此苹果非彼苹果”的蝶变。一是科技示范园建设加快。通过引进行业领军企业，建立了以昭通海升、昭通超越、昭通绿健、昭通东达、远智农业、昭通天锦、昭通天瑞等企业建设高标准示范园20余个，技术引导、科技示范能力进一步提升。二是新优品种引进迈出可喜第一步。品种是苹果产业转型升级的“芯片”，通过与省内外科研院校、企业横向合作，华硕、红露、黑卡、瑞雪、福布瑞斯、嘎啦系、烟富系等苹果新品种引试种植面积达 15 万亩，成为产业结构调整的主栽品种。三是多项技术得到推广。以“整形修剪、土壤改良、高接授粉品种、疏花疏果、夏季拉枝、摘叶露果、病虫绿色防控、果园生草”等为主的提质增效改造技术措施得到大面积推广应用。以昭通超越为代表的优质健康矮化大苗及格架种植、优质品种搭配、果园生草、机械化操作、水肥一体化滴灌、防雹网安装等核心技术的应用，实现了“四省两高两早”的八大种植优势，6.2 万亩高标准苹果产业扶贫示范园成为全国最大单体矮砧密植苹果种植基地。全市苹果优质果率由 2015 年的 60% 提高到 2019 年的 70% 以上。

产业扶贫功能日益彰显。针对单打独斗无组织、群众受益无联结、产业散小无抱团等问题，昭通推行专业合作社与建档立卡贫困户绑定发展、龙头企业与专业合作社或直接与建档立卡贫困户绑定发展的“双绑”机制，实施“三个全覆盖”，建立了“党支部 + 公司（合作社）+ 基地 + 农户（贫困户）”的利益联结抱团发展机制，让千根麻拧成一股绳，实现了产业发展、企业增效、农户增收的多赢局面。2019 年，苹果种植覆盖 24 个乡镇，辐射带动农户 13 万户 52 万人，收入上万元的农户近 6 万户，果农人均种植苹果收入 4000 元以上，推动 30 多万果农依托苹果产业实现脱贫致富，其中覆盖贫困户 15100 户 51300 人，生产基地带动扶贫 10100 户 33800 人。苹果产业在昭通脱贫攻坚中基础作用日益彰显，实现了苹果产业发展和贫困户脱贫的有机结合，有效增强扶贫“造血”功能。造血式的产业扶贫创新模式，促进了苹果产区脱贫攻坚进程，基本形成了“村村有亮点、组组有看点、户户有支撑、家家有收益”的新格局。

企业带动能力不断增强。通过加大招商引资和企业培育力度，广泛动员群众积极参与高原特色苹果产业发展，提高发展产业与群众脱贫的结合度。苹果产业新型经营主体每年可带动就业 36380 人次，其中，长期工 380 人次、短期工 36000 人次。如昭通超越农业有限公司运用“双绑”模式，采取

“企业 + 基地 + 建档立卡贫困户”的方式，在永丰、布嘎、守望及周边乡镇通过地租收入、劳务就业、搬迁户托管、股份分红等提高扶贫效能。一是土地流转，增加财产性收入。土地流转费 900 元 / 亩・年，每 5 年增加 200 元 / 亩，涉及 21000 多农户，每年支出土地流转费用 4500 万元以上。二是园区务工，增加工资性收入。吸纳永丰镇、布嘎乡及周边乡镇贫困户 5000 人就业，年用工达 120 万人次，人均年收入可达 18000—24000 元，年累计支出人员工资 9000—12000 万元。三是果园托管，增加经营性收入。经过 1—2 年培训将大山包易地搬迁户 749 户培养成现代农业产业工人，将基地分成 50—100 亩一个单元，委托搬迁户或贫困户进行“托管”，根据产量及质量完成情况给予奖励，每年每户收入可达 4 万—8 万元。四是资金入股，增加转移性收入。昭阳区农投公司整合扶贫资金入股 30%，根据“一年开花、次年挂果、三年丰产”的特点，前两年以入股资金 10% 分红，第三年盛产期后每年以利润的 30% 进行分红反哺贫困户及壮大集体经济。五是田间学艺，增加技能性收入。授人以鱼不如授人以渔。海升集团与农业科研院所合作创建田间大学，每年培养现代苹果种植职业农民或专业技术能手 2000 人以上，这些能手可以面向西南乃至全国从事苹果技术服务，可增加技能性收入。

“产业链延伸”工作全面推进。昭通市、县（区）政府紧紧瞄准中国苹果产业塔尖上的 10%，借鉴云南烟草发展理念和模式，树牢“第一车间”理念推动昭通苹果产业转型升级。大力引进龙头企业示范带动，发挥其在投融资、创品牌、拓市场等方面的引领作用，外引内培海升、国投中鲁、云南农垦等一批“小巨人”，初步形成大龙带小龙、引领千万家的生动格局。2019 年，昭通苹果种植加工营销企业近 20 家，初加工脆片、浓缩果汁企业 4 家，苹果专业合作社发展到 254 个，创建省级示范社 1 个，发展社员近 2 万名。果品贮藏冷库、气调库近 300 座，贮藏能力达 3 万吨，占全市总产量的 3.44%。海升集团在现有 5 吨 / 小时苹果分选线、7000 吨气调库基础上，2019 年年底全面建成 20 吨 / 小时苹果采后处理生产线、4 万吨气调库。百昭农业建成5万吨气调库和10万平方米交易市场，实现苹果分选、包装、保鲜、储藏、交易一体化。第一第三产业融合发展加快，建成旅游观光果园30个，接待游客133.3万人，总收入1.95亿元。

品牌打造成效十分显著。如何擦亮品牌，举起昭通苹果向高端消费、高端市场迈进的“敲门砖”，是昭通苹果产业发展的一道必答题。不做则已，要做就要做到最好，追求卓越，成为全国乃至世界苹果产业“塔尖”上的产品。昭通以打造“绿色食品牌”为契机，大力实施品牌战略，强力推出“昭阳红”苹果“金字招牌”。集“沁果昭红”“满园鲜”“嘎嘣脆”等品牌为一体的昭通苹果品牌体系，充分利用中央、省、市媒体，借力“广告精准扶贫”以及全国“两会”等重要载体大力推介昭通苹果，推动昭通苹果品牌化迈出了坚实步伐。借助各类农业展会、产销对接会、品牌推介会、苹果展销暨“昭阳红”品牌发布会，推动了昭通苹果走出西南、走向全国乃至国际市场，全方位打造“品天下苹果、还看今昭”“晒出高原红才叫昭阳红”的品牌形象。在京东、淘宝、天猫等网上销售昭通苹果的企业、合作社、店铺近1500家，苹果市场已由我国西南拓展至东部沿海城市以及东南亚和南亚国家等地区，苹果市外销售占比超过80%。

科学谋划产业发展布局。围绕发展最适合自己、最能彰显独特性、最具市场竞争力的产业产品，昭通围绕既定目标，将城市建设与产业培植、易地搬迁、退耕还林、乡村旅游等有机结合，规划建设一批苹果小镇、苹果庄园、苹果田园综合体、苹果产业示范园、打造特色村庄，推动实现城在园中、园在城中、产城融合、城乡一体的发展格局。树牢“一步登顶”意识，瞄准全国苹果的“塔尖”，强势推进全市苹果产业提质、增效、扩面和“转型升级”，让一块石激起千层浪。计划用3年时间改造老果园45万亩，新建基地25万亩，到2025年，实现100万亩规模、250万吨产量的目标，带动果农13万户52万人就业增收。

80年春华秋实，昭通苹果硕果累累、英姿飒爽。80万亩优质苹果生产基地，带给昭通人民的不仅是荣誉和脱贫致富的金果果，不仅是智慧与汗水弹奏的旋律，更是代表昭通人民勤劳奋进的一种拼搏精神。

今天的昭通中心城市，一城三区、若干小镇、产城融合、城乡一体的大框架大格局初步形成，“城在园中、园在城中，半城苹果满城香”的美丽画卷正徐徐展开，“秋韵昭通 苹果之城”的独特魅力不断彰显。

今天的昭通，外围以 100 万亩苹果为衬托，城中以 3 万亩高原湿地为滤芯，5 万棵苹果为点缀，一系列特色小镇主题公园、苹果庄园为补充，功能完善、特色鲜明、宜居宜业、充满活力，百万亩果园与百万城市人口高度融合的“苹果之城”将以崭新的姿态呈现在世人面前。

品天下苹果，还看今“昭”！

（作者系昭通市苹果产业发展中心研究员）

昭通苹果变形记

谭安超

我于2001年毕业参加工作，开始接触昭通苹果，才发现苹果有那么多的品种、那么多的技术含量和那么多的故事。从老职工的口中了解到苹果和他们的爱恨惆怅、曾经的辉煌、所处的窘境，以及昭通苹果的发展历史。昭通苹果栽培历史可追溯到20世纪二三十年代，当时由外国传教士将苹果带入云南在教堂附近栽培，1926年从法国引入莱茵特系列欧洲品种到昆明，少量苹果树传入昭通，1940年留美博士吴敬漪在昭通林务局工作期间，从成都华西大学引入西洋苹果158株，种植于后来的昭通市果树技术指导站单位果园内，品种是金帅、红星、元帅。

总体来看，昭通苹果的主要发展历程可以分为如下几个阶段。

改革开放转型阶段（1975—1995）

1975年年底，在全国苹果外销基地会上，昭通县因所产苹果品质优良，被农业部、外贸部、供销合作总社列为全国苹果外销基地，下达了建园7000亩的任务，拨款3万元。1976年春，地、县成立了苹果基地领导组，从农业、林业、外贸、供销抽人组建办公室，加强对基地建设的领导，掀起了苹果种植的高潮。1976 年全区苹果种植面积 19000 亩，到 1981 年面积发展到 28775 亩。所产苹果远销中国香港、中国澳门、新加坡，先后共出口苹果 3536 万公斤。

1982 年实行家庭联产承包责任制，集体果园先后被化整为零到户，这时的苹果生产管理处于新旧交替时期，曾出现一些混乱，发展缓慢。1982—1984 年被砍毁和病死的苹果树达 40 余万株。1986 年云南省计委、农牧渔业厅、国土开发办公室联合行文，将昭通苹果商品生产基地建设可行性研究列为金沙江下游国土综合规划深化专项课题，明确了昭通苹果基地建设的指导思想、发展规模和布局要求。1988 年，农牧渔业厅正式将昭鲁坝区列为全国苹果商品生产基地。1993 年 4 月，昭通地委、行署在镇雄召开的全区经济工作会上提出要大搞绿色产业，把绿色产业作为昭通脱贫致富奔小康的一条主要途径，成立绿色产业开发领导组，并把苹果列为十大绿色产业加以开发。其后，昭通苹果种植面积、产量及引进推广优良品种都有较大发展。1995 年，苹果园面积达 15.27 万亩，产量 3420 万公斤。

规模化生产基地建设阶段（1996—2005）

1996 年，昭鲁坝区被省政府列为优质苹果基地给予扶持。2003 年，昭通市委、市政府将苹果生产列为全市农业重点产业，推进了昭通苹果发展。市委、市政府先后召开“昭通市苹果产业化研讨会”“昭通市苹果生产工作会议”等生产工作会，提出了“坚持市场为导向、效益为核心、加强领导、增加投入、依靠科技、搞好区域布局、适度规模、相对集中、联片发展”的指导思想。昭通市农业局针对我市苹果产业发展出现的新情况、新要求，组织开展了系列调研活动，及时了解掌握苹果生产发展趋势和市场走势，重点对主要产区的生产状况、结构调整、体系建设、产业化经营等进行调查研究，编制了《优质苹果建设规划》。在基地建设中，在原来以金帅、红富士为主的基础上增加引进了新红星、神沙、美国八号、华艳、萌等品种。同时，组织实施了一批科技项目建设，如苹果科技示范村建设、优质水果基地建设、精品苹果生产基地建设。到2005年，昭鲁两区县苹果面积发展到20万亩，产量18.3万吨。

数量扩张向质量提升发展转型阶段（2005—2012）

苹果生产发展逐步从以面积扩张的发展转向以质量提升的发展阶段。开展了“两高一优”为中心的生产质量建设，坚持以新技术推广为突破口，在广大产区广泛开展了疏花疏果、夏季修剪、病虫害防治等新技术推广，建立了一批优质果生产示范样板。2005—2010年开展以果品质量建设为主的低产果园改造，苹果生产的科技含量、生产水平有了较大程度的提高，果品质量得到了提升。与此同时，相关部门还开展了产业化道路的探索研究，如市农技推广中心经作站率先在乐居组建了果农产销服务联合会以联合千家万户，组织广大果农进行统一生产，联系相关部门搞好果树产前、产中、产后服务。到2012年，全市苹果面积发展到26.7万亩，产果34.67万吨，产值13.63亿元。

产业化发展阶段（2013—2016）

昭通市委、市政府提出了“逐步建立起区域化布局、规模化种植、集约化经营、标准化管理、社会化服务”的特色产业发展思路，明确全市苹果产业发展的总体要求是：努力构建科技化支撑、工场化育苗，基地化种植、示范化推动，科学化管理、集中化改造，龙头化带动、组织化发展，集约化经营、品牌化营销，社会化服务、责任化落实的苹果产业发展新格局。主要从以下几个方面抓产业化建设。

一是抓规模，连片推进基地建设。坚持“科学布局、集中连片、优化品种、规模发展、质量优先”的原则，全力抓好种植基地建设。二是进行有序的土地流转。推进农村土地经营权流转，推动承包地向企业、大户集中，支持企业和大户兴建示范基地。鼓励合作社联户种植、种植大户承包建园，推进苹果专业乡镇、专业村、家庭农场发展。三是以现代农业园区为示范载体，实施由传统生产方式向现代化装备、绿色生产转变。坚持按照“政府引导、企业主体、科技支撑、部门支持、群众参与”的思路，推行“公司 + 协会 + 合作社 + 基地 + 农户”的发展模式，鼓励企业、合作社规模化流转土地，推进苹果示范园建设。四是抓龙头，提高苹果产业化水平。通过大力扶持龙头企业和合作组织，实现产加销一体化，推进苹果产业化发展进程。引进果汁加工、食品添加原料、罐头等高附加值的加工企业，抓好果品的深加工转化增值。五是抓配套。扶持发展与苹果产业相配套的有机肥、纸箱、发泡网、套袋等企业，推进配套附属产业发展。六是搞活市场流通。坚持以苹果交易市场为中心，以集贸市场、零售门店、超市为基础，建立苹果流通网络。支持龙头企业、专业合作社、营销大户在外建立果品直销窗口，创办“昭通苹果”专卖店，并参加各类博览会、展销会和推介会，促进产销对接。到 2015 年，全市苹果种植面积 34 万亩，产量 43 万吨，种植产值达到 23.18 亿元。全市苹果种植加工营销企业达到 18 家，其中苹果加工企业 3 家。新发展苹果专业合作社 20 个，累计达到 64 个，发展社员 11436 名，其中省级示范社 1 个，市级示范社 2 个。

三产融合的全新发展阶段（2016—2020）

市委、市政府牢固树立用新理念新技术全面改造提升老产业、让传统产业提质增效形成支撑的理念，坚持以提高组织化程度为根本，扎实推进良种良法、高度组织化和集约化模式、党支部 + 合作社“三个全覆盖”，全力推动昭通苹果产业高端化、品牌化、规模化、信息化的发展，真正把百万亩苹果园建成绿色高效的高品质基地，把昭通苹果发展成全国苹果产量的“塔尖”。截至 2019 年年底，昭通苹果面积达 67 万亩、产量 65 万吨、种植产值 60 亿元，覆盖果农 13 万户近 52 万人，其中覆盖建档立卡贫困户 1.51 万余户 5.13 万人。

六大措施为苹果的全新发展保驾护航。

一是强化队伍建设。昭通市建立了市、县区、乡镇、村四级苹果产业发展工作机构，强化了工作机制保障。市、县（区）分别成立了苹果产业发展中心，苹果主产区乡镇设立了科技服务机构，组建了 340 人的村级苹果辅导员队伍。

二是强化政策保障。昭通市委、市政府印发了《统筹资金支持高原特色产业发展的指导意见》，编制了《昭通百万亩苹果产业发展规划（2018—2025 年）》，印发了《关于做优做强苹果产业助推脱贫攻坚的意见》和《关于印发〈2018 年苹果产业良种良法和组织化、“党支部 + 合作社 + 农户”全覆盖工作方案〉等两个工作方案的通知》等系列措施和政策，明确了苹果产业发展的任务和目标，压实了各方责任。

三是强化主体培育。加大新型农业经营主体培育力度，构建从品种选育、规范化种植到冷链物流、加工营销、品牌打造为主线的产业体系，引进了陕西海升、重庆天锦、浙江东达、湖南商会等企业到昭通建设苹果产业基地。目前昭通苹果种植加工营销企业近 20 家，初加工脆片、浓缩果汁企业 4 家。有果品贮藏冷库、气调库近 300 座，贮藏能力达 2 万吨，占全市总产量的3.44%。苹果专业合作社发展到254个，创建省级示范社1个，发展社员近2万名。

四是强化基地建设。按照“政府主导、企业主体，突出重点、分步推进，科技支撑、群众参与”的思路和市有万亩、县区有千亩、重点乡镇有500亩示范园的要求，高起点规划、高标准种植、高质量发展启动了一大批核心示范园建设，在苹果提质增效集成技术推广应用方面发挥了积极的示范带动作用，基本形成了“村村有亮点、组组有看点、户户有支撑”的新格局。

五是强化科技支撑。制定了《绿色食品　昭通苹果生产技术综合规范》8项技术标准，涵盖了产前、产中、产后全过程。聘请8名国家苹果产业技术体系岗位专家组建了市苹果产业发展专家组，加强与高等院校、科研院所合作，在产业规划、现代模式栽培、育苗技术等领域获得了支持。海升集团进驻昭通以来，引进国际领先矮化砧木、优质品种、果园管理机械化、水肥一体化滴灌、果园生草模式、科学化树形管理系统、果树合理负载管理、植保监控系统、生物防治系统、宽行密植、格架栽培等十大核心技术，实现了“四省两高两早”（省肥60%、省水70%、省地70%、省劳力80%，高品质、高产出，早投产、早回报）的八大种植优势。

六是强化品牌打造。在规范认证、试点示范、展示展销等方面持续发力，加大农业品牌培育、塑造、营销推介和宣传保护。昭通苹果共获绿色苹果认证9个、有机转换产品认证1个、出境水果果园检验检疫登记1个，着力打造以“昭阳红”“沁果昭红”“满园鲜”“嘎嘣脆”等一批顶尖企业“金字招牌”。2016年，在“京沪高铁”线列车电视《中国特产》节目中播出“昭通苹果”宣传片，昭通苹果获“2016中国最有影响力的十大苹果区域公用品牌”，“满园鲜”“嘎嘣脆”红富士苹果品牌获第十四届中国国际农产品交易会金奖；在第十五届中国国际农产品交易会上昭通苹果入选“2017年百强农产品区域公用品牌”称号，“满园鲜”红富士苹果品牌荣获产品金奖；昭通绿健果蔬商贸公司“满园鲜”牌苹果获2018年度云南省绿色食品“十大名品”中“十大名果”第一名，绿健果蔬商贸公司“满园鲜”

牌苹果和鲁甸浩丰苹果专业合作社“嘎嘣脆”牌红富士苹果荣获2018年云南名牌农产品，昭通天锦果业和鲁甸浩丰专业合作社产品荣获2018中国好苹果大赛银奖、优胜奖；2019年1月在央视8个频道连续1个月播出“昭通苹果”宣传广告。在京东、淘宝、天猫等网上销售昭通苹果的企业、合作社、店铺近1500家，近4年来网上销售昭通苹果超过883.3万件。目前，昭通苹果市场已由我国西南拓展至东部沿海城市以及东南亚和南亚国家等地区，全市苹果市外销售占比超过80%。

昭通苹果产业80年的发展历程，历经了引种试种、示范栽培、规模扩张、提质增效改造、标准化建园、产业化升级、品牌化经营、市场化开拓等阶段，凝结着一代又一代昭通人的智慧和汗水，凝聚着昭通人开拓创新、与时俱进的精神，创造了因果致富的生活，谱写着一曲又一曲催人奋进的时代凯歌。如今，昭通苹果正以崭新的姿态展现在世人面前，在新时代乡村产业振兴中必将留下浓墨重彩的华章。

（作者系昭通市苹果产业发展中心高级农艺师）

"苹果之城"是如何炼成的

张 丹

苹果是昭通市委、市政府确定的六大高原特色产业之一，将其作为打赢脱贫攻坚战、推进乡村振兴、打造世界一流绿色食品品牌的主导产业强势推进。几年来，昭通市以现代农业发展理念和推进农业供给侧结构性改革要求为引领，以壮大产业和促进农民增收为目标，以第一、第二、第三产业融合发展为方向，以园区建设为载体，以合作组织建设为抓手，以现代农业科技推广应用为支撑，扎实推进产业规模化、标准化、品牌化、信息化、绿色化发展，实现了"此苹果非彼苹果"的根本性转变，使昭通苹果成为昭通高原特色产业最亮丽的名片。作为昭通市苹果产业发展中心的一员，亲自参与和见证了5年来昭通苹果的飞速跨越式的发展。

因地制宜明方向，科学谋划优布局

2015年，昭通苹果面积只有34万亩（昭阳区28万亩，鲁甸县4.45万亩，永善1.5万亩），产量43.4万吨，种植产值23.18亿元。到2019年，苹果种植面积达到67.61万亩（昭阳区58.2万亩，鲁甸7.91万亩，永善1.5

万亩），产量 77 万吨，种植产值达到 60 亿元。5 年来，昭通苹果产业的快速发展，昭通市农业农村局立下了汗马功劳。

如何按照市委、市政府的要求，合理规划布局苹果产业发展？市农业农村局局长发了愁，多次召集分管副局长、相关科室、站所负责人和县（市、区）相关负责人专题会议，深入研讨昭通苹果产业如何落实发展面积，是招商引资建立高标准基地还是依靠合作社发展，抑或是鼓励农户种植苹果？哪些乡镇适合发展苹果？发展多大面积？怎么落实任务？类似的会议已数不胜数。令我印象深刻的是，2016 年赵高慧副局长召开的一次临时会议（印象深刻是因为那天是周六），开会的目的是因为某个解说稿里面的一段话需要修改完善，要求参会的六七个专家务必按照会议要求分别重新编写，集思广益，择优取用。后来我才知道，赵副局长前一天晚上加班到 12 点才回家。通过这一件小事让我看到市农业农村局的领导们一丝不苟的工作作风，理论联系实际、实事求是的工作态度，坚持民主、发挥个人主观能动性的工作方法。也正是这一批领导及专家多少个日夜、多少盏孤灯到天明的付出，昭通苹果产业发展任务的落实才有了清晰的思路。

“昭阳区、鲁甸县今年还能发展多大面积，未来还有多大空间？”赵高慧副局长问。

“市委、市政府要求苹果面积发展到 100 万亩，我们要认清现实，理出思路，做好苹果产业发展规划，从现在起着手准备百万亩苹果发展规划，时间段从 2018 年到 2025 年。这件事情由市农业农村局牵头，各科室及站所协助配合。”李启章局长说，“昭阳区、鲁甸县农业农村局要落实主体责任，每年新植苹果面积要落实到具体乡镇，不能泛泛而谈，要做好发展计划，稳步推进。”

在他们的带领下，我们找到了围绕发展最适合自己、最能彰显独特性、最具市场竞争力产品的方法路径，编制了百万亩苹果产业发展规划，严格规划落实，绝不盲目乱干。定位上，树牢“一步登顶”意识，瞄准全国苹果的“塔尖”，做全国产量 10% 的精品。布局上，横向以 525 平方公里的昭鲁坝子为主，辐射周边适宜区域，实现100万亩规模。纵向打造上中下游一体化，产供销一条龙，第一、第二、第三产业融合发展的全产业链。路径上，提质改造老果园和新建标准化基地同步实施，用3年时间改造老果园45万亩，新建基地27万亩。到2025年，实现100万亩规模，100万吨产量，种植环节产值70亿元，综合产值100亿元的目标，带动果农13万户52万人增收，其中建档立卡贫困户15100户51300人，苹果种植覆盖22个乡镇。截至2020年10月，昭阳区各乡镇发展现状是：洒渔137000亩、旧圃72000万亩、北闸46132亩、永丰66550亩、小龙洞52200亩、乐居49000亩、苏家院68670亩、布嘎42323亩、苏甲26230亩、青岗岭16500亩、守望41500亩、太平9000亩、凤凰3500亩、龙泉25000亩；鲁甸县各乡镇发展现状是：文屏镇53038亩、桃源乡28310亩、茨院乡10885亩、新街镇1187亩。

百万亩苹果产业发展规划，按照“一基地、三园、四体、五区”总体规划布局，达到“园在城中、城在园中，半城苹果满城香”的总体目标。“一基地”即中国南方优质苹果种苗繁育基地；“三园”即洒渔苹果植物园、昭阳区苹果产业物流园、鲁甸农业综合物流园；“四体”即北闸果香四季田园综合体、永丰水韵乌蒙田园综合体、守望生态康养田园综合体、桃源伊斯兰风情田园综合体；“五区”即空港苹果产业示范区、洒渔河流域农旅融合示范区、产城融合示范区、鲁甸苹果产业示范区、苹果产业延伸区。

外引内培，提升苹果产业技术软实力

“我们不能闭门造车，要坚持‘走出去’‘引进来’，我们昭通发展较为滞后，要发展苹果产业，打造“塔尖”上的10%，没有先进科学的种植方法，没有强大的技术后盾支撑，没有合理的发展模式一切都是空谈。”

“国家苹果产业技术体系的专家联系到没有？把他们尽量请到我们昭通看看，请他们结合调研情况提出适合昭通苹果产业发展的意见及建议。不要怕专家提出问题，有了问题我们才有前进的方向和动力。”

“要多和其他科研院校及单位开展多种合作，把我们的年轻同志送出去培养，把先进的技术带回来，摸索出一条适合昭通气候环境的苹果发展模式。”

类似这种要求还有很多，不论是曾经的王翼局长还是现在的李启章局长，都主张外引内培，人才是培养出来的，技术是可以学习来的。到目前，国家苹果产业技术体系岗位专家已邀请进来200余人次，与中国农业科学院果树研究所、中国农业科学院、郑州果树研究所、云南省农业科学院园艺作物研究所、山东农业大学、烟台果树所等单位开展科技合作，建立了束怀瑞院士工作站、董雅凤专家工作站、魏钦平专家工作站，从果树的整形修剪、土肥水管理以及新品种引试等方面均得到了极大收获，给昭通苹果产业的发展注入了新动力、新方向、新理念。

网格化管理，管理技术措施有效落地

面积落实了，技术在手了，怎么把技术传导给广大的苹果种植户成了摆在面前的一大难题。市、县区高度重视苹果产业发展，专门成立了昭通市苹果产业发展中心，昭阳区、鲁甸县也成立了苹果产业发展中心，形成了一部门、一帮人、一件事的工作格局。同时，苹果辅导员队伍也组建了起来，技术部门对辅导员开展了专题培训，实行网格化管理，辅导员按照协议划定的职责范围对负责的片区农户进行技术培训指导，让技术真正地落地，让广大果农真正地掌握种植技术。

在市农业农村局推动下，昭阳区、鲁甸县组建了340人的辅导员队伍，实现苹果网格化管理，让技术推广到田间地头，不以层层文件形式下发，而是真正下沉到基层辅导，大大提高了技术的推广力度及受用程度。

“以前我种苹果就是闭着眼盲干，不懂技术，不懂管理，只能按自己的想法干，收成也不高。现在好喽，我们可以看挂的牌牌上的电话，哪里不懂了就打电话问，种植水平也提高了，效益也跟着好了，心头真的高兴。我相信在市级、区级、乡级、辅导员以及我们自己的共同努力下，我们小龙洞乡的苹果也会越来越好。”小龙洞乡的一名果农如是说。

正是在这样的不懈奋斗下，“半城苹果满城香”的美丽画卷正在我们面前展开，“苹果之城”正在滇东北崛起！

（作者系昭通市苹果产业发展中心农艺师）

“洋芋帝国”引领昭通马铃薯产业高质量发展

王才勇

为深入推进脱贫攻坚和乡村振兴战略，持续深化农业供给侧结构性改革，按照省委、省政府打造世界一流“绿色食品牌”和市委、市政府打好产业培育高质量发展突击战的重大决策部署，充分挖掘昭通马铃薯生产潜力，着力打造昭通马铃薯品牌，提升昭通马铃薯影响力，加快马铃薯产业转型升级，促进农民持续稳定增收，市委、市政府决定打造5万亩马铃薯高标准示范基地——“洋芋帝国”，目的是建成高质量种薯生产基地、科技创新与产业扶贫示范基地、“昭通大洋芋”和“昭通种薯”品牌对外宣传的窗口，并以此为标杆，示范引领全市马铃薯产业高质量发展，努力实现“此马铃薯非彼马铃薯”的转变，让昭通大洋芋，真正变成世界马铃薯、扶贫大产业。

顶层设计科学布局

市委书记杨亚林亲自研究部署，多次深入调研，最终确定在昭阳区靖安西魁梁子和永善县茂林永安建设“洋芋帝国”。2019年8月，市农业农村局组织相关专家着手编制《昭通市 5 万亩马铃薯高标准示范基地（洋芋帝国）建设工作方案》。2020 年 1 月 8 日，市委召开昭通市烟叶生产、苹果产业和马铃薯高标准示范基地建设情况汇报会，会议原则同意《昭通市 5 万亩马铃薯高标准示范基地（洋芋帝国）建设工作方案》，并提出了相关工作要求。一是要坚持统筹布局建设。要坚持“政府搭台、企业唱戏，统一规划、分期实施，体现内涵、示范引领”的原则推进建设，形成一个有机统一的示范区。二是要坚持科学规范建设。示范区要全面开展高标准农田建设，要构建年内轮作与年际轮作相结合、产品可追溯、农资无缝供应、技术模式统一、田间抽查指导的马铃薯绿色生产品控体系，闯出一条马铃薯发展的新路子。三是要坚持持续长效建设。示范基地建设要实现土地集中流转、集中实行整理下的高度组织化；土地流转年限至少要达到 10 年以上，保护生产经营主体利益，提高主体参与基地建设的积极性。四是要坚持严格主体建设。要积极引导、鼓励企业入驻基地开展建设，严格对入驻生产经营主体的资格把关，确保入驻主体能够围绕基地建设目标任务开展基地建设工作。要扶持企业积极组建农机、农资、植保、营销等专业化服务组织，实现服务与购买双向选择。仓储库建设要以生产经营为主体进行建设，政府给予支持和扶持。五是要坚持优化服务建设。要强化品种推荐工作，指导企业选择生产市场需求品种。要加大脱毒良种、高质高效栽培、晚疫病及重要线虫防控技术以及农业机械的推广应用力度，有效提高单产、增加效益。要加强马铃薯新品种、重大病虫害防控及其他关键技术的研究和展示示范工作，为基地建设乃至全市马铃薯产业发展提供技术贮备。六是要坚持强化保障建设。市级要成立专门工作机构加强对建设工作的领导，昭阳、永善两县（区）细化工作任务、强化工作措施、落实工作责任、制定时间表和作战图，确保基地建设工作落到实处。市级要在资金、技术等方面给予全力支持，县（区）要结合市级标准，自行制定基地扶持、奖励政策。会议决定，市级财政预算 1000 万元资金支持 5 万亩马铃薯高标准示范基地（洋芋帝国）建设。2020 年 1 月 23 日，市委办印发《中共昭通市委

办公室　昭通市人民政府办公室关于印发〈昭通市5万亩马铃薯高标准示范基地（洋芋帝国）建设工作方案〉的通知》，要求以高度组织化为根本，以网格化管理为抓手，以单点突破带全局，围绕“昭通大洋芋、世界马铃薯、扶贫大产业”目标定位，按照“大产业＋新主体＋新平台＝新产业”的思路，遵循“政府主导、企业主体，统一规划、分期实施，体现内涵、示范引领”的原则，建设“一走廊、两中心、六片区”（“一走廊”即昭永公路西魁至茂林段10公里“洋芋帝国”走廊，“两中心”即昭阳靖安西魁梁子和永善茂林永安，“六片区”即昭阳区西魁片区、小金瓜片区、新立片区和永善县永安片区、南林片区、长海片区），全力打造以“基地、示范、窗口”为主要内涵的5万亩示范基地“洋芋帝国”。项目涉及昭阳区靖安、洒渔和永善县茂林、莲峰、伍寨共2个县（区）5个乡镇14个行政村123个村民小组4834户17060人（其中，贫困户2784户8941人）。

强化领导高位推动

2020年1月16日，市委办印发《中共昭通市委办公室　昭通市人民政府办公室关于成立昭通市5万亩马铃薯高标准示范基地（洋芋帝国）建设现场指挥部的通知》，成立了以分管副市长任指挥长，市人大常委会联系领导、昭阳区和永善县政府主要领导为副指挥长的“洋芋帝国”建设现场指挥部，指挥部下设办公室、昭阳和永善片区建设现场指挥部，明确各工作机构及其负责人职能职责。指挥部办公室下设综合协调组和规划建设、生产技术、宣传招商3个专项指导组，实行组长负责制，统筹开展指导服务工作。市指挥部办公室和两县区片区建设现场指挥部分别派驻人员在基地集中办公，点对点细化人员分工，制定技术服务分类指导、基地建设分片责任、驻地工作、信息调度和请示报告、限时办理、督促指导推动等工作机制、制度，形成“统分结合、高效运转，协调推进、深入一线，上下贯通、反应及时”的网格化工作机制，确保疫情防控、基地建设“两不误、双推进”。

严格标准精细服务

牢固树立“不干则已、干则极致”的登顶意识，严格落实“五有四化三统一”措施（“五有”即有品牌文化、有品控体系、有配套设施、有政策支撑、有销售渠道，“四化”即规模化、组织化、标准化、机械化，“三统一”即统一技术、统一品牌、统一参保），建立生产、加工、流通专业合作组织和农业生产托管农机、植保、劳动就业等专业化服务组织，坚定不移走集约化、规范化、品牌化发展之路。在具体工作中，严格把住每一个环节、每一个细节，高质量推进“洋芋帝国”建设。昭阳区、永善县集中力量1个月内流转土地3万亩，并配套高标准农田项目，完成土地破埂破界、土地平整以及抗旱排涝设施、机耕道路等基础设施建设，基地基本实现了“地平整、土肥沃、旱能灌、涝能排、路相通”。多渠道吸纳16家企业、合作社参与基地建设，实现了基地组织化全覆盖。鼓励以企业为主体成立农机、农资、植保、营销、劳动力保障等专业化服务组织，基地专业化组织实现全覆盖。市指挥部办公室、昭阳和永善片区建设现场指挥部实行行业专项指导和分片包干负责制，围绕项目地块布局、面积落实、生产主体对接、土地流转、土地整理、带贫益贫利贫联结机制建立等工作，由点到面地进行工作督促，形成行业督促指导与行政责任落实无缝对接、同频共振、合力推动。整合市、县、乡三级技术力量和生产主体资源深入一线，技术专家团队挂联到企业、坚守到田间地块，面对面讲授技术、手把手操作示范，全面开展“一对一”的“保姆式”对接服务。

科技支撑体现内涵

为强化“洋芋帝国”科技支撑，推动马铃薯产业产量与品质、规模与效益的同步提升，市人民政府与云南省农业科学院签订《昭通市马铃薯高标准示范基地“洋芋帝国”建设合作协议》，就9个方面的合作内容达成6年合作协议。同时，加强与云师大市校合作，通过“凤凰计划”、专家工作站的形式，引进云南师范大学李灿辉教授及其团队具体落实合作任务。印发了《昭通市马铃薯高标准示范基地栽培技术》《马铃薯病虫害防治重大关键技术措施》《昭通市5万亩马铃薯高标准示范基地“洋芋帝国”晚疫病防控工作方案》。开展了马铃薯品种评价、提质增效高产栽培技术配套研究、新型肥料评价、除草剂筛选、药剂筛选等26项试验示范。基地实现了“土传病虫害防治、马铃薯种薯药剂拌种处理、有机肥与无机肥配合施用、双行起垄栽培和生物可降解地膜”全覆盖。制定了《昭通市5万亩马铃薯高标准示范基地“洋芋帝国”建设目标考核工作方案》，拟对实现单产达6000千克/亩以上超高产、4000千克/亩以上高产的生产主体进行奖励性现金补助，营造了16家生产主体争先恐后争创高产的浓厚氛围。到3月27日，基地全面完成标准化播种，大面种植、试验、示范的品种（系）达380个，种植面积比较大的品种是合作88号、丽薯6号、青薯9号、宣薯2号、云薯304、云薯902、昭薯6号等。预计“洋芋帝国”平均亩产将由不足1.5吨提高到3吨以上，最高达6吨，亩产年收入将由不足2000元人民币提高到6000元以上，真正让“洋芋帝国”成了新品种、新技术、新机制实验探索的基地，对内向全市广大基层干部和群众展示和示范的平台，对外向世界宣传昭通马铃薯品牌的窗口。

打造品牌加强推介

一是大力建设营销主体。组建马铃薯营销专业合作组织，充分发挥营销专业合作组织的市场营销主渠道功能，积极对接省内外马铃薯营销主体，拓展东部沿海发达地区商品薯市场，挖掘云南省马铃薯冬作区种薯市场，畅通营销渠道，推动昭通马铃薯走出昭通。二是加强品牌建设。组建昭通马铃薯产业发展协会，由协会申报“昭通大洋芋”区域公共品牌，鼓励企业制订生产标准并申报企业品牌，积极组织经营主体申报国家和省级农产品品牌。充分发挥昭通市马铃薯产业协会的规范作用，制定区域品牌、地方公共品牌使用规范，督促各企业使用好品牌、保护好品牌，防范乱用毁市场。加强售后技术服务，口碑相传扩市场。利用传统媒体、新兴媒体、会展等多角度、多方式进行宣传，开展“昭通种薯”广告语大赛、品牌命名有奖征集等营销宣传活动。三是积极开发旅游产品。对示范基地进行乡村旅游产品开发和包装策划，开发更多的特色化、创意化、精品化乡村旅游产品。四是加强宣传推介。积极举办或参与各类马铃薯产销对接会、展销会、农产品展销会、现场观摩会等活动，大力推介“昭通大洋芋”品牌。

在5万亩高标准示范基地（洋芋帝国）的示范引领下，昭阳区、鲁甸县、巧家县、镇雄县、彝良县、威信县、盐津县、大关县、永善县聚焦19.2万贫困种植户，按照“五统一”（统一连片种植、统一组织模式、统一技术标准、统一技术指导、统一病虫害防治）要求，以50亩以上规范化连片种植为模式，着力实施100万亩马铃薯规范化种植，预计平均单产2吨以上、总产量200万吨以上、种植户人均增收2400元以上，将辐射带动全市马铃薯产业高质量发展。

（作者时任昭通市农业农村局种植业与农药管理科科长）

“洋芋帝国”超高产技术攻关纪实

胡　祚

“我们种了一辈子的洋芋，从来没见过要给洋芋植株立杆拉绳，更没有谁会跟洋芋植株修枝打花，为什么要六次分批追肥，多麻烦，一次施完不就行了吗？”这是诸多村民的疑惑，也是基地管理人员许明皋的不解。

带着这些疑惑与不解，我们“洋芋帝国”科研团队继续按照年初既定的技术方案，不断解决新出现的困难和问题，精心管理着“洋芋帝国”这片马铃薯极量攻关试验田。

功夫不负有心人，终于迎来了省内外马铃薯知名专家的田间实地测产验收，6.015 吨／亩的产量打破了云南官方认可的最高历史纪录，这一纪录将载入昭通马铃薯生产史册。那一刻，辛勤的汗水与喜悦的泪水交融在了一起……

昭通处于云贵高原和四川盆地过渡地带，典型的亚热带、暖温带共存的高原季风立体气候，与马铃薯原产地（南美安第斯山区）气候十分相似。得天独厚的自然条件，比较适宜马铃薯的生长，全市马铃薯种植面积常年稳定在 300 万亩左右。

200 多年前，马铃薯这一世间之珍宝，便从遥远的秘鲁安第斯山脉启程，涉水翻山，不远万里，来到乌蒙大地——昭通安家落户，并就此生根发芽、蓬勃生长、代代繁衍、生生不息，成为昭通人民的主食和必需品，更演绎成了一种文化，深深融入了昭通人的血脉之中。

马铃薯产业是昭通与脱贫攻坚结合最紧密的重要支柱产业，承载着全市百万贫困人口脱贫致富奔小康的希望。近几年，昭通市委、市政府在脱贫攻坚中把马铃薯产业发展作为解决群众“两不愁”目标的重点产业强力推进，取得了显著成效。

2020年，在脱贫攻坚全面收官之年和衔接乡村振兴产业兴旺的关键之年，市委提出了“单点突破带全局，提质增效促发展”的产业“突击”战术，高起点规划、高标准建设、高水平提升，在昭阳区、永善县集中打造连片5万亩马铃薯高标准示范基地（以下简称“洋芋帝国”），推动“此马铃薯非彼马铃薯”的根本性转变，辐射带动全市马铃薯产业高质量发展。

“洋芋帝国”的目标，是提振西南地区发展大春马铃薯信心，大幅提高马铃薯产量水平，增强马铃薯核心竞争力，带动乌蒙片区马铃薯产业发展，增加农民收入，努力实现亩产超6吨，产值上万元。

2020年年初，我带领昭通市农业科学院的技术团队，在“洋芋帝国”永善县永安村火地沟昭通市千和农业科技开发有限公司种薯生产基地（海拔2560米）开展了“乌蒙山区大春马铃薯晚熟关键技术极量攻关试验”攻坚工作。

西南地区马铃薯产量一直处于1.2吨/亩左右的较低水平，我们选择的“极量攻关”试验田区域往年的平均产量也仅为1.54吨/亩。该区域马铃薯生产面临前期低温干旱、后期阴雨寡照、野猪破坏频繁、后期植株容易倒伏，基础设施薄弱、管理水平较低、新品种新技术接受程度有限等不利因素的挑战，如何在实施方案及技术措施中规避和克服这些不利条件，让我陷入了沉思。

提前谋划并提出解决上述存在困难和问题的措施在我脑海中不断浮现，不断加以思考和解决。面对前期低温干旱和基础设施薄弱问题，我们选择了推迟播种并在极量攻关试验田安装了水肥一体化设施，有效破解播种时土壤湿度低和后期分批追肥操作不利的难题；面对野猪破坏问题，我们选择了在极量攻关试验田四周布上简易围栏并安装了报警器，夜间加大基地巡查力度，有效规避了野猪及人为破坏的风险；面对生产后期阴雨寡照问题，我们选择了晚熟品种云薯108并根据其不同生长时期养分需求不同，适时定量补充氮、磷、钾、硼、镁等元素，制定了马铃薯晚疫病绿色防控技术方案，精准选药、精确用药确保植株正常生长成熟，为获得高产创造必要条件；面对基地管理水平较低的问题，我和技术团队从地块选择、种薯处理、播种、中耕管理、收获储存等时期全程指导到位，栽培、植保、土肥等一对一“保姆式”的技术指导为极量攻关试验田保驾护航；面对马铃薯植株生长后期容易倒伏问题，我们采取了在马铃薯现蕾期拉线立杆固定植株保持直立状态，保障田间通风透光利于叶片充分进行光合作用，有效缓解田间病虫害的发生，为最终获得高产起到了决定性作用……我深刻地体会到，要实现超高产的预期目标必须要有超前的技术措施、超常的付出和精细的管理水平，正所谓：我用心来守护你的成长，希望你用产量来回报我的付出！

2020年2月24日，正值新冠肺炎疫情防控和春耕备耕关键时期，身为“洋芋帝国”昭通市指挥部成员和生产技术指导组组长的我，开始长期驻扎在永善县茂林镇永安村农户易安兵家，开启了我和“洋芋帝国——马铃薯极量攻关试验田”的竞技之旅。

在充分考虑之前提到的困难问题的基础上，因地制宜地针对极量攻关试验田研发组装了“马铃薯剪茎修枝塑形集成生产技术”，即将“晚熟品种、优质种薯，密度控制、种薯消毒，双行高垄、保墒排涝，测土配方、水肥一体，剪茎修枝、塑形透光，去蕾控高、减少消耗，分批培土、增加结薯，定量施肥、平衡养分，绿色防控、精准用药，延长生长、挖缺潜力”等多项关键技术措施集成组装为一体，让马铃薯的产量潜力最大限度地发挥出来。通过安装土壤墒情仪、人工气象站、晚疫病监测仪等仪器设备，对马铃薯生长所需温度、光照、土壤湿度等环境条件进行科学准确分析记录，形成可复制、可持续的马铃薯极量攻关创新集成技术模式并逐步进行示范推广应用，以提高昭通马铃薯产业的科技创新及应用水平，增强昭通马铃薯的社会知名度，提升昭通马铃薯的品牌形象。

从2020年3月12日播种到10月27日收获，马铃薯新品种“云薯108”历经229天的天地哺育，马铃薯极量攻关试验田迎来了田间测产验收。

在省内外马铃薯专家组（组长为国家马铃薯产业技术体系岗位专家、黑龙江省农科院白艳菊研究员，副组长为贵州省马铃薯研究所邓禄军副研究员，成员为云南师范大学李灿辉教授及贵州省马铃薯研究所、昭通市农调队、昭通市科技情报所、鲁甸县农技推广中心的4位专家）及市农业农村局领导的共同见证下，通过田间实测1.05亩，产量达到6.015吨／亩，与全市大面平均产量1.25吨／亩相比，单产增加4.765吨／亩，增幅381.2%。

获得这么高的产量，是集成应用了当前马铃薯生产先进技术的结果。

以此看来，如果技术应用到位、管理到位，昭通马铃薯生产水平及产量是有很大的提升空间的。当初带着疑问的部分村民和基地管理人员许明皋（靖安镇松杉村委会党支部委员）在场看了收挖出来的遍地洋芋，共同见证了测产结果，他们会心地笑了，窃窃私语道：“原来种马铃薯还有这么多学问和技巧……”顿时，我既感到无比的欣慰，也感到农业科技推广“最后一公里”任重而道远，想到了下一步农技推广工作中的一些奥妙和技巧，领悟到了昭通市委市政府全力推行的马铃薯良种良法全覆盖、高度组织化和集约化全覆盖、党支部主导型的专业合作社全覆盖“三个全覆盖”在这里得到了很好的诠释，更加坚定了我作为一名农业科技工作者的信心和决心。

为了将在永善县茂林镇永安村马铃薯极量攻关试验田集成的技术在全市马铃薯主产区进行示范推广应用，我们及时总结了取得的成效和存在的不足，对之前的技术方案进行了优化提升，集成组装了更为成熟并可复制推广的马铃薯超高产极量攻关技术模式，力求该技术模式在乌蒙大地落地开花结果。

我们认为，由云南省农科院经作所和昭通市农科院共同选育的马铃薯新品种“云薯108”及其配套超高产栽培技术，能够引领高寒冷凉山区农民脱贫致富奔小康的新希望，昭通马铃薯正朝着“救命薯—脱贫薯—小康薯—致富薯”的“蝶变”突破方向继续迈进。我和我的科研团队也将在作风上锻造“铁军”精神、“工匠”精神，推广上下足“绣花”功夫，为科技支撑产业发展成果、助推产业兴旺继续努力。

（作者时任昭通市农业科学院副院长）

昭通马铃薯绿色高质高效技术的推广应用

宋维际

25 年前的 1995 年 10 月 6 日下午，时任中共中央政治局常委、国务院副总理的朱镕基来到昭阳区宁边村杨长才家，问他家一日三餐吃什么，杨长才答，都吃洋芋。长期以来，漂洋过海而来的洋芋，既成为昭通不少高寒贫困地区群众一日三餐的主食，也成为昭通高寒贫困地区的代名词。洋芋在昭通是如此的平凡和熟悉，即便在昭通街上，也能随处可见柴炭烧洋芋，随风吹来一阵阵烧洋芋特有的香味。那时，全昭通地区的洋芋面积为 150 万亩，亩产不足 1 吨。

转眼十年过去了，到了 2006 年，昭通市洋芋平均亩产还是只有 1 吨多点。这亩产的增长速度跟蜗牛一样，不疾不徐地爬着，其原因在哪儿呢？

当时的昭通市农业局领导急了，说昭通市农推所（昭通市农科院的前身）你得拿出两把刷子来，支撑我市洋芋单产的提高。昭通市农推所随即组织洋芋团队进行攻关。

市农推所的会议室里，端坐着一帮搞洋芋的科技人员，老、中、青都有，有男有女。

领导发话了："品种，品种，我要好吃又高产的黄心洋芋。"搞品种的同志说："行，省内的，省外的，南方的，北方的，我给你调几十个品种来，让它们比一比，看哪个品种最优秀。"

领导说："要脱毒种薯，必须完善脱毒微型薯生产技术，并且要把它们大量地放到地头去让大家看看增产效果。"搞脱毒微型薯生产的同志不慌不忙地说道："这个没问题，技术好搞定，关键是老百姓都嫌贵，尽管最后它肯定赚。"

领导接着说："还有，这下线规格，全市五花八门的，到底哪个规格最合适？密度要增加到多少？不能老是稀大窝，洋芋倒是大个的要多一点，可产量上不去。"搞栽培的同志说道："这个不难，布点，展示，让大家看看，到底哪个最合适。"

于是，在昭阳区的靖安乡、大山包乡、洒渔镇，鲁甸县的新街乡、铁厂乡、水磨乡、小寨乡，永善县的茂林镇，巧家县的药山镇、马树乡，镇雄县的芒部镇、林口乡，彝良县的树林乡、龙街乡等地，市农科院的永丰基地、大山包基地开始了长达十余年的品种选育引试、栽培、农药筛选试验。

队伍中有的老同志退休了，有的调走了，可试验仍在继续，年复一年，日复一日地进行着，不管是在飞沙满地的春天播种、炎炎夏季顶着烈日的授粉和观察记载，还是淋着绵绵秋雨的收获与考种，大家默默耕耘着、收获着。

我们与云南师范大学的李灿辉博士、省农科院的隋启君团队学习着、合作着、交流着。项目一个接着一个，报告一本接着一本，论文发表一篇又一篇。

最终，品种敲定了。脱毒微型薯生产技术升级换代成了"滴灌＋雾化＋基质"，并且获得了云南省职工创新金奖，国际国内专家评价为"国际先进、国内领先"的技术。下线规格统一了，密度范围确定了，新农药选定了。重要的是，集成的绿色高质高效技术在生产上的推广运用面积越来越大，效果也越来越好。

转眼又一10年过去了，2017年12月22日，中共昭通市委办公室、昭通市人民政府办公室印发了《2018年马铃薯产业良种良法和组织化、"党支部＋合作社＋农户"全覆盖工作方案》，要求做到良种良法全覆盖和专业合作组织全覆盖。昭通洋芋产业终于进入了一个全新的发展时期。

镇雄县五德镇的鹿角坡村，成立了以党总支书记陈祖勇为理事长的镇雄祥宏农机化种养殖专业合作社，种起了洋芋。

2018 年 8 月，我第一次见到陈祖勇—— 一个黢黑又敦实的基层干部，虽然穿着西装，可皮鞋却沾满了泥巴。他向我介绍道，当初我们成立这个合作社时，心里没底。以前我们这儿种的是传统品种威芋 3 号、米拉洋芋，净种亩产只有 1 吨多点，个头不大（多为鸡蛋那么大）。经县农技中心介绍了科学种植洋芋的产量水平后，我们终于下决心流转了 400 多亩地来种洋芋。县农技中心请你们市农科院的专家来作指导，每次来专门给我们讲关键技术，听得多了，对种植技术越来越懂了，也就越来越有信心了。县农技中心给了我们很大的帮助，从准备物资开始，一直快到洋芋成熟时，都有技术人员在这儿守着。从联系调青薯 9 号洋芋种，到肥料农药，到如何种，都手把手地教。洋芋苗出齐了后，长得规矩得很，笔溜直的，一直到洋芋快成熟了，叶片都亮堂堂的。防治晚疫病时，周围的老百姓都来看，说从来没见过给洋芋打药。功夫不负有心人。2018 年 7 月 30 日，县农业局组织现场测产，随机选取的一号田亩产达到 3690 公斤，二号田亩产达到 4080 公斤。前来参观的基层干部和群众看得直跷大拇指，说从来没见过在这里种出这么高产、这么大个的洋芋来，以后要多来学习、多来取经。到 2020 年，镇雄祥宏农机化种养殖专业合作社的洋芋基地面积已经达到 1000 余亩，平均亩产保持在 2.5 吨，亩产高出附近的洋芋 1 吨左右。

说起 2018 年的中国马铃薯大会，鲁甸县农业局的领导深有感触地说，这次马铃薯大会的参观点由鲁甸县来承办，任务十分艰巨，还真亏得有市农科院、市植保站等几家单位的支持，参观点的技术方案由他们拟订，并派了十来个技术骨干来蹲点指导，完全达到了预期效果，收获时平均亩产达到了 2.5 吨还多，比其他乡镇的平均亩产高了 1 吨都不止，体现了市里这几年潜心研究技术的水平。

2019 年 8 月，彝良县树林乡的党委书记刘家明对到该乡查看马铃薯生长情况的我们介绍道，这几年，由于市农科院的引荐，省农科院到我们乡来推广云薯401、云薯505等新品种，目前种植面积达到了8000多亩，原来亩产只有不到1吨的洋芋，现在随便到哪个点挖，亩产都不低于2.5吨，使我们乡的洋芋产量跨了好几个台阶，种洋芋成为贫困群众名副其实脱贫致富的支持产业。

2019年6月下旬，我在永善县开展三区人才工作时，发现当地的一个种植大户许金荣包了50多亩地种洋芋，其中有30来亩云薯505，有20来亩希森6号。但他对防治晚疫病认识不足，用药品种和施药方法也不恰当，我向他详细介绍了防治晚疫病的关键环节，他一试，效果还真好。他跟我讲，可惜原来没认识你，要不然，我今年的产量肯定还要高好多。明年我就照你说的方法做。

2020年，市委、市政府决定在昭阳区的靖安镇西魁梁子、洒渔镇的新立村、永善县的茂林镇永安村举办5万亩马铃薯高标准示范基地“洋芋帝国”，由市农科院分管马铃薯业务的副院长为技术负责人，市农科院印发了《昭通市马铃薯高标准示范基地栽培技术手册》200份发到每个生产主体手中。同时，市农科院抽调马铃薯团队技术人员5人，从整地开始，全程指导各生产主体及周边种植大户。该5万亩洋芋帝国基地种植规格整齐，整个生育期长势良好，满山遍野绿油油的，晚疫病防治有力，没有出现未成熟就大片大片黑乎乎病死的情况。用市人大原副主任赵洪乖的话说，今年洋芋帝国的洋芋没有干死，没有饿死，没有病死，它们是老死的。从收获情况看，永善片区的永守建安公司的早熟品种希森6号达2.5吨/亩以上，根据多次多点的田间抽样表明，丽薯6号、昭薯6号的产量能达到3吨以上。

2020年，许金荣又在附近包了180亩地来种洋芋，其中有50亩昭薯6号、30亩希森6号、50亩青薯9号、50亩宣薯2号。为了加强技术指导，我们跑了他那儿5次，总的看来种得比2019年好多了。我们跟他讲，希森6号一定要早防。6月上旬的时候，他就开始防晚疫病了。结果希森6号亩产达到了2吨左右，比2019年翻了一番。昭薯6号亩产接近3吨，个头大，卖相好，又好吃，他说明年还要多种点。

对于这些年在马铃薯绿色高质高效技术的研发，市农科院胡明成副院长总结说，自从2017年我院马铃薯团队加入国家马铃薯产业技术体系，成立昭通综合试验站以来，大力集成优质高产品种、新型肥料施用、新农药的筛选等技术，进一步完善了我市各生态类型气候地区的栽培管理技术，示范推广了青薯9号等优良品种，目前青薯9号的种植面积达到了50万亩。在与省农科院的重大科技专项合作中，引进示范推广了云薯401、云薯505等高产品种，目前种植面积达到了55万亩。与多年前不同的是，现在的老百姓，对洋芋品种熟悉得很，在洋芋开花的时候，他们能准确地说出各品种的地上部分特征，青薯9号、合作88、宣薯2号、丽薯6号、云薯505，他们都能说出一二三来。从前，他们把“会—2”叫成“昆钢洋芋”。像我们的双行垄作、降解膜的推广，在全省甚至全国都处于领先水平。我们筛选的增威赢绿、嘧菌脂，成了防治晚疫病、早疫病的首选农药，在“洋芋帝国”、鲁甸县、镇雄县得到了普遍应用，在全国都很难找到在一个市级范围内大面积推广应用这两个新农药的地方。

市农科院分管马铃薯业务的胡祚副院长感到很欣慰，说这十多年，我们沉下心来，主要做了品种选育、脱毒微型薯生产技术研究，取得了一定的成绩，像我们的昭薯6号，是一个适应范围广、易于栽培管理、亩产易达3吨的黄皮黄肉品种。昭薯9号是一个大薯率特高、早熟、高产、卖相好、吃味好的品种，有望在全市迅速推广开来。在脱毒微型薯的生产技术研究上，在云南师范大学李灿辉教授的指导下，已经开发成功“滴灌+雾化+基质”雾培生产马铃薯原原种技术，此项技术在市农科院的科企合作单位昭通市千和农业科技开发有限公司、云南农垦昭通农投公司得到规模应用，年产原原种1500万粒左右，为昭通马铃薯良种培育和推广应用奠定了坚实基础。

昭通马铃薯良种良法的推广应用任重道远，但我们始终在奋斗。

（作者系昭通市农业科学院农技推广研究员）

特色养殖焕生机　六畜兴旺促脱贫

赵　雄

以生猪、肉牛为主的特色养殖业是昭通农业农村经济中发展势头较好、增收潜力较大的传统优势产业。近几年来，市委、市政府高度重视特色养殖业发展，在全市脱贫攻坚大决战中，以推进特色养殖业供给侧结构性改革为主线，换思路、转方式，聚焦现代畜牧业生产体系、经营体系和品牌体系三大建设，推动生产、加工、销售三产融合，促进了养殖业增产增收，助推脱贫攻坚。2019 年，全市出栏生猪 327.5 万头，出栏肉牛 16.9 万头，出栏肉羊 51.3 万只，出栏家禽 895 万只，实现畜牧业总产值 131.3 亿元。

昭通特色养殖业焕发勃勃生机

顶层设计不断强化。2017 年，市委、市政府高屋建瓴，将生猪、肉牛为主的特色养殖业确立为昭通市六大高原特色产业之一予以培育，出台了《中共昭通市委　昭通市人民政府关于做优做强生猪产业助推脱贫攻坚的意见》和《中共昭通市委　昭通市人民政府关于加快昭通肉牛产业发展助推脱贫攻坚的意见》，制定了生猪、肉牛产业发展专项规划。从顶层设计上构建了特色养殖产业发展体系，明确了产业发展定位，优化了产业发展布局，高位推动特色养殖业加快发展。

科技推广应用不断加强。多年来，全市持续开展生猪人工授精、黄牛冻精改良、青贮饲料等科技措施的推广运用，不断提高畜牧科技对畜牧业发展的贡献率。生猪人工授精、三元杂交等实用技术推广应用日趋普及，良种覆盖率不断提高。截至目前，全市生猪、肉牛、肉羊、家禽良种覆盖率分别达 90%、90%、75.4%、80.8%。

生猪产业发展迅猛。近年来，昭通市突出以招商引资作为破解生猪产业规模化、产业化程度低、养殖风险大、效益低瓶颈的主要抓手。自 2017 年以来，昭通市先后在昆明、成都、重庆、深圳、杭州、厦门、北京等地设立 7 个驻外招商联络处，切实加强招商引资工作力度，招商引资工作取得重大进展，生猪产业规模化、标准化发展取得重大突破。截至目前，已成功引进江西正邦集团有限公司、广东温氏集团、重庆猪猪侠、重庆铁骑力士、福建佑康、江西双胞胎、新希望六合、东方希望集团、安徽满贯农业科技有限公司等 9 家农业产业化大型企业落地发展，项目覆盖除盐津县外的 10 个县（市、区）。至 2020 年 7 月底，已建成标准化育肥猪圈舍 173 栋，设计年出栏 28 万头，在建 247 栋，设计年出栏近 58 万头，已纳入建设计划 300 栋，设计年出栏 69 万头。仔猪（种猪）扩繁场项目共计划建设 33 个，设计存栏母猪 10.57 万头，年提供仔猪 245.75 万头，其中已建成扩繁场 8 个，设计存栏能繁母猪 1.56 万头，年可提供仔猪 38.5 万头；在建仔猪扩繁场 17 个，设计存栏能繁母猪 4.98 万头，年可提供仔猪 110 万头；拟建扩繁（种猪）场 8 个，设计存栏母猪（种猪）4.03 万头，年可提供仔猪 97 万头。

肉牛产业势头良好。近年来，我市立足产业基础，依托资源优势，坚持把发展以肉牛为主的草食畜牧业作为推进畜牧业结构调整、促进养殖业主持续增收、助推脱贫攻坚的重要产业来抓，全市肉牛产业布局区域化基本形成。2019 年末，全市存栏肉牛 49 万头，出栏 16.9 万头，牛肉产量 1.9

万吨，产值14亿元，占畜牧业产值的10.7%。预计2020年全市出栏肉牛可达18万头。一是产业布局逐步优化。近年来，我市坚持农牧结合、循环发展方针，以人工种草、天然草地改良、粮改饲驱动肉牛产业发展，促进种养殖结构调整优化，逐步形成布局合理、优势明显的肉牛产业区域格局，形成了以昭阳、鲁甸、巧家、镇雄、彝良、威信6个年出栏万头以上县区为主的肉牛生产优势区域。二是“小规模大群体”特征明显。结合全市多山区、饲草资源丰富的特点，我市肉牛产业发展以农户饲养能繁母牛提供犊牛或架子牛，规模养殖场集中育肥为主要组织形式，形成了“藏牛于户，户繁场（企）育”“小规模大群体”的生产模式。截至2019年年底，全市年出栏肉牛10头以下养殖户达6.6万户，年出栏肉牛10头以上适度规模养殖户1000余户，常年存栏50头以上肉牛养殖场150余个。三是产品加工方兴未艾。我市采取内培外引、政策扶持等措施，培育了一批集产、加、销一体化的龙头企业，推进肉牛精深加工从无到有，促进全产业化发展。全市目前有大关县琦鑫农产品生产有限公司、云南理世实业（集团）有限责任公司、云南伯格勒食品开发有限公司等3家牛肉制品加工企业，建成加工生产线3条，年屠宰加工肉牛2500余头，生产麻辣牛肉、黄牛干巴、卤牛肉、手撕牛肉、火烧干巴、红烧牛肉等系列产品10余个，创建“琦鑫牛肉”“好牛恋”“伯格勒”等多个品牌。

其他特色产业蓬勃发展。在加快生猪、肉牛产业发展的同时，各县（市、区）立足资源优势，因地制宜，黑山羊、云南半细毛羊、盐津乌骨鸡、蜜蜂等一些特色产业也得到了迅速发展，并正在引领和支撑“一乡一业”“一村一品”发展。截至2019年末，全市存栏羊66万只，其中，山羊49.5万只、绵羊16.4万只；出栏肉羊51.3万只，产值达7.8亿元；出栏家禽895万羽，产值达9.3亿元，其中盐津乌骨鸡出栏达110万只、产值1.1亿元；大关、镇雄、威信等县积极发展蜜蜂养殖，全市中华蜂、意大利蜂养殖达10万群以上；全市渔业水产品产量达5.4万吨、产值6.8亿元。

顺势而为，发展特色养殖业正当其时

产业底蕴厚重。一是具有品种丰富、品质优良的地方畜禽种质资源。昭通黄牛、乌金猪、云南半细毛羊、盐津乌骨鸡、威信白山羊等畜禽种质资源享誉省内外。盐津乌骨鸡和云南半细毛羊分别是云南六大名鸡和名羊之一。昭通黄牛具有身躯适中、耐粗饲，适应性、抗逆性、抗病性强、肉皮品质俱优、产肉率高的特点。二是具有延续的养殖传统。畜牧业是我市农民增收的主要产业之一，养殖农户数长期稳定在100万户左右，养殖技术已为大多数农户所掌握，为扩大养殖规模奠定了良好的基础。镇雄、昭阳、巧家曾先后被列入生猪调出大县予以奖励。三是昭通肉牛改良起步早，从20世纪80年代初开始进行肉牛冻改，至今从未间断，冻改覆盖率及受胎率位居全省前列。

饲草资源丰富。一是全市各类草原面积达1519万亩，其中万亩以上连片规模草场达139片。特别是2010年以来，实施国家草原生态奖补、岩溶地区草地治理、退耕还草等强农惠农政策，产草量由亩均300公斤提高到1200多公斤，为发展草食畜牧业打下了坚实基础。二是全市水稻、玉米等粮食秸秆约为300万吨左右，利用率不到30%，开发利用潜力很大。三是全市有上百万亩左右的耕地可实施“粮改饲”。这些资源的开发利用，可有力支撑草食畜牧业发展。

“中长端结合”优势明显。养殖业项目周期一般在几个月到一两年不等就能见到效益，属于“短能支撑脱贫、长能增收致富”项目。同时昭通多山地，山高谷深，自然隔离条件好，利于动物疫病防控，生态环境好，几乎无工业污染，具有生产绿色畜产品的天然优势。

市场空间广阔。随着城镇化进程加快，城乡居民将进入消费升级阶段，对特色、优质畜禽产品的需求将不断增加。

创新模式，特色养殖业扶贫成效明显

按照“党支部引领合作社走、合作社跟着产业走、群众跟着合作社走”的思路，各县（市、区）结合产业扶贫，统筹利用产业扶贫资金、整合涉农资金、小额信贷资金，引导企业、村集体经济组织、农民专业合作社等新型经营主体建设标准化适度规模养殖场，鼓励龙头企业以村集体经济组织为纽带，与建档立卡贫困户建立稳定的利益联结机制，采取租赁、代养、订单收购等模式参与经营，发展壮大村集体经济，稳定贫困户收益，全市特色养殖业带动贫困户 12.53 万户 50.57 万人增收。涌现出了绥江铁骑力士生猪代养、永善深山农牧林开发有限公司肉牛养殖等典型案例。绥江县把生猪产业作为产业扶贫的主要抓手，引进重庆铁骑力士和重庆猪猪侠农牧科技有限公司，采用“政府补贴 + 贫困户贷款入股”方式，建设“6 万头生猪全产业链项目”助农增收。按照统一圈舍设计、统一供苗供料、统一饲养管理、统一疾病防控、统一回收销售、统一结算代养报酬“六统一”要求，全县建成了年出栏 2000 头肥猪的生猪代养场，配套建设了 1 个 2400 头能繁母猪的仔猪扩繁场，形成了“政府搭台、企业唱戏、群众参与”的利益联结机制，实现村集体公司与建档立卡户年收益 1260 万元以上，带动 2300 余户贫困群众稳定增收。目前该模式已在巧家、大关、威信、镇雄等县广泛推广。永善县深山农牧林开发有限公司采取“公司 + 基地 + 合作社 + 农户”模式发展肉牛养殖，通过股权量化将建档立卡贫困户扶贫资金 9000—10000 元 / 户入股合作社，共计吸纳扶贫资金 1348 万元，按入股资金总额的 8% 实行年度固定分红。项目运行后可实现一地“生四金”，即草场流转收“租金”，草场流转为群众增加一份收益；务工就业挣“薪金”，可吸纳 30 人务工，月工资 3000 元左右，提高贫困户收入；资金入股分“股金”，贫困户每年可获红利 630—700 元，专业合作社每年可获红利 13.48 万元；饲料种植增“现金”，贫困户可在承包地种植饲料玉米出售给公司，每亩收入可达 2000 元以上。

持续发力，特色养殖业大有可为

始终坚持“创新、协调、绿色、开放、共享”的发展理念，以市场为导向，以加快产业转型升级和促进农民增收为目标，按照“大产业 + 新主体 + 新平台”的思路，立足当前稳定生产保供给，着眼长远发展促转型，大力推行规模化经营、标准化生产、组织化管理，全面提高特色养殖业质量、效益和竞争力，推动构建生产高效、资源节约、环境友好、布局合理、产销协调的高质量发展新格局，努力把昭通市打造成全省生猪产业强市、西南地区重要的优质肉牛生产基地，更好地满足居民肉类消费需求，为保障民生、促进脱贫、振兴乡村发挥积极作用。

昭通特色养殖大有可为。

（作者时任昭通市农业农村局畜牧渔业科负责人、高级畜牧师）

麻窝村的生态鸡是怎样“飞”起来的

张　毅

在脱贫攻坚啃“硬骨头”的攻坚时期，我被市农业农村局下派到彝良县钟鸣镇麻窝村担任驻村扶贫第一书记。从钟鸣镇到麻窝村有12公里多，路面崎岖，坐车要30多分钟路程。下车伊始，我即着手开展村情调研。通过一个多月的到组入户走访及查阅村级扶贫档案资料，我对麻窝村农户的生产生活状况有了一个初步的了解。麻窝村辖26个村民小组957户3087人，有贫困户265户1042人，贫困发生率27.7%，居住着汉、苗等民族。国土面积31.77平方公里，耕地4969亩，林地23919亩。主要农作物有玉米、马铃薯、红薯、魔芋等，有天然林竹子1.8万亩，种植天麻4400余亩。

麻窝村到组入户交通不便，除通村公路途经6个村民小组外，其余20个村民小组全是羊肠小道。麻窝村是典型的二半山过渡带，常年阴雨绵绵，大雾笼罩，不利于农作物生长。不过，特殊的地理环境和气候条件，适宜竹子和天麻生长，成为村内部分群众主要的经济来源，但这毕竟是少数几个村组的财富，其余村组靠什么收入脱贫？这是值得我这个第一书记去思考的问题。

因地制宜发展什么这个问题，是我必须搞明白的问题。我白天下村组入户调查，与群众座谈，上报入户情况，晚上召集村“两委”班子和扶贫队员加班研判，研判什么产业可以作为贫困群众增收的重点。通过调查和研判，讨论来讨论去，我们觉得在麻窝村生态鸡养殖很有优势。于是，我们决定把生态鸡养殖项目作为首选，决定引入万物生公司为龙头带动，鼓励贫困户加入公司的专业合作社，以生态鸡养殖项目带动贫困户脱贫，让生态鸡“飞”起来。

2015 年 6 月 19 日，万物生公司在麻窝村成立了彝良县万物生农民专业合作社，注册资金 500 万元，确定启动生态鸡养殖项目。到 2016 年 9 月，万物生公司注册社员从 11 名增加到 60 名，注册资金从 500 万元增加到 683 万元。万物生公司企业文化是带动家乡发展、改变农村面貌，宗旨是提供原生态健康食品、做有良心的企业，理念是一群人一条心、一件事一辈子，愿景是建设美丽富强家乡。万物生发展模式是“党支部 + 公司 + 合作社 + 农户 + 专卖 + 电商 + 农业”六合一模式，党员带头，公司打造品牌，合作社带动农户发展，专卖店和电商线上线下有机结合，让农产品走出去。对农户的扶贫模式为政府提供鸡苗、围栏和补贴建圈舍，公司提供技术服务、养殖达标包回收、建设农产品销售平台，把农户需求引进来，把高原特色农产品卖出去。

万物生公司发展思路是：紧紧抓住国家支持云南加快建设中国面向西南开放重要桥头堡和大力发展高原特色产业的机遇，深入贯彻落实科学发展观，全面贯彻“创新、协调、绿色、开放、共享”的发展理念，落实推进农业供给侧结构性改革的决策部署，以市场为导向，以农民增收、精准脱贫为目标，做大做强生态土鸡养殖产业。

专业合作社建立初期，我们把万物生的发展历程、宗旨、模式、思路和政府补贴等政策，向广大农户进行宣传，农户只需报名养多少，自己把鸡舍建好，公司送鸡苗、养殖技术全过程服务、公司回收销售等如何具体操作都向农户进行广泛的宣传发动。希望通过宣传发动，贫困户们了解具体的情况后，能够抓住发展生态鸡养殖的好时机，积极参加进来，为自己的脱贫致富努力。

就这样，我每到一个村组召开群众会时，都不厌其烦地结合国家的各项扶贫政策及农业发展的优势，让贫困群众理解政府帮助其脱贫致富的政策和决心，让大家明白生态鸡养殖将带给大家的好处。

经过一段时间的宣传发动，等登记汇总后，结果是想养鸡的农户并不多，跟我们的想象有很大的差距。我们分析，这跟各家各户条件差异有关，缺劳动力的、没有地点养殖的、无钱买饲料的，等等。最后，我和村“两委”干部商量，确定20户先行示范，最多的一户养2000羽，最少的养20羽。项目正式启动，我们驻村工作队和村“两委”忙个不停，不仅要指导农户建设鸡舍，还要对公司提供的鸡苗进行把关，有时候一干就到深夜。通过上下共同努力，农户对生态养鸡也逐渐有了信心，5月底鸡舍全部建成，同时鸡苗也逐步到位。

鸡苗到位了，但公司配送消毒药有限，从我们兽医专业角度来看，养鸡技术再好，消毒、防疫和管理跟不上，最后只是竹篮打水一场空。发现这个问题后，我及时联系昭通市动物保健品行业协会和彝良县畜牧站，希望他们提供帮助。在他们的大力帮助下，捐赠消毒液25件，这才解了燃眉之急。同时，我们还邀请县畜牧站专家到现场指导，举办了养鸡培训班。

在养鸡过程中，我印象最深的是麻窝村委治安员吴顺金。他因家庭条件不好，几年前在外地矿山打工，矿井坍塌发生意外，他也因此左脚中位截肢，现在装了假肢。2016年，家里妻子也检查出甲状腺肿瘤。他家里两个学生，一个初中，一个高中，负担很重，家里开支基本靠他在村上工作那每月1200元微薄的工资勉强维持。但他身残志不残，有病也坚持，第一批他就自告奋勇养鸡1000羽，这样的精神确实让人敬佩。鸡苗、鸡舍虽然有政府补助出不了多少钱，但是饲料从哪里来，让他绞尽脑汁。后来通过从信用社贷款2万元购买玉米，解决了饲料问题。吴顺金一家的养鸡之路并不容易，鸡苗刚进来那几天，小鸡经常会发出怪叫声，有的病恹恹地站不起来，当时全家都吓坏了。他一个电话打来，我急忙放下手中的工作，赶到养鸡场，指导他把体质弱的分群饲养，到镇上买来兽药，一个一个地喂，接连几天都是照顾鸡崽熬到半夜。

为了掌握养鸡技术，只要是农业农村局、万物生公司或者驻村工作队举办养殖培训班，吴顺金都会抽时间参加，逐渐了解了生态鸡养殖与疫病防治技术，对于鸡群既往发病史与季节性疫病发生规律以及一些常见禽病的发生规律、症状及防治措施基本掌握了，他现在在村里也算半个行家了。为了兼顾村上工作，吴顺金每天起得很早，和妻子一起给鸡投饲料、加水、打扫鸡舍……这是他们家发展生态鸡养殖的一个日常工作。在他们的精心照料下，养鸡成活率达94%。4个月后，逐渐达到出栏要求，公司也会按照约定进行收购。吴顺金一家人通过勤劳的双手，第一批鸡赚了1.8万元。现在他们一家对养鸡充满了信心，对生活充满了希望。鸡场清空后，进行了大清扫、大消毒，第二批也逐步启动。

麻窝村的生态鸡养殖，得到钟鸣镇党委政府大力支持，在我们驻村工作队、村“两委”、万物生公司和养殖户共同努力下，到2017年，万物生农民专业合作社从500平方米的基地升级成为280亩的生态农业示范科技园，从月脱温3000羽鸡苗升级成为月脱温20000羽鸡苗的现代化脱温室，接近7倍的增长速度。在带动贫困户方面，从2017年带动160户增加到660户，实现户均收入13200元。我由衷地感到高兴，麻窝村的生态鸡终于起“飞”了。

（作者系昭通市动物卫生监督所高级兽医师）

发达村的特色养殖故事

刘一成

位于彝良县角奎镇发达村云落、三家村民组的农户们不会想到，彝良县陈祥彬县长2020年年初的来访，不仅仅带来了殷切的看望，还带来了实实在在的产业扶持，为云落、三家村民组的特色养殖拉开了序幕。原来习以为常的生猪养殖将不再同往常一样，他们在家门口就能实现就业创收。

发达村距镇政府所在地14公里，辖39个村（居）小组。境内最高海拔1950米，最低海拔800米，平均海拔1300米，年平均气温16.2℃，年降水量800毫米。全村有耕地面积18965亩，有林地面积20237亩，有草地面积1665亩，荒山荒坡面积3643亩。全村主要农作物有玉米、马铃薯、红苕、辣椒、蔬菜等，主要林产业有花椒、核桃、甜脆李、方竹等，主要养殖业有猪、牛、羊、禽。全村经济收入来源主要依靠种植、养殖和外出务工。

发达村的特色养殖发展是落实省政府“绿色能源、绿色食品、健康生活目的地”三张牌的具体实践，也是摆脱贫困，加快脱贫致富步伐的客观需要。同时养猪养鸡这个话题，对于发达村村民来说并不陌生，是他们的传统产业，而且从这里的整个环境来看，极为适合发展生猪和肉鸡特色养殖。

回想起第一次来到云落组的时候，在路上就开始畅想那到底是一个什么样的地方，云落组，云儿飘落的地方？脑海中已经开始浮现一副水声潺潺、传统优美的苗寨景象了。等下了车以后却大失所望，所谓的养殖场只是一片不大的荒地，云落寨里满是污泥，鸡犬粪便满地都是，让人心里空落落的。这一刻，我才体会到，上级领导为什么要准备在这里投入这么大人力物力建养殖场，正是把发展产业实现脱贫致富的希望全部依托在这个养殖场上，盼望这个养殖项目能够改变这里，让云儿飘落的地方能够真正实至名归。

来到了村里，召集村民开会，准备动员村民们建设养殖场，还未把项目介绍完毕就被村民打断，有村民强烈反对建设养殖场，认为养殖场建在村子旁边会污染村里环境。村里人这么不理解政策的好处，便把我这满腔热情浇凉了一半，我心中顿感烦恼。随后又从外面传来村民小组长急急忙忙的声音，我便出去看，只见他苦着脸说道："糟了，这地不好征啊！"眼看一波未平一波又起，我这心里更加烦恼。看着这满地黄泥的地方，我想这种难得的机会要是落了空，以后一辈子也不会再有了。于是，又鼓起勇气走向人群，把一笔一笔养殖场收益账算给村民听。先说经济效益，这个项目建成后，新增能繁母猪 300 头，年可育成仔猪 1300 头以上，如果出售双月仔猪，按照每头双月仔猪重 25 公斤，每公斤 50 元（市场价），实现产值 320 万元。如果育肥后出售，按每头 150 公斤，每公斤 30 元实现产值 760 万元。你们好好想想这是多少钱？项目建设过程中，可以带动一批建筑工人参与项目建设，获得劳动报酬。项目投产后，需要一批劳动力参与本项目的生产经营管理、物流运输、信息管理、农产品销售等，直接或间接地增加了好多就业机会。因此，该项目可提供部分就业岗位，带动部分剩余劳动力就业，这就能帮你们实现家门口就业了，你们想想这又是多少钱？

我继续说，再说社会效益。这个项目还可以为满足市场对猪肉及其产品的需求做贡献。我们彝良县总人口 60 多万人，全年全县消费猪肉可达 34000 吨，是一个猪肉消费大县。项目建成见效后，对于提高和改善大家的生活水平，对改变和缓解目前畜产品市场上生猪的供需矛盾将起到积极的作用。还有就是生态效益，也就是大家关心的是不是有污染环境的问题。我要告诉大家，这个项目建成后，严格落实粪污资源化利用，而不是像以前那样随地乱排。而且大量粪污处理后作为有机肥使用，生产出来的就叫有机食品。这样，也就减少了化肥用量，对项目区的生态环境改善，水土保持有很好的防范和保护作用，对山区耕地起到良好的屏障作用，对维护生态平衡将起到积极的作用，有效地改善全村的生态环境，提高综合生产能力，促进现代农业可持续发展。这么多好处，你们到底是在犹豫什么啊？看着他们露出思索的表情，我暗自心喜，这事情算是成功一半了。

随后的几天，我跟着村民组长一起去做被征地的16户农户的思想工作，有的农户只有几十平方米，而有的又高达1300平方米，后来商量统一借鉴宜昭高速公路征地标准进行赔偿。通过几天耐心细致的工作，总算是把土地的事确定下来了。

养殖场的地方是确定下来了，但是养殖场的建设还需要“高人指点”。这时，昭通市畜牧兽医技术推广站的相关专家及时伸出援手。为了助力发达村的生猪和肉鸡养殖，按照昭通市委市政府、彝良县委县政府扎实推进脱贫攻坚百日总攻行动统一部署，在角奎镇党委、镇政府的统一领导下，在发达村脱贫攻坚指挥部统筹下，昭通市畜牧兽医技术推广站积极组织开展2020年以生猪、肉牛为主的特色养殖业高质高效示范样板技术培训，对发达村多名贫困户和养殖大户进行了养猪、养鸡、养牛等技术培训。培训发放养殖技术手册960套，进一步提高贫困户养殖技术水平，加快脱贫增收步伐。

2020年3月，昭通市畜牧兽医技术推广站副站长饶军同志带领专家团队同驻村人员一道编写村集体产业发展规划，指导发达村云落组、三家组养殖技术及养鸡规模场建设，指导发达村大寨组织化、科技化、产业化发展生猪养殖。2020年6月，市农业农村局副局长、畜牧兽医局局长马江林同志带领市动物监督所张毅、市畜牧站王应萍、韩宗灿等同志一行再次前往发达村云落组指导组织化、科技化、产业化发展肉鸡养殖。通过以上工作措施，确认了养殖技术方案，为养殖场的建设打下了坚实的基础。

目前养殖场的建设已经接近尾声，云落和三家组生猪标准化规模养殖场建设项目的实施，将对发达村脱贫致富奔小康起到重要作用，项目实施将进一步增强贫困农户发展后劲，达到“新产业、新发展、新生活”的总体要求，进一步巩固贫困人口脱贫成效，使其成为产业发展、生态良好、民生改善、生活富裕、环境优美的新农村。

消除贫困，改善民生，是习近平总书记的殷切期望，也是一项伟大的事业，而产业发展，就是最为长效、稳定的脱贫致富路子。相信通过各级扶持，发达村的群众一定能靠特色养殖实现短期增收、长期稳定脱贫致富的目标，过上美好幸福的新生活。

（作者系昭通市畜牧兽医技术推广站助理兽医师）

以特色产业发展助力脱贫攻坚

杨少明

2018年2月，根据云南省委脱贫攻坚工作的部署，我们云南省一九八煤田地质勘探队负责昭通市彝良县牛街镇上白水村的定点帮扶工作。3年来，我们与帮扶单位云南省煤炭地质勘查院、昆明工程勘察公司共同努力，依托当地政府和村“三委”，发挥扶贫对象的主体作用，做好做实相关工作，为上白水村的脱贫出列做出了积极的努力。

上白水村委会隶属于彝良县牛街镇，距牛街镇政府所在地7公里，距彝良县城88公里。辖14个村（居）民小组，2014年末常住人口392户1766人，现有常住人口405户1792人。国土面积7.8平方公里，其中耕地面积4040亩，林地面积6000亩。境内最高海拔1120米，最低海拔850米。主要种植传统农作物为玉米、洋芋、红苕等，主要经济作物为板栗、砂仁、药柑、辣椒等。全村有一个党总支部，下设三个党支部，共有党员34人。全村有建档立卡贫困户174户672人，至2018年年初全村还有贫困户141户520人，贫困发生为率45.3%。

党委重视，一把手亲自抓

接受挂钩帮扶任务后，队党委立即研究，着手选拔了3名驻村干部，于当月底进驻上白水村开展扶贫工作。同时，成立了省一九八队彝良县牛街镇上白水村扶贫工作领导小组及办公室，队党委书记何山亲自担任扶贫工作组组长。在亲自送驻村干部到点工作后，何山书记利用3天时间，深入上白水村的各村组开展调研，全面了解上白水村的基本情况和群众的生产生活情况。自2018年至今，一九八队扶贫工作组及办公室成员一直未变，以便保持工作的连续性。3年来，我们队处级以上领导先后到上白水村开展走访调研17批次29人次，其中党政主要领导13人次。单位扶贫领导小组认真提炼总结在上白水村实地走访调研工作情况，充分归纳分析上白水村气候、土壤、水文、地形、植被、人口分布及人力资源状况，依据当地土地和自然资源优势，确立了以“引入产业资金，发挥特色优势，做好种植、养殖扶贫产业”的脱贫攻坚工作思路，以发展特色养殖产业帮助上白水村脱贫。

依托资源优势，积极推进特色种养殖产业

2018年4月，党委何山书记和上级主管单位云南省煤田地质局领导一道，邀请了云南宏绿辣素公司的相关负责人到上白水村进行实地走访调研，由云南省煤田地质局拨款4400元到上白水村进行工业辣椒种植示范，核算每亩辣椒的实际收益，为上白水村开展辣椒种植积累经验。随后，上白水村投资3万元，建起了3亩大棚，作为育苗基地。2019年，我们队投入上白水村扶贫资金30万元，购买辣椒种苗和生产资料，其中11万元为村里买了一辆微型卡车，帮助村民运送辣椒苗、肥料等生产物资，为全村节约了约5万元的运费支出。单位领导亲自到场，与我们驻村工作队队员一起做群众

工作，动员群众积极参加辣椒种植。该项目完成辣椒种苗培育约 64 万株，种植食用辣椒 308 亩，项目覆盖 14 个村民小组，参与农户 132 户 494 人，其中建档立卡户 109 户 399 人。

在发展特色养殖业上，我们队领导与上白水村和牛街镇领导共同商量，研究确立了开展肉牛养殖项目，由村上负责协调养殖场地，我们单位负责争取 100 万元资金给予支持。争取的资金，主要是用于养牛场建设和为贫困户的分散养牛提供无息贷款。随后，驻村工作队到全村开展遍访，宣传养牛资金实施的相关细节，动员建档立卡贫困户积极主动参与发展养牛产业。为了使扶持资金真正起到激发群众内生动力的作用，鼓励农户多劳多得，达到农户持续增收的目的，此项资金持续作为上白水村肉牛养殖产业的扶持资金滚动使用。在肉牛的养殖过程中，把责任压实给农户及各位包保干部，多管齐下，使农户真真正正发挥出生产的积极性、主动性。现已经发放了 42 头牛，每头 5000 元的无息借款资助资金，参加肉牛养殖的建档立卡贫困户户均每年可以增收 2500 元。

2020 年 5 月，根据五色猪、长毛猪养殖在上白水村群众基础好的优势，我们队又与上白水村联系，由驻村工作队队长赵华协助牛街镇政府编制《牛街镇上白水村生态猪特色养殖项目》，由牛街镇人民政府统一组织实施，向上白水村建档立卡户投放并养殖生态猪 950 头。该项目资金为 100 万元，项目覆盖上白水村建档立卡贫困户 177 户 705 人。该方案已由我单位上报上级相关部门，争取划拨 100 万元的扶贫产业资金。该项目如按预定方案实施，预计每年可为上白水村建档立卡户增收约 20 万元。

开展精神扶贫，助力扶志攻坚计划

按照中央“扶贫先扶志”的要求，我们队研究确定在上白水村开展“爱心积分超市”的建设和考核、激励工作。由我单位和参与扶贫单位干部职工共捐款 2.4 万元，建立“积分超市”，结合上白水村“三讲三评”实际，对建档立卡户开展积分考核，以积分兑换粮油等物资。通过积分激励工作，改善村容村貌，搭建起扶贫济困、爱心传递的桥梁，激发贫困群众脱贫摘帽的内生动力，为脱贫攻坚夯实基础。队属 2 个支部还与上白水村 2 个党支部签订支部结对共建协议书，以支部共建促进扶贫工作的开展。

完成脱贫目标，得到上级肯定

3 年来，我单位配合当地村镇积极做好上白水村脱贫攻坚工作。2017 年，上白水村全村总经济收入 455 万元，人均纯收入 2650 元。2019 年，全村农村经济总收入 871 万元，人均纯收入 4860 元。2018 年全村还有贫困户 141 户 520 人，贫困发生率 45.3%。2019 年，全村建档立卡贫困对象 177 户 707 人，已脱贫 169 户 675 人，未脱贫 8 户 32 人，贫困发生率为 1.81%，低于 3%，通过了云南省扶贫考核工作组和第三方考核组考核，基本完成脱贫攻坚工作目标。在云南省对 2019 年度省级单位定点扶贫工作考核结果中，我们云南省一九八煤田地质勘探队被评为“好”等次。

（作者系云南省一九八煤田地质勘探队党群工作部科员）

发展稻蟹综合种养　助推特色产业扶贫

陈发国

产业扶贫是助推脱贫攻坚的关键之举，也是一个地方脱贫致富的关键所在。为提高脱贫质量，增强脱贫实效，打赢脱贫攻坚收官之战，昭通市渔业管理站结合职能职责，因地制宜，因势利导，积极探寻稻蟹综合种养的特色种养之路，助推产业扶贫。

2017 年，脱贫攻坚战打得激烈时，我们多次研究，积极探寻一条能为产业脱贫做出应有贡献的特色养殖之路。我们多次到曲靖考察，学习河蟹养殖技术，并成功地将稻蟹综合种养新技术带回昭通，在昭阳区开展了 30 亩池塘河蟹养殖试验示范。由于是第一次摸着石头过河，试验示范效果不太理想，但我们不服输，立即又奔赴曲靖，再学习，再研究，同时邀请在云南养殖河蟹多年的云南渔蟹科技有限公司负责人沈忠彬和上海海洋大学教授马旭洲到昭通进行调研指导，为我们示范项目失败寻找原因，总结经验。上海海洋大学教授马旭洲说："整个昭通的气候、水质、水温等条件都适合河蟹养殖，我们示范项目之所以不太理想，主要是因为在水草的种植和防逃、防天敌等管理上出了问题。"

找到失败的原因后，2017 年 11 月，我们邀请云南渔蟹科技有限公司负责人沈忠彬对有条件或有意向养殖河蟹的企业和农户进行培训，在培训过程中，我们发现一名叫温元金的学员最为积极。经过了解，他是昭通山鑫农业科技有限公司负责人，从事山羊养殖，对河蟹养殖也很感兴趣。我们得知他这个想法后，及时组织相关人员带着他到云南渔蟹科技有限公司实地考察学习。2018 年年初，温元金确定与我们合作，在昭阳区永丰镇青坪村开展 100 余亩稻蟹综合种养试验示范。项目确定后，我们立即开干，为了能示范成功，我们从稻田养殖沟渠的开挖、苗种的投放及养殖过程都邀请沈忠彬参与指导。在我们的精心呵护下，河蟹长势很好。经过 8 个月左右时间的饲养，金秋十月，河蟹基本养成，活力充沛。它们成群结队地爬上田埂，爬入草丛，两只有力的大钳子轻而易举地夹断草茎，把嫩绿的叶子不停地送入嘴里。吃饱了的蟹儿，懒洋洋地趴在田埂上酣睡。有人靠近时，就迅速地冲入水中，跑得慢的，就竖起两只大钳子，虎视眈眈地蹬着你。看到这种景象，我们非常欣慰，真是功夫不负有心人，我们成功了。这种模式是利用稻田的浅水环境辅以人工措施，既种稻又养蟹，达到稻谷与蟹种双增收的一项高效共作模式。试验示范亩综合产值（稻谷 + 河蟹）达 1.5 万元，同时通过土地流转、务工等方式带动永丰镇青坪村建档立卡贫困户 22 户。

稻蟹综合种养使一田单用变成多用，综合利用了土地资源，提高土地的利用效率，实行种植业和养殖业相结合，优势互补，促进了生态农业的发展。放养河蟹后，河蟹可将杂草、水生昆虫、底栖生物等作为饲料加以利用，河蟹的排泄物、残饵可作为肥料肥田，促进了水稻生长。同时，蟹类所处稻田的环境，水质经常交换，比较清新，改善了水质条件，减少蚊虫危害，有利于改善农村的环境卫生。稻田少施农药少用化肥，可以减少环境污染，是真正的健康食品。走进基地，放眼望去，稻田里齐刷刷地长着绿绿的叶、沉甸甸的穗的水稻。它绿得可爱，黄得喜人，金黄色的稻穗整齐地给稻田镶了一道金边，微风一吹，黄里有绿的稻子波浪轻翻柔情似水，一片丰收的景象。傍晚的时候，河蟹出来活动了，满地乱爬，神气十足，活像个横冲直撞的醉汉，托起了农民脱贫致富的希望。酒香不怕巷子深，好女不愁嫁，温元金基地的稻米和河蟹都不愁卖。虽然还不到稻米的收割季节，但已被意向性预定完了。河蟹蟹肥肉香，蟹黄暗红，很受消费者的喜爱。

温元金成了昭通第一个“养螃蟹”的人，周边的农户很是羡慕，也想从事河蟹养殖，但都是只有想法，没人付诸行动。我们走访发现，他们有想法但害怕失败，毕竟河蟹养殖对他们来说还是新鲜事物。为打消这种疑虑，我们站研究决定，再开一次河蟹养殖培训会。

2019 年年初，我们又邀请了马旭洲、沈忠彬等专家就稻田、池塘、水库螃蟹生态养殖技术、养殖实例分析等方面进行培训。这次培训起到了意想不到的效果，涌现了一批以蒋仕亮为代表的养殖户。蒋仕亮外出打工多年，就想回家创业。通过这次培训，了解了河蟹养殖技术要点，并到示范基地实地考察后，确定在昭阳区苏家院镇顺山村流转稻田 125 亩开展稻蟹综合种养。

为了使稻蟹综合种养推广成功，我们积极与沈忠彬对接，邀请他们公司入驻昭通，最开始沈忠彬先生不愿意，经过我们多次“死缠烂打”式的邀请，并带他了解昭通的民风民情、真实投资环境情况后，他最终同意了。2019年年初，他们公司与上海海洋大学合作在永丰镇青坪村建设了100多亩苗种培育基地，以上海海洋大学教授马旭洲、刘至治为技术顾问，开展“江海 21”蟹苗培育，年可培育扣蟹蟹苗 7 吨，培育大眼幼体 170 公斤（3400 万只），可为 4000—5000 亩稻田、池塘螃蟹养殖提供苗种，为稻蟹综合种养打下了基础，为助推产业扶贫提供了条件。到 2019 年年底，我市河蟹养殖面积已达 2870 亩，实现收入 1500 万元，带动 50 多户贫困户脱贫。

我们看到稻蟹综合种养效果明显，乘胜追击。2019 年年底，我们举办了河蟹养殖第二期培训班，邀请上海海洋大学马旭洲教授、云南农业大学孔令富教授、云南省水产技术推广站范伟高级工程师等专家就河蟹养殖技术讲解，并邀请参会人员到养殖基地实地参观，学员看到河蟹都非常激动，都向基地负责人提问，想了解一些河蟹的生活习性和养殖技术，温元金手里拿着一只螃蟹，开玩笑似的介绍：“它的眼睛很小，像两颗黑色的米粒，一碰就缩回去。螃蟹的两只前爪像钳子，被它夹一下很疼。如果你用草棒逗它玩，它就发怒了，两只‘钳子’举得老高老高，像铁沙掌似的，可厉害着呢。”学员们都哈哈大笑，在愉快的笑声中，很快结束了实地参观学习。在午饭的时候，培训班还为学员准备了螃蟹，邀请他们品尝。当河蟹上桌时，体肥爪壮，全身红通通的，香气扑鼻，看着不觉口水直流。品尝后，有学员说吃螃蟹心得：“蟹”下伪装，“吃”心不改。又是一阵欢快的笑声。经过这次轻松而记忆深刻的培训，更多的农户投入到稻蟹综合种养中来，到目前为止，已发展稻蟹综合种养 3500 余亩。

昭通市人口众多，土地贫瘠，人们饮食习惯一日三餐多以大米为主食，每年需从外地购买数以万吨的粮食才能满足市场需求。目前提高单位面积水稻产量的成本大大提高，而且困难越来越大，基本到了极限。推广稻蟹综合种养不但不会减少水稻产量，反而一般增产 5%—12%，会使稻谷产量每亩增加 50 千克左右。近些年，我们通过示范带动，培育了昭通山鑫农业发展有限公司、昭通勋业种养殖有限公司、昭通市昭阳区龙源养殖农民专业合作社等企业，带动了稻蟹综合种养发展，使之成为产业扶贫的又一抓手、助推脱贫攻坚的又一有效途径。

（作者系昭通市渔业管理站农艺师）

校地携手共谱大关生态惠民新篇章

刘永钦

2020 年 5 月，大关县经省人民政府批准，正式退出贫困县序列，这是大关县发展历程中具有里程碑意义的大事，标志着地处乌蒙山区的大关撕下了绝对贫困的标签，实现了脱贫摘帽的目标。回顾大关的发展历程，从 1989 年开始就与我校建立了割舍不断的校地合作情缘。31 年来，我们通过多种形式的携手合作，聚焦大关丰富的生态资源，并使之成为农民致富的绿色产业，把绿水青山变成了金山银山，忠实践行了习近平生态文明思想，在乌蒙腹地奏响了一曲生态惠民的脱贫凯歌。

优势互补，致力筇竹研究

校地双方本着“大关所需、西林所能”的原则，认真贯彻落实习近平生态文明思想和关于脱贫攻坚的重要论述精神，结合大关县的地理、气候、土壤等自然条件，充分发挥当地资源、区位、政策优势，以及我校人才、科研、学科优势，紧紧围绕加快筇竹研究和产业发展、实现生态惠民这一目标，助推大关县脱贫攻坚，助力我校扎根云岭大地办一流大学。1993 年，我校董文渊教授团队从零开始，先后完成了中欧生物多样性保护项目（ECBP）专题“天然筇竹林生物多样性保护技术研究与示范基地建设”等课题项目10余项，取得了筇竹人工林高效培育等技术成果10余项，发表论文31篇，获得发明专利1项，制定地方标准1个，奠定了大关县筇竹产业化的理论与实践基础。2018年2月，我校与大关县人民政府共同成立“大关县竹产业发展研究院”“筇竹研究院”。两个合作机构的建立，既为大关县通过筇竹产业推进脱贫攻坚和富民强县搭建了重要平台，也为我校竹类学科由特色学科走向强势学科提供了重要机遇，标志着大关县“依托高校＋地方＋产业”的发展方式迈上一个新台阶，为保护生态环境、加快脱贫步伐、实施乡村振兴战略奠定了更加坚实的基础。

规划引领，绘就产业蓝图

我校整合各学科资源，立足大关县实际，以科学化、规模化、规范化、市场化为目标，深入全县9个乡镇进行调研规划，编制了《大关县“一县一品”筇竹产业发展总体规划》等3个产业发展规划。大关县委、县政府提出在全县发展以筇竹为主，方竹、斑竹、慈竹为辅的“百万亩竹”和打造“百里筇竹产业带”的产业发展思路，把竹产业作为巩固全县脱贫成效，提高脱贫质量，实施乡村振兴战略的重要产业基础。预计2020年，新造竹林21万亩，完成低质低效竹林改造18万亩，筇竹面积达55.37万亩，形成以筇竹为主，方竹、斑竹、慈竹等竹种为辅的特色竹林资源格局。到2026年，竹林面积达100万亩，筇竹笋5.94万吨，筇竹竹材6.41亿根。一产笋竹及其他林产品年产值达24.44亿元，二产笋竹产品加工年产值达43.76亿元，三产竹林旅游综合收入达0.50亿元，竹产业年综合产值达68.70亿元。到目前为止，先后建立筇竹低质低效林改造、人工林集约经营、容器苗培育技术等技术示范基地（点）31 个，面积 8600 亩。

科技支撑，拓宽致富渠道

大关筇竹研究院加大研发力度，建立教学扶贫创新基地，转化筇竹先进栽培技术等 12 项科技成果和专利技术。坚持“富脑袋”与“富口袋”并重，加强扶贫同扶志、扶智相结合，我校研究团队采取以会代训、集中培训、上门指导等多种方式，开展技术培训 80 余期，培训竹农 7000 余人次，通过系统的培训把筇竹研究成果转化为广大群众的致富本领。利用先进科技成果和技术，改造低质低效林 7.3 万亩；培育轻基质容器苗 3250 万袋，产值 8100 余万元；新种筇竹 13.22 万亩，成活率从 40% 提高到 98%；竹笋产量由亩产 50 公斤左右提高到亩产 400—500 公斤，亩产值 4000—5000 元。2018 年、2019 年共产笋 1.7 万吨，综合产值 5.1 亿元。2019 年 6 月，在大关县设立专家工作站，把研究平台前移至生产第一线，进一步增强科技支撑能力。同时，积极探索“种苗 + 种植 + 加工”三大基地同步建设，推行“龙头企业 + 合作社 + 农户”“村集体公司 + 专业合作社 + 农户”等竹产业发展模式。农户通过耕地林地、资金、技术等资源加入合作社，合作社与企业（公司）签订产供销协议，按照统一供苗、统一技术服务、统一生产管理、统一回收的“四统一”模式，开展订单生产，走出了一条规模化、标准化、组织化、品牌化的特色产业发展路子，实现了农户从单打独斗到抱团发展的根本转变。合作社和村集体公司采取流转农户耕地林地等方式，建立竹苗和竹林基地，免费向农户提供优质竹苗，农户按照统一生产管理标准培育竹林，合作社和村集体公司按照市场价格收购竹笋和竹材，农户通过土地流转获得租金（股金）、就地就业务工获得薪金、销售竹笋竹材获得现金，实现了持续稳定增收。以合作社为重点，开发出了家具、手杖、毛笔、竹炭等100余种竹材产品以及清水笋、盐渍笋、调味笋等10余个系列竹笋产品，拓展贫困户就地就业，实现脱贫增收。

打造品牌，塑造竹乡形象

大关县作为中国林学会授予的“中国筇竹之乡”，把筇竹产业作为大关高原特色优势产业和主产区群众脱贫致富的支柱型产业长期重点培育，重点打造“乌蒙源生、至尊筇竹”区域品牌，引进杭州所氏竹业有限公司，实施“异地孵化、垂直起飞”的发展战略，推进“一县一业”筇竹特色产业第一、第二、第三产业融合发展，构建起了完整的筇竹产业链。2018年6月，在北京召开的首届世界竹藤大会上，筇竹竹材研发制作的筇竹节杖作为国礼赠送给各国嘉宾，参展筇竹家具被国际竹藤组织作为精美工艺品永久收藏。大关筇竹圆竹家具参展第二届中国国际竹产业博览会并斩获金奖。2019年9月，在大关县举办了“海峡两岸竹产业发展研讨会”，结合“五尺道”文化，重塑筇竹历史、经济与文化价值，持续扩大大关筇竹品牌影响力，凝聚产业发展推动力。目前，位于大关县木杆镇的筇竹产业示范园、筇竹生态园和“世界筇竹基因库”等如雨后春笋般茁壮成长。

压茬派驻，培养骨干人才

31年来，我校先后派出处科级干部32人，驻村扶贫工作队队员25人到大关县挂职锻炼，到脱贫攻坚和新农村建设一线工作，既是难得的学习机会，更是锻炼干部的重要渠道。一方面，通过参与相关工作，解决县、乡、村和广大群众面临的难题，拓宽了干部职工的眼界、丰富他们的阅历、增强了他们攻坚克难的本领，锻造了一支敢打仗、善打仗、打胜仗的脱贫攻坚、服务社会的干部队伍，为我校改革发展培养了骨干力量。另一方面，通过把支部建在产业扶贫基地上，我校领导带头深入脱贫攻坚一线讲党课，充分调动农村党员的积极性；派驻干部职工结合各自实际、发挥各人所长，培育致富“领头雁”“带头人”，利用在大关县成立的“西南林业大学脱贫攻坚讲习所”，培训竹农7000余人次，将筇竹研究成果转化为大关农民的致富技术，帮助当地建设了一支“不走的工作队”，成为脱贫攻坚、乡村振兴的中坚力量。

我校挂钩帮扶大关县31年来，充分发挥自身优势，扎根乌蒙山区，不断探索校地合作新路径，致力于筇竹资源的保护与开发，深入推进科技成果转化与利用，带动群众脱贫增收，把筇竹林变成了群众致富的“绿色银行”，把绿水青山变成了金山银山，真真正正让当地百姓从生态保护中得到了实惠，实实在在走出了一条贫困山区“造血”式发展的脱贫致富新路子。

（作者时任西南林业大学党委委员、宣传部长，大关县驻村工作队总队长）

铸造滇东北崛起之“竹”

王家欣

竹类植物是植物界的一个独特类群，是植物界中生长最快、生态效益最好、经济用途最广的资源植物之一。为深入贯彻落实习近平生态文明重要思想，践行“绿水青山就是金山银山”理念，市委、市政府把竹产业发展作为“六个百亿元”高原特色产业之一的目标定位，为滇东北崛起、构建大美昭通找到了重要支撑。

一、基本情况

昭通是我国混生竹类富集区之一，是我国天然毛竹和优质小径级笋用方竹的原产地，也是世界筇竹自然分布中心。昭通筇竹、方竹笋自民国起就是我国出口创汇产品之一，远销日、韩、东南亚及欧美国家，国内销售网络覆盖东北、江浙、北京、上海、四川、云南等地。近些年，打造了镇雄黑颈鹤“云笋”，彝良山益宝“彝山宝”“金竹香笋”，永善菜人家“云乡人家”“傲野”等品牌。

2018 年，市委、市政府出台了《关于做大做强竹产业助推脱贫攻坚的意见》，掀起了昭通竹产业发展的新高潮，全市干部群众凝心聚力，主要领导长期深入调研，对竹产业亲自部署，昭通已发展成为全省小径级笋用竹规模、产量和产值最大的州市，为实现兴竹富民、构建大美昭通、助推滇东北崛起搭建了一条希望之路。2019 年，全市竹基地达 332.5 万亩，竹材产量 67.7 万吨，竹笋产量 18.7 万吨，综合产值 40.5 亿元，覆盖农户 13.88 万户 59.79 万人，其中建档立卡贫困户 4.1 万户 18.15 万人，人均收入达 3479 元。2020 年计划新建竹基地 120 万亩，使竹资源总量达到 450 万亩以上，完成低效竹林改造 115 万亩，预计年底综合产值将突破 65 亿元。昭通竹子与昭通苹果并称“果城竹乡”，将是助力滇东北崛起、巩固脱贫攻坚的希望产业。

二、主要优势

（一）富集的资源优势。2003 年，世界首例竹类化石在云南龙陵发现，充分证实了云南是世界竹类植物的起源地和现代分布中心之一，云南因此被称为“世界竹类的故乡”。昭通位于中国竹子分布的混合竹林带区，现已查明自然分布有竹类植物 15 个属 72 种，竹属数占世界的 17%，占全国和云南的 38.5%；竹种数占世界的 4.4%，占全国的 8.6% 和云南的 19%，是我国西南地区竹类植物种类最丰富的区域之一。截至 2020 年 6 月，昭通有竹资源面积 383 万亩。其中，材用竹及其他竹 80 万亩；筇竹 111 万亩，占世界筇竹的 81%，大关县 2018 年被中国竹藤协会授予“中国筇竹之乡”称号；方竹 192 万亩，占国内方竹的 48%，资源优势明显。

（二）厚重的文化底蕴。昭通竹类资源的开发利用有 2000 多年的历史，早在西汉时，筇竹杖就通过南方丝绸之路销往印度，制作工艺已十分精湛。以篾丝织出山水人物花鸟或多种文字的工艺，民国初年获巴拿马竞赛优胜奖，盐津水竹凉席曾荣获全国同类产品第四名。

（三）独特的品质优势。昭通方竹笋、筇竹笋含有丰富的氨基酸和钙、铁、硒、锌等多种微量元素，分别被誉为“笋中之王”和“笋中之冠”，具有清热健脾、利肝胆、防直肠癌的功效，尤利于减肥益寿。昭通筇竹、方竹笋以其“笋肉丰厚、质地细腻、脆嫩鲜美”著称，无论鲜品还是干品，均是拌、煮、炒、炖、涮的极品食材，特别是近年来开发的竹笋火锅片，备受消费者青睐，堪称山珍佳肴。

三、发展目标及发展定位

（一）总体目标。到 2020 年，全市竹基地达 450 万亩以上，投产竹林达 150 万亩以上，扶持培育涉竹加工营销主体，提高竹产品科技含量和加工转化率，不断延伸产业链，总产值达 65 亿元以上。到 2030 年，全市竹基地稳定在 600 万亩以上，丰产笋用竹林面积达 400 万亩以上，全产业链体系健全，功能完善，竹产区林农户均实现竹产业收入 10000 元以上，综合产值达百亿元以上。

（二）发展定位。国际形象地位：世界筇竹之乡，中国竹笋之冠。国家定位：中国西南山地竹种基因库，长江上游生态安全屏障。云南定位：笋产业精深加工示范区，三产融合创新集成标杆。昭通定位：脱贫攻坚和乡村振兴的抓手，滇东北崛起的支柱。

（三）发展战略。一是做好资源配置。到 2030 年，全市竹基地面积达 600 万亩，形成沿路景观竹林带、沿河生态防护竹林带、沿城镇伴竹而居的乡村竹产业发展新格局，形成“半山筇竹甲天下、一棵竹笋兴乌蒙”的产业资源配置，建成北部 8 县（市）竹山、竹水、竹产业深度交融的现代农业产业结构体系和稳固的长江上游生态安全屏障，完成绿水青山与金山银山相互转换。二是创建品牌。通过招商引资、招商引智和自我孵化，形成资源配置精准、加工企业布局合理的竹产品精深加工、新产品研发体系。初步完成竹产业标准化体系建设，“三品一标”、原产地保护产品申报审（认）定取得实质性突破，竹产品可视化溯源体系有所发展，到2030年高尖端竹产品加工战略基本实现。三是做精市场营销。到2030年，建成彝良小草坝一级竹产品综合交易市场，镇雄、水富2个二级竹产品综合交易市场，威信、盐津、大关、绥江、永善5个三级竹产品综合交易市场，形成具备“专业化、规范化、智能化、便捷化”服务功能，集产品集聚、包装、销售、冷链物流于一体的线上线下两个市场体系。夯实竹产区交通、生产生活基础设施基础，打造生态良好、环境宜居、气候宜人、文化繁荣的“以竹为景、以竹养心、以竹怡情、以竹修身”的全域旅游及康养产业。

四、典型案例

案例一：盐津县庙坝镇红碧村是有名的贫穷村，从2002年开始发展方竹，现有规模近2.7万亩，新植1.3万亩。现在成了庙坝镇最富裕的村，2019年实现一产产值2800万元，户均年竹笋收入3.8万元，年收入达10万元以上的近10户，2019年竹笋收入最多的一户年产竹笋50吨，收入达50万元。

案例二：镇雄县杉树乡因发展竹产业被授予“农业产业强镇”称号，截至2019年竹林面积10.7万亩，其中，天然方竹、筇竹2.5万余亩，人工种植方竹8.2万亩，筇竹2.75万亩。实现了人均有竹林面积4.32亩，产量达7500吨以上，综合产值超过1亿元，覆盖农户6226户24823人，其中建档立卡贫困户1899户8120人，户均竹笋收入达2万元以上。

案例三：盐津县将冷链建到田间地块。盐津县为后续消灭硫黄笋打好基础，贯彻“把车间建到基地上”的发展理念，全力推进冷链设施建设，对全县笋用竹林按200—500吨不等的规模在6个主产区竹基地附近规划冷链库建设项目41个，冷储设计能力13250吨，其中2020年已批复建设11个3400吨（普洱800吨、豆沙700吨、庙坝700吨、中和600吨、柿子400吨、滩头200吨）。

案例四：2020年，绥江县通过招商引资方式引进云南永固农业发展有限公司，计划投资5亿元建设竹产业链，其中，投资1亿元在中城镇、板栗镇、新滩镇、会仪镇高寒山区建成标准化方竹核心基地6.5万亩，参与绥江县11万亩方竹基地管护；计划投资4亿元在中城镇黄龙溪建设年产10万吨竹笋产品及其他生物资源产品的标准化精深加工基地，同步利用竹资源和竹笋加工副产品启动竹叶黄酮、活性竹碳、竹酵素、高蛋白发酵饲料等产品的研发和精深加工。

昭通竹产业的发展已经取得阶段性成效，为脱贫攻坚立下了汗马功劳。在市委、市政府的高度重视和高位推动下，作为林草部门，我们有信心将昭通竹产业打造成为长江上游生态安全屏障和中国最大的市级优质笋用竹基地，将昭通竹产业建成巩固脱贫攻坚成果、构建最美宜居地和推动区域经济发展的主导产业之一。

（作者时任昭通市林业和草原产业发展中心副主任）

为了绿水青山变成金山银山

白祖云

习近平总书记教导我们：绿水青山就是金山银山。可见，绿色才是致富的底色。作为昭通市林业和草原局的一员，33年来，我和我的同事们一直为打造昭通的致富底色而努力，为把绿水青山变为金山银山而拼搏！

2019年，我调任昭通市森林资源管理站站长，负责森林和草原资源监测等工作，组织开展一年一度的森林资源监测等技术指导。森林资源监测数据不仅是决策参考依据，同时也反映出林业建设的成果。每次开展工作前，我们同省上的老师一道认真开展培训，并亲自授课。近两年来，我和李长伟、田茂平、熊玮等同志跑遍了昭通的山山水水，深入林区的山头地块开展抽查和现场指导工作，以确保监测质量。根据2019年的森林资源监测数据，全市森林覆盖率从20世纪80年代末的8.71%提高到2019年的42.2%。30余年来，我和我的同事们一起用我们的汗水和智慧铺就了昭通致富的底色！

“十三五”期间，昭通市精准扶贫工作进入攻坚阶段，把绿水青山变成金山银山成了我们艰巨的任务。保护绿水青山就是保护金山银山，农村能源建设在保护绿水青山中发挥着重要的作用。2016年10月，组织让我担任市能源科技推广站站长。上任伊始，邹道葵副局长就带领我到大关、盐津、水富、绥江、鲁甸、巧家、威信、镇雄等县进行调研。通过调研分析，我们提出了“一个中心、三个结合”的农村能源建设工作思路。“一个中心”就是农村能源工作要以脱贫攻坚为中心。“三个结合”，一是农村能源建设与精准扶贫紧密结合，把年度任务的85%以上覆盖到建档立卡贫困户；二是农村能源建设与打造人居环境、美丽乡村建设相结合，切实配合抓好“七改三清”中的“改灶”工作；三是农村能源建设与林业生态建设与保护相结合，切实推进平安林区建设。

2016年12月25日，刚担任能源科技推广站站长两个月，早上发现在镇雄实施的1个50立方米沼气池项目还没有按计划实施，便与杨贤洪一道中午立即启程赶赴现场进行督查指导。

有一天，计划下午去巧家出差，但身体不适，去医院看病，医生要我住院，我急得“骂”了医生一顿，可到了巧家的第二天熬不住了，只有再上医院开了点药，回到昭通一查是胃溃疡，只好按照医生的要求住院。住院的前三四天还老实遵守医院的纪律，好好待在医院，后来便早上输完液，又偷偷跑回办公室处理工作，为此没少挨医生的“骂”。我长期形成了一个工作习惯，发现问题就要去研究解决问题的办法，一研究起来就忘记按时下班，由于生活不规律，就给自己弄出了胃病。

2018年，我就如何与扶贫攻坚相结合的问题，亲自撰写了3万余字的讲稿，在镇雄召开的农村能源暨扶贫业务培训会上对县区业务骨干40余人进行了讲授。为了推进农村节能灶的应用，我带领杨梅、夏飞等同志到大关翠华、天星对节柴灶进行测试研究，现场指导进行改进，在10分钟内用1市斤柴烧开10市斤水，起到了很好的示范作用。

我在能源站工作的两年多时间，组织实施完成节柴灶25019口，农村太阳能热水器33904台，85%以上均落实到建档立卡贫困户。我在工作实践的基础上，不断总结，在国家级科技和林业双核心期刊《林业调查规划》发表了《昭通市农村能源建设与扶贫攻坚相结合的思考》《论农村能源建设在昭通经济发展中的意义和作用》《昭通市农村能源利用现状及消耗结构研究》《昭通农村能源发展趋势研究》4篇论文。

2017年，我挂钩绥江、水富的林业重点工作。竹产业是绥江脱贫攻坚的重点产业，早在10多年前绥江就提出打造40万亩竹基地的目标，目前已经形成了一定的规模。我到绥江中城镇绍庭村调研指导竹产业时，一群妇女正在一起编织竹工艺品，脸上露出幸福的微笑，至今历历在目。2018年冬天，我和邹道葵副局长一同到绥江督查指导筇竹低效林改造，山上正下着雪，刮着风，由于我的左手做过手术，缺少肱骨，没有保护能力，我小心翼翼走在泥泞的路上，冷得瑟瑟发抖，但看到乡亲们正在林中干得热火朝天，我的热血沸腾了，立马投入到了现场培训中。

水富市是昭通唯一一个不属于贫困县的县级市，但有两个贫困乡镇，其中就包括我的家乡太平镇。2017年，市委组织部要求派出农林专家挂钩到县区开展产业扶贫，我主动申请挂钩水富。其后，市林草局组织专家挂钩县区林业重点工作，我又主动要求挂钩水富。近4年时间，我先后去了近20次，少则两三天，多则六七天，每次都必须到山头地块查看竹产业发展情况。今年市人社局组织申报专家工作室，我动员资源站其他两名高级工程师和我一道申报，在水富市设立3个专家工作室，帮助水富发展竹产业，促进群众实现长期稳定脱贫。

作为工程技术人员，我和我的队员们总是坚持用事实说话，尤其是市林业和草原局成立竹子专家组后，我带领朱培英、张高琦、孔晓燕深入水富规范化种植的方竹和多数筇竹改造小班做了几十个样地或样方。2020年4月，我自己出钱购买带壳筇竹笋进行现场研究，用数据告诉群众科学采笋对增加收入的重要性，让在场的干部、群众口服心服。在调研指导中，及时纠正了水富市一些地方在造竹方面选用苗木不科学、定植不及时等问题，在原来的基础上大幅提高了成活率。过去，太平镇铜锣坝使用成竹分殖苗造林，造林成活率不足15%，后按要求改为一年生实生苗造林后成活率达到90%以上。

4年来，我指导水富县林业局技术人员完成《水富县2018年度方竹产业建设实施方案》《水富县2018年度低效笋用竹林改造实施方案》，指导水富县林业局技术人员和编制单位完成《水富县2018年度低效筇竹林改造（抚育）作业设计》。几年来，我一直忍受着颈椎骨质增生带来的头晕头痛、右肱骨滑膜炎和胃病的煎熬，围绕扶贫攻坚尽自己所能做了大量的研究工作，就是为了早日把绿水青山变成金山银山。作为第一作者撰写了《水富市筇竹资源的特点及其经营措施》，在《林业调查规划》《绿色科技》等刊物上发表了《杂交竹高效培育技术在昭通市示范推广应用效果及前景分析》《昭通市毛竹防护型经济林丰产培育试验研究》《论昭通筇竹的保护与利用》，同时《筇竹笋采笋规格研究》即将在《安徽农业科学》发表，通过科学采笋，可让群众增收 58%。

2019 年，水富市的森林覆盖率达到 66.46%，在昭通处于第二位，有竹子 18.6 万亩，其中筇竹和方竹 9.52 万亩，占 51.2%，竹产业年经济收入 1420 万元，实现生态效益 600 多万元，解决了农村剩余劳动力 1 万余人就业，绿水青山正在变为金山银山。

（作者时任昭通市林资源管理站站长、正高级工程师）

发挥专业优势　助力绿色发展

吴兴平

近年来，全市各级各部门紧紧围绕中央、省、市关于脱贫攻坚的部署要求，围绕“两不愁、三保障”目标发挥自身优势，充分发挥职能做好相关扶贫工作。昭通市林草部门遵照“绿水青山就是金山银山”的发展理念，在全市大力发展竹子、核桃、花椒三大高原特色产业助推脱贫攻坚中发挥了积极的作用，三大产业的发展取得了明显成效，增加了广大林农的经济收入。作为长期从事林业工作的一名林业工作者，我在其中也积极发挥自身优势，为扶贫添砖加瓦，做出了应有的努力。

我要讲述的是关于我在全市花椒产业发展中所做的一些工作。

花椒是一种食用调料、香料、油料及药材等多用途经济树种（学名：Zanthoxylum bungeanum Maxim.），是芸香科、花椒属植物，其位列“中国十八香”之首，是中国的传统香料之一。昭通，是花椒原产地之一，种植历史悠久，早在明清年间，昭通花椒就经五尺道出滇入川，作为川菜重要的调料而享誉天府之国，素有“调味品之王”的美誉。目前，昭通花椒主要品种分为大红袍和青花椒两种，昭通花椒种植以青花椒为主，又名青椒，因其果实成熟后为青色而得名。

“小小花椒树，致富大产业”是习近平总书记于2015年1月19日到鲁甸县龙头山镇视察“8·3”地震灾后恢复重建工作时，针对昭通花椒产业发展提出的要求。按照习总书记的指示，昭通市围绕云南省“绿色三张牌”中的“绿色食品牌”要求部署，紧紧抓住灾后重建的大好机遇，把花椒产业作为昭通市六大高原特色农业产业之一来抓，让花椒成了推动昭通群众脱贫致富奔小康的重要支柱产业。根据市政府领导的安排，为做好花椒这一特色产业的顶层制度设计，引领产业发展方向，按照“创新、协调、绿色、开放、共享”发展理念，结合产业实际，以我为主执笔起草全市花椒产业发展意见。在局领导的带领下，我们多次到花椒主产区进行调研，深入了解掌握全市花椒产业发展现状。经不断完善，数次修改，终于在2017年形成了《中共昭通市委　昭通市人民政府关于做优做强花椒产业助推脱贫攻坚的意见》（以下简称《意见》），这个文件确定了花椒产业建设的发展方向、目标任务、重点工作、配套政策及保障措施，从顶层设计上将花椒产业作为打赢脱贫攻坚战，推动富民强市进程的全市六大高原特色产业之一，从高位推动花椒产业发展。《意见》优化调整了全市花椒产业布局，明确了基地建设任务，即依托昭通市金沙江、牛栏江、洛泽河流域海拔400米至1800米的干热河谷地区得天独厚的自然气候和立体条件，充分发挥资源禀赋优势，科学规划、合理布局，以加快产业转型升级和促进林农增收为目标，坚持“因地制宜、适地适树”原则，综合考虑主产区县特点、产业现状及优势，在昭阳、鲁甸、巧家、彝良、永善5县（区）适宜区域，推广应用已经认定的青花椒“永青1号”“永青2号”“巧青1号”“巧青2号”等良种，形成“品种优良、全面覆盖”的产业发展格局。在具体实施中，以新一轮退耕还林为依托，促进基地适度规模发展，新建了高标准、高质量的13.8万亩基地。以鲁甸创建“一县一业”青花椒特色县为契机，以点带面，着力将鲁甸县打造成为集绿色食品、商贸物流、健康生活目的地为一体的区域辐射中心，进一步发挥带动引领作用，确保全市花椒产业2020年基地面积稳定在130万亩以上。

要推动产业健康发展，提升椒农发展信心，强化技术支撑保障是关键。我结合自身专业知识，几年来，从花椒的整形修剪、土壤管理、肥水管理、有害生物防控等技术措施入手，与市林草局相关专家上100次地深入花椒种植区，实地培训椒农和解决花椒产业发展中遇到的技术难题，不断提升产业发展的科技管理水平。我还与市林科所科技人员一起，在鲁甸县小寨镇成功实施了《干热河谷地区花椒换枝结椒修剪技术示范与推广》项目。通过示范推广，将“花椒换技结椒丰产技术”在青花椒主产区大力推广应用，大幅提升了花椒的产量和品质。

为推动花椒、核桃产业规范发展，2017—2019年，我带领林草局相关专家一同结合昭通青花椒、核桃发展的实际，先后制定了《昭通青花椒质量等级标准》《昭通无公害青花椒生产技术规程》《青花椒低产林改造技术规程》《青花椒育苗技术规程》《优质核桃生产技术规程》《核桃高桩换优技术规程》等6项技术标准。2020年，又参与编制《昭通青花椒干燥技术规程》和《昭通青花椒绿色生产技术规程》，将在年底完成，以规范标准的基地建设为依托，促进全市花椒产业规范化发展。

昭通六大高原特色产业中的花椒和竹产业属于林业主导产业，林业有害生物危害时有发生，严重影响了林产业的发展。2019年，花椒病虫害发生面积为12.5万亩、竹子病虫害发生面积4.81万亩，据估计造成的综合损失达3.23亿元。为做好林产业有害生物防控工作，我利用自己的专业特长，在市林草局组织的全市花椒、竹子主要分布县区的科技人员、种植大户等600多人的花椒、竹产业综合管理培训会上，做了《昭通市主要花椒病虫害的识别与防治》《昭通市主要竹子病虫害的识别与防治》专题讲座，就目前全市花椒、竹子病虫害防控技术向参会人员进行了详细的讲解。近两年来，结合以永善、彝良、鲁甸、巧家等花椒主要种植区出现的黄花现象、黑果现象，我和市林业和草原有害生物监测检验中心、市林科所的技术人员多次到相关县区进行调查、分析产生的原因及探索防控的措施，多次与西南林大、省林科院等大学、科研单位的老师、专家探讨，花椒黑果现象，已确定为细菌病害，并筛选了几种防控药剂进行防控试验，今年已初步取得成效，减少了椒农因黑果而产生的损失。

这几年，从花椒产业助推脱贫攻坚的指导性意见出台，到花椒产业、核桃产业生产技术标准的制定，再到花椒、核桃、竹产业有害生物防控及生产管理技术的推广应用等方面，付出了不少心血。但当我看到昭通花椒、竹子产业让绿水青山变成了金山银山，我内心也涌出自豪。

（作者系昭通市林草局正高级工程师）

不甘现状勇拼搏　不忘初心助脱贫

穆晓娇

2017 年 1 月，我从昭阳区人力资源和社会保障局调到了昭通市林业和草原局林业草原改革与产业发展科工作。在与林草产业结缘的 4 年里，昭通市以竹子、花椒、核桃为主的高原特色林业产业面积从 790 万亩增加到了 920 余万亩。昭通的山绿了、水清了、林农的腰包也慢慢鼓起来了，昭通林业产业的高质量发展，实现了“脱贫”向“振兴”的华丽转变。也是在这 4 年里，我认识了一个极其平凡又与众不同的人，他就是曾宗武。

曾宗武是永善县黄华镇甘田村田湾七社人，本该在父母怀里撒娇的年纪却经历了丧母之痛，家庭的重担一下子压在了体弱多病的父亲身上。兄妹 6 人中最有希望读出书来的他，不得不含泪告别心爱的学校，跟着做花椒生意的几个哥哥东奔西走。贫穷潦倒的家境，奔波忙碌的生计，练就了他吃苦耐劳的品质、积极进取的精神。

不甘现状勇拼搏！ 2016 年，他厚积薄发，聚集多年来做花椒生意积攒的经验和人脉，在昭阳区太平街道水塘坝社区二砖厂转产成功的基础上，将四川省宜宾市花椒交易市场迁至昭通市昭阳区，建成了占地 48 亩的花椒交易市场——三力丰农副产品交易中心。很多人抱着怀疑和不看好的态度观望，也曾有人调侃地问他：“在四川花椒市场那么成熟的地方不好好做你的大生意，赚大钱，来这里建厂，你这不是跟钱过不去？”他坚定地回答：

“曾经贫穷困苦的日子，我历历在目，现在，我条件确实好了，但也不能忘记生我养我的地方，忘记帮助过我的乡亲父老！2015年1月19日，习近平总书记视察昭通地震灾区的时候，也曾给予昭通花椒‘小小花椒树，致富大产业’的高度赞誉。我相信，在家乡这片土地上，花椒产业一定大有作为，一人富不是富，大家富才是富，我一定尽我所能，拉乡亲们一把。”

近年来，昭通市花椒产业在市委、市政府的高位推动下，得到了高质量的发展。据统计，2016—2019年，全市花椒面积从116万亩增加到144万亩，产量从2.3万吨增加到3.71万吨，一产产值从近20亿元增加到33亿元。近几年，对52万亩低产低效椒林进行了提质增效，花椒投产面积从58万亩增加到105.8万亩，覆盖卡户3.58万户14.4万人，实现覆盖区域人均收入2000元以上。2020年，全市144万亩花椒预计产量将达到4.717万吨，一产产值达40亿元。2030年，全市花椒面积预计将达到160万亩，投产面积150万亩以上，产量达6万吨。

在全市花椒产业健康快速发展的同时，昭通市昭阳区三力丰农副产品交易中心也逐渐成长了起来。经过3年的拼搏，目前已成为全国最大的青花椒流通中心，约有全国85%的花椒在此交易。每年8—12月，来自云南、四川、贵州、甘肃、陕西、山东、重庆以及昭通、丽江、西昌、金阳、江津、威宁、武都、韩城等数十个县市的花椒在这里进行交易和存储，再发往北京、天津、河南、河北、黑龙江等全国深加工基地。还与海底捞、老干妈、河北晨光生物科技有限公司、河南雪麦龙香料食品有限公司等知名企业签订了长期合作协议。在曾宗武等创始人的带领下，2017年完成青花椒交易额25亿元，2018年达35亿元，2019年达38亿元，2020年交易额预计将突破40亿元。不但如此，每天2000多吨的花椒交易量和成千上万的交易群众，进一步带动了周边物流、消费、旅游等其他产业的发展。

他变了！他从一个贫困潦倒的花椒贩子变成了全国最大的花椒交易市场的领头人。

他没变！曾经的他满腔热情只想为深陷贫困的乡亲们找到一条脱贫致

富的路子，如今的他，功成名就，不忘初心，为老百姓寻找出路仍然是他不变的信念。

花椒市场的建立解决了当地约 300 人的就业问题，其中建档立卡贫困劳动力 80 人左右。为了方便建档立卡贫困户群众既能就近务工，又能照顾家庭，工资采取日结算制，每人每天平均收入 150 元，旺季月收入可以突破人均 7000 元人民币。同时，2016 年以来，曾宗武以个人名义，或以公司管理人员名义多次向社会献爱心，得到了社会各界的一致好评。其中包括一次性捐助贫困大学生 10 万元，向易地搬迁群众捐赠物资价值 6 万余元，为在企业内务工的建档立卡贫困户义务购买意外险价值 20 万元。2020 年，全国众志成城抗疫，由于各种物资紧缺，曾宗武通过各种渠道分批次购买了价值 10 多万元的消毒液、防护镜、医用口罩等物资送到一线医务人员的手里，另外还采购了方便面、粮油等生活物资送到卡点一线和部分困难群众手中。

曾宗武，将公司发展根植于乌蒙大地上，为昭通花椒产业的发展做出了积极的贡献，将个人追求融入广大群众脱贫致富的梦想中，走出了一条产业扶贫的新路。

（作者时任昭通市林业和草原局林业草原与发展科副科长）

痴情不改　一颗匠心换来核桃满山坡

丁永平　李正银

昭通地处乌蒙山腹心地带，境内山高谷深，沟壑纵横，97% 的国土面积是山地，是典型的山地为主的农业大市。全市 11 个县（市、区）中有 10 个是国家级贫困县，贫困面大，贫困程度深，是全省乃至全国脱贫攻坚的主战场。昭通广大科技工作者，积极投入脱贫攻坚主战场，将科技成果推广应用到广袤的穷乡僻壤，为打赢脱贫攻坚战做出了不可替代的贡献。科技扶贫的实践生动地证明，科技的力量是巨大的，科技工作者在脱贫攻坚中是大有可为的。昭通市林业和草原科学研究所正高级工程师、云岭工匠曾清贤就是他们中的一员。

少年立志投身林业

曾清贤，男，汉族，1967 年出生，中共党员，大学文化。从小时候起，他就立志要投身于林业事业，在懵懂的思想里蕴藏着一个简单的道理，因为家家户户建新房、做家具都离不开林业，再说林业的许多树种还可以提供琳琅满目的果实，既丰富人们的饮食生活，又增加经济收入。于是，当年高考，他毫不犹豫地选择了林学专业，以求实现自己梦寐以求的绿色梦想。从1987年毕业分配工作至今，30多年来他一直从事林业工作，现在系昭通市林业和草原科学研究所正高级工程师，承担林业科技研发与培训推广工作。

身为林业人，他清楚地认识到，一方水土养育一方人。农民要致富，靠广种薄收的传统粮食生产已经不行了，稳妥的路子是种好两棵树，就是要在适宜区域大力发展既耐储藏运输、经济效益又相对稳定的核桃和花椒产业，但摆在面前的难题是缺优质种源和缺技术的现实问题，基础的基础是要有适应当地的核桃、花椒良种和科学的种植管理方法，移花接木不行、他山之石也不行，只能靠自己研究，自己推广运用。

潜心钻研技术难题

曾清贤始终坚持开展自主创新。针对当初昭通核桃产业发展面临本地无良种、晚霜严重影响挂果、外地引种不适应的局面，率先在昭通冷凉地区开展核桃良种选育。他带领团队踏遍千山万水，行走在大山深处的每一个角落，对海拔在500米至2900米之间不同区域的核桃种质资源进行优树排查，从发芽、开花、结果到采收、落叶，进行实时观察记录在册，挂牌保护，到收获季节进行采种检验，对比其稳定性和产出率，精心筛选，淘汰中再选优。经过几年的艰苦努力，在鲁甸县建成了云南省第一个县级核桃良种资源标本室，存放着1550棵核桃树的果实标本，建立了300多亩的核桃良种资源收集库，按不同的分区，种植本地、外省以及国外的核桃品种368个。历经十余年锲而不舍的选育，最终选育出了“鲁甸大麻系列”核桃优良品种，取得了历史性突破，达到国内领先水平，结束了滇东北地区无核桃良种的历史，解决了晚霜严重导致核桃不挂果的种源问题，为高寒冷凉区域提供了良种保障，使核桃亩产超过300公斤，比传统核桃品种的150公斤翻了一番。目前已推广到了四川、贵州、湖南及曲靖、红河、大理等地广泛种植，效果很好。

为了解决核桃、花椒低产低效的现实问题，曾清贤带领团队积极开展核桃嫁接技术研究，研发了“核桃高桩V形开槽放水换优嫁接技术”，大大提高了嫁接成活率，为核桃低产低效林改造找到了解决的方法，把“核十一”变成“核三四”，缩短了挂果年限，此方法正在全市核桃低产林改造中广泛推广应用。面对花椒生产管理粗放、低产低效突出的实际，他带领团队深入开展花椒生产管理技术研究。通过反复对比试验，独创了一套适宜干热河谷的耐旱高产稳产的青花椒“换枝结椒修剪法”，克服了自然气候影响，解决了干热河谷区域青花椒落花落果、空杆现象和低产不稳定、采摘困难、品质较差等难题，实现青花椒树年年换枝结果、丰产稳产、品质优质，实现花椒亩产在10000元以上的经济效益。此两项实用技术的创新研发，突破了制约核桃、花椒低产低效的瓶颈，提高了林农的经济效益，为昭通300余万亩核桃和140余万亩花椒低产低效林改造及提质增效起到了重要的支撑作用。

同时，曾清贤积极带头参与中央财政投资“云南滇东北乌蒙核桃良种繁育基地建设”，中央财政林业科技推广“云南大麻2号等抗寒核桃良种栽培示范与推广”“鲁甸避晚霜型核桃良种示范与推广”“庆丰1号等抗寒核桃良种扩繁与示范推广”“滇东北特色核桃庆丰系列良种推广与示范”，国家农业科技成果转化“云南避晚霜核桃新品种鲁甸大麻1、2号产业化示范”，云南省科技创新“避晚霜型核桃新品种选育与栽培示范”等项目，建成“云南省滇东北乌蒙核桃良种繁育基地”。这些项目的落地生根，付出了常人难以想象的艰辛，取得了试验示范的效果，为林农朋友发展林产业提供了有力的技术支撑。

一颗匠心浇灌满山致富树

“不忘初心，守住匠心，不断创新。”曾清贤用自己的执着与坚韧，不断开拓创新，三十年来风里来雨里去，披星戴月，一门心思钻研核桃、花椒良种选育及丰产管理等技术，用实际行动诠释了“小核桃、大智慧、能富一方人”“小小花椒树、致富大产业”的致富经，为昭通林业助推脱贫攻坚做出了突出贡献。

为了让基层林业技术员和农民朋友能够掌握核桃、花椒种植管理新技术，曾清贤编纂了《鲁甸县特色经济林：核桃、花椒丰产栽培技术》《核桃栽培管理技术手册》《花椒栽培管理技术手册》《核桃丰产栽培技术》《花椒丰产栽培技术》等林业科普手册，印制2万余份发给林农学习。主编的40余万字的《鲁甸核桃种质资源》一书由科技出版社出版发行，为林产业发展提供了技术依据。结合工作实际，潜心撰写的《昭通市核桃产业发展现状及对策》《核桃天牛发生规律及地毒试验初探》等林业科技学术论文10余篇在核心期刊上发表。利用多年来的林业科研成果，长期主动投身精准扶贫，向山区群众传授核桃、花椒丰产栽培技术，深入基层举办科技培训60余期，受训5000余人次，培养专业林业科技辅导员200余名、嫁接技术能手1000余人。在他的指导下，这些人已成为当地的土专家，在林业产业建设中实地指导生产，发挥技术特长，彰显出林业科技助推脱贫致富的领航作用。

在曾清贤带领下，创建了“云岭工匠曾清贤创新工作室”“曾清贤乌蒙工匠工作室”2个科研平台，充分发挥了工匠工作室传、帮、带作用，培养了一大批青年技术人才。工作室以科技兴林为主题，以昭通市核桃、花椒和竹子三大林产业为主攻方向，组织开展创新型实用技术攻关，进行新型技能培训、科学研究和学术交流等活动。他带领团队研究制定《昭通无公害花椒丰产栽培技术规程》《昭通核桃高桩换优技术规程》等6项地方标准，为林产业发展提供了技术依据，对全面规范和提升昭通核桃、花椒生产质量和管理水平，助推林农脱贫致富意义重大。同时，积极开展对昭通各县区核桃资源调查，选择区域性特色良种穗条，指导县区开展良种扩繁，为昭通核桃产业发展提供区域性良种做好引领，为林业产业增效、林农增收提供优质服务。

不忘初心　继往开来

脱贫只是第一步，更重的任务还在后头。核桃、花椒作为昭通涉农最广的两大林业主导产业，对于生态效益和经济效益的作用是不言而喻的，但当下的低产低效林问题仍较突出。如何做好低产林提质增效改造，促进林农增收，仍然是摆在林业人面前的首要问题。作为一名林业科技工作带头人，面对千千万万双林农渴求的目光，曾清贤说："不要满足现状，要树立信心，脚踏实地前进，面对历史不埋怨，面对困难不退缩，面对问题不回避，弘扬工匠精神，久久为功，始终把技术创新作为破解突出问题的法宝，我们存在的品种不优、技术缺陷、低产低效问题都会得到解决。"

我们相信，以"云岭工匠曾清贤创新工作室""曾清贤乌蒙工匠工作室"为平台，在曾清贤的带领下，持之以恒地发挥专家团队的集体智慧，昭通核桃、花椒等林产业的发展一定能够全面升级，实现永续发展。

（作者丁永平时任昭通市林业和草原科学研究所副所长、高级工程师，李正银系昭通市林业和草原科学研究所工程师）

走在产业扶贫道路上的女工程师

蒋德惠

昭通市山区面积占97%，如何做好“山文章”，念好“山字经”，既是生态建设的需要，也是发展林业经济、帮助山区脱贫致富的需要。近几年，昭通市围绕脱贫攻坚，围绕长江上游生态屏障建设，围绕一江清水出昭通，林产业发展取得了令人鼓舞的成绩。作为林草部门的一员，一个从事林业工作30多年的高级工程师，我积极地融入全市林产业发展的相关工作中，在良种选育及推广、种质资源调查、林木种苗基地建设和造林苗木质量监督管理等工作方面尽到了自己的责任。就拿核桃产业的发展来说，在其中我发挥了积极作用。

选育核桃良种，足迹遍布乌蒙大地

核桃，在昭通有很长的种植历史和传统，是山区人民重要收入来源的山货。2008年之后的一度时期，核桃产业在昭通大干快上，但当时在核桃良种资源缺少、满足不了核桃产业发展需求的情况下，来不及引种试验，便从省内外调入大量核桃嫁接苗木用于工程造林。由于品种混杂、管理粗放等突出问题，导致现有核桃林低产低效，有的长期不挂果，产业效益与预期目标差距较大，很多老百姓不能从中获得经济效益，发展积极性受到严重挫伤，核桃产业提质增效已成为急需研究解决的重大民生问题。进入新时期，为了实施脱贫攻坚林业产业扶贫，使贫困山区林农增收致富，核桃优良品种选育成了昭通核桃产业提质增效最关键、最突出、最急需的问题。为此，昭通市林业局决定在全市 11 个县（市、区）核桃主产区寻找优良乡土核桃老树，为低产低效林提质增效提供适宜当地区域种植的优良核桃种源。

2016 年 7 月，昭通市林业局启动了《全市优质核桃评定》项目，我主要负责专业技术工作。我们走遍了昭通的山山水水、高山峡谷，通过长时间坚持不懈的走访调查，2016 年至 2019 年间，全市共选送了 298 个核桃优良单株样果，涉及 10 县区 57 个乡镇 147 个村民小组 296 家农户。通过区域性核桃良种选育初选、复选和决选，最终选育出全市各县（市、区）核桃优良单株 40 株，涉及 9 县 23 乡 31 村 40 社 40 家农户，为核桃良种培育奠定了基础。

寻宝之路的艰辛事

第一是交通不变。好品质的核桃老树往往长在遥远偏僻的山区，大多车辆无法通行，要采集到优树生长区域的自然地理环境气候信息，有时候往返要徒步四五个小时，加之，为准确观察核桃优树发芽、展叶、雄花、雌花、果子成熟等物候要跑两三次。优树物候，特别是雌、雄花盛开的时间，是选择良种的条件之一，只有准确了解优树的物候，才能判定其是否能避开昭通的晚霜，不受倒春寒影响其产量。通常核桃萌动发芽在早春三月，还有一些寒意，遇到春寒，高山地区还下雪，在山区湿滑的路上行走几个小时还是有些艰难的，当然也很有乐趣。记得2017年8月，我和同事到永善县黄华镇鲁溪、清莘村调查2株核桃优树，因连续下雨导致山体滑坡，车辆无法行驶，只能走路进山。路上突然下起大雨，尽管打起雨伞，还是把全身衣服都淋湿了，难能可贵的是永善县林业局种苗站叶忠同志为了不让采集到的信息资料打湿，用雨衣遮住背包，自己却被淋湿了，直到天黑才到莲峰乡住下。2019年1月，我和同事到水富县太平镇二溪村采集核桃穗条，因道路湿滑，车辆在转弯处发生了侧翻，庆幸的是无人员受伤。

第二是外业工作生活无保障。2017年3月，我和同事到巧家县老店镇㴱西卡村采集优树花期信息。由于几株优树相距较远，不在同一个村民小组，为了避免往返跑路，节约时间，能在雌雄花盛开的时间点采集到图片信息，和同事商量好，早点多吃一点，中午晚点吃饭。结果，下午3点才到村上一家小卖铺买到2盒方便面和2袋土豆片，我们4个人只好将就充饥了，结果同事吃了方便面后拉肚子，还到县医院输液才稳住。

第三是工作量大，好多工作力不从心。大量的乡村外业调查资料回到单位需要观察对比，整理归类，加班到晚上十一二点是家常便饭。2017年，为参加全省首届核桃博览会，昭通市林业局决定在全市范围内开展优质区域核桃评选暨展览会。全市经两年来初选、复选的236株优树，送样205株，需要编号装样参与评选，我自制样果标签，并对号装篮，20天加班加点努力工作（其间被办公室后勤的同志误会下班没关灯），终于在会议的前两天完成核桃样果装篮准备工作。在同事们的帮助下，顺利地按编号（不能有县区单位字样）布展，并按评选程序为专家考种提供准确无误的样品。由于工作时间长，加班加点又多，休息不够，身体抵抗力差，免疫力下降，2017年9月我在镇雄县工作期间突发面瘫。为了能在全省十六个地州参展的博览会上展出丰富的昭通核桃特色资源，尽量准备充分一些，我回到昭通后，早上到医院做针灸治疗，下午到办公室整理资料，经过一个月的治疗，基本恢复了。在此期间，永善县有一株核桃优树信息需要进一步核实，我遵照医嘱做好保暖防护再次到县上核实。11月7日按照局领导的安排，我和同事们一起带上我们的核桃到昆明按时参加博览会展，展示了昭通林业人核桃良种选育的风采。

第四是难以照料好家庭。长期在外出差，管不到家，照顾不了老人，家属埋怨不理解，每次出差回家再累也要抓紧时间做家务，让家属高兴，争取得到他们对我工作的支持。遇周末不出差，买一些适合老人吃的食物回到鲁甸老家给老人做些可口的饭菜。就这样一次次，老公看我辛苦，也没有了怨言，有时晚上还帮助我加班整理采集回来的核桃样果。2017 年 3 月的一天，老人因突发脑出血住院治疗。我和同事刚好买了去彝良县龙安乡工作的车票，并且与乡林业站的同志已经联系好。不能因我家里有事就打乱了工作计划，我在医院看护老人一宿，把老人交给家属，第二天早上我和同事按原计划赶到龙安，完成了既定的工作任务。

天道酬勤，硕果累累

付出了艰辛，换来了收获。2017 年，在参加首届云南昆明核桃博览会上，以鲁甸大麻、庆丰系列、镇乌系列等为代表的昭通区域性核桃良种分别荣获金、银、铜奖共计 12 项。在昆明国际会展中心组织召开的昭通区域性核桃良种选育推介会上，原省林业厅谢晖副厅长、云南省林科院王卫斌院长、西南林业大学教授、各州市林业局负责人和参展企业等对昭通核桃给予高度评价，云南省林业科学院专家范志远评价道：“经云南省林科院多年的调查研究，昭通核桃资源丰富、质地细腻、口感好、香味浓、耐储藏性好、蛋白质含量高、出油率高，在全国、全世界都有非常突出的优势。”

2019 年，我们成功申报“昭通 1 号（优树编号：巧家 5 号）”“昭通 2 号（优树编号：巧家 17 号）”“庆丰 6 号”和“庆丰紫云（原庆丰 3 号）”核桃良种，经云南省林木品种审（认）定委员会认定为良种，在适宜区域推广种植。2020年，相继申报庆丰紫云（原庆丰3号）核桃良种。庆丰紫云核桃作为昭通特有的紫仁核桃，花青素含量高，具有抗氧化、防辐射的药用价值，在昭阳区、鲁甸县、巧家县等地已扩繁10000余亩，在巧家县老店镇治乐村建设扩繁采穗圃100亩，推广种植示范样板1000亩，为贫困山区老百姓铺垫了林产业发展的致富路。

这些年，虽然工作充满艰辛和曲折，让我感到基层工作的不易，但以自己的专业特长能为贫困山区人民脱贫致富贡献一点力量，能够给老百姓增加收入，我便会感到欣慰，这正是我们林业人的价值所在。

（作者系昭通市林草局副高级工程师）

当好产业扶贫的“尖兵”

胡德波

近年来，紧紧围绕全市脱贫攻坚和乡村振兴，围绕绿色、生态、环保，作为农业科技工作者，我们在抓实抓好土肥水技术研究推广、科技增粮措施推广、农业特色产业培育等方面，充分发挥职能作用，为全市农业持续稳定健康发展和脱贫攻坚贡献力量，努力当好产业扶贫的“尖兵”。

提质增效创丰收，做贫困户的知心人

彝良县拖角村是我原单位（昭通市土壤肥料工作站）的挂钩扶贫点。每次到那里，都会有很多贫困户追着我喊：“老胡，来我家坐哈！”“老胡，走——！再克我家花椒林头看哈！”村里人都爱叫我“老胡”，我也喜欢他们这样叫我，听着亲切。叫我看花椒林的是村里的建档立卡贫困户卯兴碧，他家的花椒林我都记不清钻过多少回了，但还得钻，这是拉家常、讲政策、教技术的好机会。记得他家以前种的5亩花椒因为土壤薄瘠、技术管理不到位，一年也就2万元左右毛收入。后来我带着生物肥和技术走进花椒林，开展现场培训，枝芽怎么修剪，农药怎么使用，肥料怎么配比都手把手教给大家。我在扶贫点开展了8场培训，培训了300多户建档立卡贫困户。通过一系列的提质增效措施，拖角村花椒亩产量从原来的120斤左右（干花椒）一跃到了200斤左右，差不多翻了一番。产量翻番的同时花椒品质也在不断提升，以前30元一斤的花椒现在涨到60元一斤还供不应求，广大椒农得到了实惠，卯兴碧家就是其中一家。

我是一个农技人员，又是一个市级农业科研推广单位主要负责人，除了搞好本单位挂钩扶贫点工作外，还必须放眼全市脱贫攻坚工作，哪里有需要，哪里就是我们的战场。远在200多公里外的永善县吞都村建档立卡贫困户吴顺乾也和卯兴碧一样，也是作物提质增效最明显的受益者和推动者。他家主要栽种的是魔芋，在昭通市土壤肥料工作站实施魔芋健康栽培前，他家的魔芋亩产量是1600斤。后来，我领着土肥站（当时我是站长）工作人员带着肥料三天两头往他家推广魔芋健康栽培技术，经过改良，现在一亩魔芋产量能达到2400斤，产值5万多元。在吴顺乾的带领下，吞都村共有15户农户加入了魔芋种植，这两年每户农户增收1万—5万元，吴顺乾也从建档立卡户变成了当地小有名气的“致富带头人”。

奋力奔跑勇担责，做脱贫攻坚的“追梦人”

脱贫攻坚战打响后，我再也没时间看《奔跑吧，兄弟！》这档电视节目，但工作中却经常上演类似情节，不但自己奔跑，还要带上团队奔跑，既要带着致富带头人奔跑，更要带上贫困户奔跑，几乎跑过所有的上级有关部门去争取资金项目、政策支持，跑遍我市所有乡镇，跑过无数贫困户家中。带着党的关怀、带着资金项目和技术、带着帮助贫困户早日脱贫致富的希望和梦想奋力奔跑，我和我的团队在脱贫攻坚的路上不停地“追梦”。

我们紧紧围绕“增产、经济、环保”和“稳粮增收调结构，提质增效转方式”两条主线，以农业增效、农民增收和农业可持续发展为目的，结合脱贫攻坚做了大量工作。通过推广粮食高产创建、科技增粮措施、新型肥料示范，助推了玉米、马铃薯产业发展。开展魔芋健康栽培等新技术试验，研究制约魔芋产业发展的魔芋软腐病和轮作障碍两大关键技术，开展花椒、车厘子、枇杷等经济林果类产业提质增效示范，探索和研究促进产业发展的技术储备，促进了魔芋、花椒、车厘子、枇杷等产业的健康发展。主持参与了多项部省市级重大农业科技项目（课题）的推广研究，在测土配方施肥技术、旱作节水农业技术、水肥一体化技术、耕地质量建设技术、轮作休耕技术、农业优势产业发展等方面，开展了大量的推广研究工作。主持研究建立了耕地地力属性库和养分空间数据库，完成了全市耕地地力评价并通过部省级验收，建立了昭通市（乌蒙山区）主要农作物施肥指标体系并获得农业部农牧渔业丰收奖。测土配方施肥项目 6 年推广 3087.8 万亩，减少不合理用肥 11.1 万吨（折纯）。耕地保护与质量提升 5 年推广 54.6 万亩，水肥一体化 4 年示范 1.4 万亩，旱作节水农业示范推广 2 万亩，总节水 28.9 万立方米，为全市粮食生产持续稳定增产、农业科技发展和全市脱贫攻坚做出了较大贡献。

土壤“纠错”挂心上，做高原农业的绿色卫士

20 世纪七八十年代，农作物增产增收的需求导致农业走进了“大肥大水”的误区，粗放的施肥方式严重破坏了土壤结构，影响农作物的品质。担任土肥站长期间，我常把“舌尖上的安全”放在心上挂在嘴边。于我而言，土肥工作不仅是要保住一片绿，更是要给土壤“纠错”，给绿色提质提鲜。2018 年，云南打出“绿色能源”“绿色食品”“健康生活目的地”三张牌后，绿色成为云南产业转型升级、经济高质量发展的基本底色，加快了给

土壤“纠错”的步伐，研究推广生态肥、有机肥，深入推进测土配方施肥，通过对土壤的测评提出施肥的配比，利用现代生态化肥改变土壤质量，恢复土壤生态。可别小看这“纠错”，土壤要是出了问题，农产品安全就得不到保障，及时“纠错”和改良，能在保证产量的基础上提升农作物品质，使产出作物更加环保健康，确保“舌尖上的安全”，为打出乌蒙高原特色农业绿色牌、更大程度提质增效、促进农民增收脱贫发挥重要作用，因此获得了“乌蒙高原上的土壤艺术大师”称号。在我和团队的努力下，测土配方施肥和耕地保护与质量提升项目区连续6年实现化肥负增长，这意味着，在更少化肥的作用下，昭通土壤产出的作物不仅品质更高，还将带着原始泥土滋养的味道和大家见面。最重要的是，百姓手里的农产品更值钱了，脱贫致富奔小康的步伐也就更快了，为昭通绿色经济发展、打造“绿色食品牌”奠定了基础。

助力扶贫见实招，做农业人的好“红娘”

每当听到昭通街头有人挑着“贵族水果”——车厘子沿街叫卖，我就会激动不已，感觉像听到自己孩子的名字一样。这种又称美国大樱桃的舶来品，近几年已经成为昭通老百姓的应季水果，我们能够享受到这份美味，就是我牵的线、搭的桥，是我一手带领团队帮它在昭通安的家。记得脱贫攻坚第一年，省农业厅给了昭通一个优质农产品基地的项目，我考虑到昭通水果品种单一，“贵族水果”缺乏，经过严格的甄别筛选，我和我的团队选择了车厘子这一漂洋过海来的新鲜物种。通过不断地改良试验，我们研究出一整套适合它在昭通生长的技术条件和管理模式，让车厘子在昭通扎下了根，结出了累累硕果。2018年，全市累计种植车厘子1万余亩，产值达2亿元。后来，通过对土壤的“艺术创作”让蓝莓、草莓等曾经在昭通罕见的水果也纷纷在昭通安家，越来越多样化的农特产品飞入寻常百姓的餐桌，农户的腰包也渐渐鼓了起来，他们中有许多曾经都是贫困户。

2018年，市委、市政府出台了《昭通市农林科技专家挂县指导服务产业扶贫工作方案》，我以省委、市委联系专家、市直农业单位负责人的身份挂联到昭阳、鲁甸、永善、彝良等县区指导服务产业扶贫。鉴于角色、专业等方面的优势，我这个“红娘”的“生意”异常火爆，各县区打过交道的涉农企业、合作社、种植大户、包括贫困户纷纷找我帮忙出主意、想办法，进行技术指导。同时，我还以单位或个人的名义，邀请到山东农业大学姜远茂教授、北京富特森农业科技有限公司董事长孙绳军、蓬莱腾辉伟业灌溉科技有限公司专业技术人员等一批技术过硬的领导、同行、朋友和省内外的一些专家到昭通帮忙进行指导。

雄关漫道真如铁，而今迈步从头越！新起点、新征程，我将继续用心、用情、用力，为啃下并嚼碎脱贫攻坚战最后的“硬骨头”，为乡村振兴、滇东北崛起做出更大的贡献。

（作者时任昭通市农科院院长）

小蘑菇搭载群众走上致富路

杨　科

云南乌蒙山国家级自然保护区是2013年经国务院批准成立的保护区。保护区由海子坪、朝天马、三江口3个片区组成，总面积约39万亩。保护区位于云南省东北部的昭通市境内，地跨大关、彝良、永善、盐津和威信5个县。保护区及周边生态资源极其丰富，但周边5个县都是深度贫困区县，经济落后、交通闭塞、决战脱贫攻坚任务异常艰巨。作为云南乌蒙山国家级自然保护区管护局副局长和一名政协委员的我，在守护好"绿水青山"的同时，如何让群众拥有"金山银山"成为我最大的难题。

为帮助群众走上致富路，我经常到保护区周边社区开展调研。在走访中我发现，虽然脱贫攻坚政策让群众基本生活有了保障，但保护区周边群众收入来源渠道比较狭窄，脱贫攻坚帮扶的政策一旦取消，群众就会有返贫的可能。这让我认识到了，产业发展才是引领群众脱贫致富的最佳良方。

有了工作思路，我积极与周边乡镇和村委共商产业发展大计。在座谈中，我发现产业发展可不是个轻松活，风险大、影响因素多，干不好还会影响政府的公信力，从而也导致了大家谋"过日子"的人多，谋"致富经"的人少。

面对产业发展的难题，我坚信不得轻举妄动，但也不能裹足不前。为找到一条产业发展的致富之路，我立足保护区周边社区实际，听取群众意见、咨询专家、调查市场、学习产业发展知识……

2018年8月，我在学习习近平总书记关于"绿水青山就是金山银山"

理念的重要论述中，深受启发。我进一步认识到保护区周边社区产业发展最大的优势就是其生态资源丰富，产业发展就要走一条“绿水青山”变为“金山银山”的生态保护和可持续发展之路。

经过多次实地和市场调研，我发现保护区周边社区发展食用菌产业基础条件好，生态、循环、价值高、市场潜力大。想法得到许多专家、领导认可后，我利用单位与昭通学院战略合作平台，在2018年保护区能力建设项目中，选取大球盖菇、竹荪、羊肚菌三个品种在保护区各片区的实验区及周边进行试种试验。试种的结果是三个菌种在保护区周边都能正常生长，按种植的面积和产量价格测算，平均每亩能使群众获得1万—2万元的收益。

食用菌种植示范试验的成功，坚定了我在周边社区发展食用菌产业的信心。为持续推进发展，我考虑申报中央财政林业科技推广项目，以获得资金支持。但林草科技推广项目需要研究成果在国家林草局备案，昭通地区没有食用菌有关的备案成果。为此，我查阅成果目录，发现昆明林业科学研究所有食用菌方面的成果。我主动与其联系，在与昆明林业科学研究所深入沟通和阐明实施项目的重大意义后，其欣然同意我们使用其成果。

经多方努力，我们申请并获得食用菌种植技术推广资金100万元。按项目管理要求，需要在空闲耕地和林下集中核心示范种植大球盖菇20亩，带动种植大球盖菇80亩；集中核心示范种植竹荪10亩，带动种植竹荪60亩；集中核心示范种植羊肚菌20亩，带动种植羊肚菌10亩；利用闲置房屋或简易大棚栽培猴头菇15000袋。

项目获得审批后，我知道这才是引领群众致富的起点。致富路需要部分群众先动起来，“等、靠、要”只能让产业发展成为一条“断头路”。为此，我迅速联合昭通学院组成食用菌推广工作组，深入保护区周边社区开展食用菌推广种植宣传，调动群众参与种植的积极性。

起初群众还十分犹豫，部分群众甚至不相信，加之我对即使群众种植后，是否会严格按照技术标准种植，能否达到预期效果也充满疑问。为确保群众能严格按技术要求种植、真正能产生效益，我决定签订两份协议，一份是管护局同昭通学院签订技术服务协议，明确培训、指导、菌种生产、供应、价格、数量等量化内容。另一份是管护局、昭通学院和种植户三方协议，由我们负责菌种生产、技术培训、种植监管等工作，群众只需根据自身劳动力、土地资源和环境条件准备相关材料及确定种植面积。经认真分析后，向单位申请种植食用菌的规模，并严格按照种植技术要求，准备好地块和辅助材料、规范种植，所有种植的收益全部归群众。如果单位没有履行好协议责任，赔偿群众一半的材料和工时费；若群众没有准备好材料或没有按照技术标准种植，赔偿单位一半的菌种费用。

参与种植的农户不需要掏一分钱，菌种免费送到家门口，全程免费提供技术指导，这极大地鼓励了群众参与到食用菌种植中来。2018 年年底，就有 100 余户群众签订了种植协议，计划种植 160 余亩。

签订协议后，我同工作组迅速开展种植技术培训 20 余场次，进一步加深了群众的信任感。按照事先的谋划，针对大球盖菇、竹荪、羊肚菌、猴头菇的种植时节，我统筹生产、运输等工作，按时将菌种发放到了群众手中，群众按照培训的种植技术规范地开展了种植。

种植后，我多次深入农户指导种植、管理。在与群众交谈中，我发现食用菌销售工作是这条致富路上的关键和一大难题。我便协调市林草局产业发展领导、供销社、本地大超市负责人等到社区同群众召开座谈会议，群众可与企业等签订销售协议提供货源，有销售渠道的群众不予强求，这更加让群众放心种植、精心管理了。

2020 年 4 月后，大球盖菇、羊肚菌、竹荪、猴头菇陆续生长出来，长势喜人，群众满心欢喜，因为这小小蘑菇，蕴含了他们致富的希望。

据统计，大球盖菇亩产约 2000 斤，平均每斤 10 元；羊肚菌亩产 300 斤，每斤 100 元……项目开展林下栽培食用菌 160 余亩，室内栽培食用菌 1.5 万余袋。共计产量 10 万公斤，总产值达 315 万元，带动周边社区群众 300 余人就业，利用农林业废弃物 1500 余吨。群众获益了，在思想、情感上对我更加认同了。

家住大关木杆漂坝的吴家权，在项目起初宣传中，他说：“反正菌种也不要钱，不成功我们也亏不太多，我就试种两亩瞧瞧。”2020 年 6 月我再次来调查种植效果时问到他，他笑眯眯地回道：“杨同志，我种的两亩大球盖菇长得好得很，3 月种 4 月底就长出来了，我卖 15 元一斤，好卖得很，我都卖着 3 万多块钱了。这个食用菌种植耗时短、见效快，收益还不低，谢谢你了。”

刘谦也是木杆漂坝村人，20 出头的小伙子，他销售能力强，精明实干，在外打工回来后，一直想在当地找点事情做。在 2018 年示范种植中，他向我们了解到羊肚菌每斤可卖到 100 元，亩产可达 300—400 斤，其也抱着试一下的心态种植羊肚菌后，发现当地气候环境特别合适，加之羊肚菌有巨大的经济价值。在和我沟通后，我欣然鼓励其大规模种植，并表示愿意无偿给予技术指导，其毅然在漂坝村租了几十亩地开展种植，种植取得了巨大成功，2019 产值就达 50 万元，2020 年其又扩种了大球盖菇、竹荪、猴头菇，产值达 70 余万元。

刘谦种植成功后，成为当地的致富能人。对于我来说，我需要的是更多的群众富起来，为此我积极引导他发动周边群众一起种植，并帮助他们联系对口帮扶昭通的广东中山市企业，与他们签订销售协议，食用菌采收后直接通过物流发到中山，销售有了保障，兜里的钱包慢慢地鼓了起来，与我的电话也三天两头地多了起来……

像他们这样的种植户，态度的转变让我印象深刻，从最初的“试一下”到现在的无话不谈，再到临走时的依依不舍，让我更加看到了自己身上的责任，感受到了肩上沉甸甸的担子。

群众是质朴的，是讲感情、讲道理的。他们对我们给予的点滴关心，牢记心中，溢于言表，反复夸奖。群众的称赞，给了我努力让小蘑菇搭载群众走上致富道路的最大信心，也是我继续引领群众走上“绿水青山”变为“金山银山”这条致富道路最大的动力。

（作者时任云南乌蒙山国家级自然保护区管护局副局长、高级工程师）

高坡村是如何打牢产业发展基础的

秦华平

昭通市自然资源和规划局挂钩帮扶的高坡村，位于昭通市镇雄县果珠彝族乡西南侧，距乡政府驻地7公里，这里居住有农户1383户6223人，是一个以彝族为主，同时住有苗族、汉族，少数民族占比达70.76%的民族村落。

高坡，顾名思义，山高坡陡，群众以小片集中、大片分散的形式沿着大山分布居住在7个片区，贫困发生率曾高达37.22%，人均年收入不到2000元，曾经这里上学难、就医难、吃水难、用电难、通信难……是我国深度贫困村的典型缩影。

2017年10月，昭通市自然资源和规划局挂包高坡村，并同时下派了驻村扶贫工作队开展进一步的扶贫工作。通过前面几年的攻坚克难，群众基本的吃穿、医疗、教育、住房、饮水问题都已基本解决，高坡村于2017年年底脱贫出列。这样的成果确实来之不易。

如何才能进一步巩固脱贫成果，激发群众内生动力，培育可持续发展的产业，开拓能为老百姓持续增收致富的渠道，更好地接续乡村振兴，成了驻村扶贫工作队面临的新问题。高坡村地理位置特殊，海拔高差840米，当地村民以传统的玉米种植为主，经济效益差。针对这个实际，大家认为，产业发展要有突破就得打破传统，寻求新的发展方向。

驻村扶贫工作队同村委多次分析研究，思考谋划新的产业发展方向，并组织村组干部去发达地区学习产业发展经验，邀请专家到高坡实地考察，派专人跟踪学习种植技术，最终在昭通市自然资源和规划局80万元产业发展资金支持下，从浙江省金华市引进了桃形李，并于2018年年初种植400余亩，开始了第一次产业结构调整。经过两年的培育，桃形李长势喜人。

“今天入户走访，遇到很多老百姓叫我吃板栗，说是他们自己种的，味道不错，还是纯天然的，我带回来了一些，大家都来尝尝。”驻村扶贫第一书记、工作队队长周淞的话点醒了工作队及村委的其他人。

“你说我们高坡村是不是适合发展板栗？”村党委书记、村主任岳劲松问道。

“前些年老百姓自发种植了一些，但收成不好，估计适合还是适合，怕是种植技术不成熟的问题。”村监委主任宋杰答道。

“技术问题好解决，我们可以邀请专家来指导！”工作队队长周淞说道。

说干就干，驻村扶贫工作队与村委一起协调邀请专家实地解决种植技术问题、谋划种植区域。就这样，利用退耕还林政策，高坡村成功种植板栗4000余亩，已有600余亩经济效益初显，实现了5000元/亩的纯收益。

高坡村内有一国有林场，由于海拔较高、湿度足够，林场里有自然生长的罗汉竹，长势旺盛，每年秋天都有许多老百姓自行前往挖竹笋，在集市上售卖的价格相当好。2019年，恰逢昭通市委、市政府在全市大力发展竹产业，根据方竹生长环境要求，高坡村的气候、地理条件都很适合，这对高坡村产业培育是一个绝佳的机会。为此，驻村扶贫工作队和村委立马抓住这个培育发展方竹产业的机会，及时成立了高坡村竹产业专业合作社，并引进专业的技术团队对竹产业进行培育、管理。目前，高坡村已种植方竹10000余亩，抚育成功后将获得4000元/亩以上的经济效益。

“因种植方竹的地块不允许种植高秆作物，对于世世代代种植玉米的百姓来说，一时半会儿无法接受。因此，刚开始去动员百姓种植方竹时候，群众抱怨多、意见大，觉得这个事情希望不大，不愿拿出土地。经过村上和驻村扶贫工作队反复入户做工作，召开群众会，不断做群众思想工作后，老百姓的思想从‘要我种’到‘我要种’发生了彻底的转变。今天种植下去的10000余亩方竹凝聚着我们大家的心血，是我们全村老百姓的希望和未来。”高坡村党委书记岳劲松回忆动员百姓种植方竹时感慨万千。

在一次纳支寨村民小组群众会议上，大家在讨论退耕还林发展什么时，一个村民说道：“你们要求这样种、那样种，干脆我们把土地交出来，你们统一规划、统一布局、统一管理，我们老百姓不管你们怎么干，只需要参与收益就行。”这个提议给驻村扶贫工作队打开了思路。会议结束后，扶贫工作队就会同村委及纳支寨的4名党员一起商讨这种发展模式，大家都一致认为这种方式值得尝试，只要实施得好是很有希望的，这是打破传统发展模式的一种创新。说干就干，驻村扶贫工作队同村干部及纳支寨4名党员走村串户、挨家挨户地谈想法、做工作，经过三番五次的商议、召开院坝会、群众会后，纳支寨全体村民统一了思想、达成了共识，决定变“单家独户干”为“大家一起干”，共同出土地、出劳力、出资金，走出了新发展的第一步。

2018年，纳支寨83户村民所有土地全部回归集体，并以集体名义成立合作社，全体村民以土地入股，由合作社统一管理、开发、经营，利用退耕还林等惠民政策统一发展了方竹产业，培育了养鸡、养鱼、养猪的生态农业，并同时开办了农家乐，发展乡村旅游。土地入股后，劳动力能够外出的集中输出务工，不能外出的在合作社组成劳务工作队，在本地建项目、培育产业时就近务工。

为解决土地承包责任制实行多年来客观存在的一些农户人多地少、人少地多的问题，合作社将收益按人口占50%、土地占30%、合作社占20%（其中5%作为村集体经济收入）的“532”分红标准，最大限度实现利益分配公平，平衡村民整体利益。

当初的理想变成了现实，如今的纳支寨五大产业已初步成形。一是养鸡产业，建成蛋鸡养殖场占地70亩，圈舍3幢2650平方米，养殖蛋鸡4万只，散养土鸡 1 万只，3 年后预计收益 150 万元。二是养鱼产业，建成鱼塘 4 个占地 16 亩，养殖中华鲟、鸭嘴鱼 3 万斤，鲤鱼、草鱼 1.2 万斤，3 年后预计收益 49 万元。三是竹产业，种植方竹 800 亩，采笋道、观景道、观光亭已建成，方竹 5 年丰产后可达 175 万元。四是酿酒业，计划以发展循环经济为目标，用当地优质水资源酿酒，日产酒 1000 斤，配套建设养猪场 1 个，养殖规模 8500 头，并用酒糟养鸡、养鱼。五是乡村旅游，充分发挥古彝族村落优势，着力打造彝族文化品牌。

昭通市自然资源和规划局一直以来高度重视“挂包帮”定点扶贫工作，3 年来真心实意、真金白银、真抓实干，投入帮扶项目资金 400 余万元，在产业培育、基础设施提升、人居环境整治方面切实巩固脱贫成效，做好与乡村振兴的衔接。经过这些年承前启后的不懈努力，高坡村建档立卡贫困户 495 户 2499 人在现行标准下已全部实现脱贫，消除了绝对贫困，将开启巩固脱贫成果、推进乡村振兴的新篇章。

（作者时任昭通市自然资源和规划局四级主任科员）

用问题导向开启昭通天麻产业发展新征程

梅　春

2017 年 12 月，在组织的信任和关心下，我担任昭通市天麻特产局局长，一下挑起了负责全市天麻产业发展的重担。作为一名主管全市天麻产业发展工作的部门主要负责人，我深知天麻产业作为全市高原特色“六个百亿元”产业之一，在全市产业振兴中具有较为重要的地位，感到肩上的担子十分沉重。几年来，我思考得最多和做得最多的是，天麻是全市最具特色和优势的产业，经过多年的发展，既取得不少的成效，也存在若干的问题和不足，如何才能在原有基础上，进一步统一思想，把全局干部职工和科技人员的力量凝聚起来，脚踏实地，开拓进取，让昭通天麻产业发展更上台阶。

深入调研　描绘蓝图

为找准制约天麻产业发展的问题和瓶颈，我和天麻特产局一班人深入到天麻种植县区、乡镇、地块及初深加工企业，通过实地考察、问卷调查、召开座谈会等多种形式，进行广泛深入的调研，希望能从基层工作实践中发现问题、分析问题，提炼经验、探索规律，并得到解决问题的措施办法。我认为，近些年来，昭通天麻产业发展中存在的主要问题是种源退化严重、品牌打造不够、精深加工滞后等问题。我经常与科室负责人深入分析研究，反复讨论解决问题的措施办法。同时，为学习借鉴其他产区天麻产业发展的成功做法和经验，我们又组织到湖北远安、云南昆明、贵州大方、四川彭州等地，就天麻基地建设、“两菌”生产、精深加工、营销等情况进行了考察学习。在深入分析查找存在问题和制约因素、反复研究讨论解决措施办法的基础上，我们有针对性地提出了“以品质提升为核心，以品牌打造为重点，以精深加工为突破”的工作思路。围绕天麻产业开发潜力大、涵盖范围广、产业链较长、就业空间广、带动能力强，是涉及第一、第二、第三产业的复合型产业群体，以及“短期能脱贫、长期能致富”的特点，我们研究制定了《昭通市天麻产业发展专项规划（2019—2021）》，确定了天麻产业发展的目标任务、基本原则、重点工作，为全市天麻产业发展描绘了蓝图。

规范种植　提质增效

针对昭通天麻种植散、乱、小，基地化、规模化、标准化程度不高，有的种植区域不适宜、不合理，产量和效益较低的实际，我带领科技人员深入一线，做好帮助指导。一是把标准化示范基地建设作为产业发展的基础和支撑。本着因地制宜、发挥优势、突出特色、形成规模、示范带动的原则，以“村党支部＋能人大户”或“专业合作社＋建档立卡户＋基地”的天麻产业发展模式，每年举办市县级科技示范样板5000余亩，引导以天麻为主导产业的贫困村中建档立卡贫困户规范种植天麻，动员每户种植天麻1—2亩，实现脱贫出列。同时，鼓励建档立卡户以林地、退耕还林资金等入股参与天麻种植基地、菌材林建设。二是开展种植技术培训。每年组织专家和技术人员深入企业、基地、核心示范样板等一线，引导天麻种植户使用良种良法，开展优良“两菌”、天麻有机和GAP种植技术等相关成熟技术的培训，加大天麻优质技术的推广普及。督促指导各天麻种植县区切实加大对天麻实用技术培训，实行“培训+产业”带动贫困户，将先进种植技术和方式精准培训到贫困户，无偿为麻农、协会、专业合作社开展技术培训指导，着力提高广大麻农、天麻企业员工和技术人员的技术水平，促进产业提质增效。通过大家的共同努力，有效提高了全市天麻种植标准化、规范化水平，天麻平均亩产从以往500—600斤提高到800—900斤，每亩增收9000元左右。

抓牢种源　提升品质

我在调研中发现，影响昭通天麻品质的核心是天麻良种和优质“两菌”，这也是我市天麻产业发展的老问题。麻种长期以来靠麻农自行繁育、相互调节导致种源退化，影响产量和品质；“两菌”主要依靠外省购买和本地小作坊生产，品种杂乱而且种源不稳定，从而影响天麻品质。因此，我们从解决天麻良种和优质“两菌”问题着手。一是加大良种选育和本地优质“两菌”筛选培育。依托市天麻研究院与昆明理工大学、西南林大、省农科院、云南农业大学等合作搭建的科研平台，开展昭通乌天麻良种选育和本地优质“两菌”筛选培育研究，为良种和“两菌”生产企业提供优质种源；二是培育良种和“两菌”生产企业。利用自身人脉和社会关系，找到昆明星耀集团董事长，全面介绍昭通天麻产业发展优势及未来工作计划，陪同该集团考察组到县区进行调研考察，促成昆明星耀集团成立了彝良茂丰天麻产业开发有限公司，投资建成了标准化的生产厂房和良种繁育基地。引进湖北森源生态科技股份有限公司先进成熟的“两菌”生产技术和专业人才，标准化生产了形状稳定的天麻良种种源和“两菌”种源。目前，该企业年产“两菌”达到300万余瓶，正在建设年产1000万瓶标准化“两菌”厂。通过公司统一生产、统一供给麻种和“两菌”，努力实现优质“两菌”、良种全覆盖，从源头上提升昭通天麻品质，保障麻农持续稳定增收。

创新科技　增强后劲

为了增强昭通天麻产业发展内生动力，为产业发展提供有力支撑，市天麻研究院科研人员结合生产实际组织开展了关键技术研究与攻关，在基础研究和新产品研发上取得新进展，加速科技成果转化，整体提升昭通天麻产业科技水平。一是强化科技对外合作与交流。加强与中国科学院上海药物研究所、中国中医科学院、福建农林大学、昆明理工大学等单位的合作，开展了天麻对心血管疾病的治疗作用及其机制、天麻对老年痴呆防治的药理作用、昭通天麻检测鉴别、替代菌材研究与开发、优质两菌和天麻良种的选育等合作项目。与中国医学科学院药用植物研究所合作，开展了天麻规范化栽培及天麻药效评价研究，从四种蜜环菌中筛选到了适宜小草坝天麻的最优菌株，提纯复壮分离出8个当地野生蜜环菌菌种。经过专家团队潜心研究，天麻良种繁育周期从一年半缩短至7个月，有效增加了天麻产业在脱贫攻坚上具有短期能脱贫、长期能致富的优势。同时，中国中医科学院植物研究所的研究表明，天麻具有镇痛、镇静、抗惊厥、抗血栓、抗衰老、降血压、改善学习记忆、保护神经等八大药理作用，为天麻新产品研发奠定了坚实基础。二是加强自主研发。充分发挥昭通市天麻研究院主体作用，切实做好天麻基础应用研究、天麻系列新产品研究开发以及天麻创新研发平台建设，开展天麻物质基础、仓储保鲜、产地鉴别、食用安全性及民间食用习俗、质量标准提高等基础研究，开展以天麻为基源的保健食品、地方特色食品、日化用品等新产品的开发，延长天麻产业链，大幅提升天麻附加值。自主开展天麻加工、乌天麻口含片开发、乌天麻种源纯化等10余项研究工作。三是促进科技成果转化。加快推进良种选育、“两菌”筛选、快速检测、保鲜技术、新型替代菌材等技术成果转化应用和示范推广。

宣传推介　树立品牌

为有效提升昭通天麻品牌影响和公众消费的认知度、知名度、美誉度，面对宣传基础薄弱、资金短缺的现状，我们在工作中千方百计筹集资金，采取多种方式，切实加大昭通天麻宣传推介和品牌打造力度。一是加大昭通天麻品牌宣传推介。围绕“昭通天麻”区域品牌，以国家地理标志产品昭通天麻和昭通天麻地理证明商标为主线加大昭通天麻品牌推介，组织企业、产业协会、专业合作社等参加各类产品推介会；利用新闻媒体、微电影、专题片、书籍、画册等进行广泛宣传。成功举办了第五届全国天麻会议暨中国（小草坝）天麻产业发展高峰论坛、昭通天麻北京推介会暨昭通天麻产业高峰论坛等专题推介活动，昭通天麻的知名度有了显著提高。二是积极开展昭通天麻品牌认证。围绕绿色安全产品加强认证，完成彝良乌天麻绿色无公害认证、8万亩有机产品天麻种植基地认证、正在开展生态原产地保护产品认证等一系列认证，统一打造昭通天麻区域公用品牌。核心区彝良荣获“国家林下经济及绿色特色产业示范基地”及“全国有机产品种植示范县”、被全国天麻大会授予“全国天麻生产先进县”等称号；昭通被授予“全国最具影响力天麻主产区”“中国乌天麻之乡”称号。2020年5月，中国品牌建设促进会联合中国资产评估协会等单位发布的“2020中国品牌价值评价信息”榜单中，“昭通天麻”进入“区域品牌”榜单前50强，以65.88亿元的品牌估值名列榜单第48位。

培育龙头　示范带动

针对市内天麻企业弱小、产品加工层次不高、天麻转化增值能力弱，新产品研发比较缓慢的实际，我带领园区办、产业发展科等科室切实加大招商引资力度，培育壮大龙头企业，推进精深加工，延伸产业链条，带动贫困农户增收。一是培育或引进了云南永孜堂制药有限公司、云南邦铭天麻生物科技有限公司、彝良茂丰天麻产业开发有限公司、彝良世彭汇公司及昭通市骅成制药有限公司等一批大中型企业。云南永孜堂制药有限公司生产的天麻醒脑胶囊单品产值达到 1.63 亿元，上缴税收 2000 余万元，解决就业 400 余人，辐射带动 5 万名麻农、药农脱贫致富。二是指导成立天麻专业合作社 391 个，示范带动天麻产业专业化、组织化发展。如盐津东胜中药材种植有限公司在盐津县柿子镇新生村桂林社组织 100 户农户参与建立天麻基地，通过保底价收购的方式解决了麻农销售的后顾之忧，极大地降低了价格波动导致麻农经济损失的风险，最大限度地保障了麻农利益，提高了广大天麻种植户的积极性和参与率，带动农户种植天麻 3600 亩；彝良县原生态天麻种植专业合作社发展会员有 158 户，带动农户 695 户，户均增收 12000 元。

（作者时任昭通市天麻特产局局长）

发挥地方高校学科和科技优势
助力昭通天麻产业发展

程立君　吴银梅

习近平总书记指出："发展产业是实现脱贫的根本之策。"在脱贫攻坚战进入决胜的关键阶段，按照中央关于脱贫攻坚工作部署要求，作为地方高等学校的昭通学院，切实履职尽责，充分发挥学校特色学科和科技优势，整合校内外资源，结合昭通市脱贫攻坚的实际，因地制宜，在昭通市天麻产业发展中，逐渐摸索出一条生物资源开发、生态环境保护与产业发展相结合的可持续生态扶贫途径。通过典型示范、技能培训及推广应用，用产业发展的实效助力贫困群众增收脱贫。

一、基本情况

昭通市地处云、贵、川三省接合部的乌蒙山片区腹地，集革命老区、民族散杂居地区、贫困地区、自然生态脆弱地区于一体。昭通市下辖 9 县 1 市 1 区，国土面积 2.3 万平方公里，居住着汉、彝、回、苗等 24 个民族 625 万人。在乌蒙山片区云、贵、川的 38 个县中，云南有 15 个县，其中 10 个县在昭通，所以昭通市是"贫中之贫、坚中之坚"的深度贫困地区，也是云南省脱贫攻坚的主战场和最难啃下的“硬骨头”。

昭通生物资源丰富，盛产野生优质中药材，其中昭通天麻驰名世界，质量和药效得到市场公认。《本草纲目》记载，天麻“治风虚、眩晕、头痛”，被誉为“定风草”“神草”。昭通乌天麻因个大、肥厚饱满、外形周正、断面明亮、肉质细而使其具有较高的商品外观品质。现代研究表明：昭通乌天麻农药残留、重金属含量极低，符合原生态有机食品标准，对高血压、抗惊厥、镇静、镇痛、增智、头昏、眼花、健脑、明目、强身等方面的药理作用明显优于其他天麻，深受消费者青睐，是天麻中的珍品。

昭通拥有最适宜天麻生长、特别是乌天麻生长的土壤环境和气候条件，绿水青山无污染。以昭通彝良县为中心的小草坝天麻主产区，有昭通最大的原始森林，四川盆地的暖流与云贵高原寒流交汇于此，气候属中亚热带季风气候，常年多雨多雾，气候湿凉潮湿，为优质天麻的生长提供了良好的自然环境。虽然昭通天 麻资源优势明显，但多年以来，天麻产品主要以原料形式进入市场，产品附加值不高，产业发展缺乏拉动力量，需要解决产品深加工和生态保护两个关键问题。针对昭通天麻产业发展的需求，昭通学院组织农学与生命科学学院教师深入开展天麻种植、产品开发、市场营销以及技能培训的帮扶工作，助推产业、人才和生态振兴，取得积极成效。

二、实施进展

自昭通精准扶贫工作启动以来，昭通学院党委书记、校长等学校领导高度重视产业扶贫工作，安排部署及实施了产业扶贫的具体行动。通过与科研院所、企业、合作社和农户共同合作，组织学校相关教师团队集中研究解决天麻产业发展的瓶颈问题，开展了以下内容的研究与实践。

（一）仿野生规范化种植技术研究与推广。重点围绕天麻种植过程中种植地点随意、种植方式不规范等问题。部分地方乌天麻种植模式与其生长特性和当地的气候环境相矛盾，造成天麻减产或无产的问题，研究制定了仿野生规范化种植技术手册，并进行推广。从2017年开始，农学与生命科学学院程立君老师带领的团队通过对昭通市天麻种植的实地调查，在总结经验和大量使用大田试验的基础上，结合昭通的气候环境条件，总结制定天麻仿野生种植技术，与企业、合作社以及农户合作，分别在昭通永善县团结乡、彝良县小草坝乡、大关县三江口等建立示范基地3个，取得了良好的效果，并逐步进行推广。几年来，开展技能培训30余场，培训贫困人口和技术人员2000余人，推广面积达3000余亩。在技术培训时，小草坝乡贫困户杨铠明说："以前种天麻收成靠运气，种三亩收一亩，遇到不好的年份颗粒无收，通过技术培训学到很多实在的技术，天麻产量有了保障，我对脱贫摘帽有了信心。"

（二）乌天麻优质高产栽培模式研究与推广。围绕乌天麻种植产量普遍不高的问题，通过研究不同种植模式和大田比较试验，研发形成乌天麻优质高产栽培模式，减少了木材的使用量，增加天麻产量的同时确保了天麻质量。在仿野生种植技术形成的基础上，为进一步提高天麻的产量和质量，增加农户收入，程立君老师及其团队进行深入研究，对现有的技术进行改良，探索形成了新的有性种植套种无性种植的新模式，在合作的公司、合作社和农户中天麻产量提升10%，亩产增值500余元。经过质量检测，天麻中的天麻素、巴利森苷类和多糖含量远高于药典要求，得到市场的广泛认可。通过试验推广，目前昭通市推广面积达5000余亩。

（三）替代菌材和菌材林研究。天麻种植需要大量使用木材，传统的种植对生态环境造成一定的压力，不利于产业的持续发展。老百姓靠种植天麻致富与林区生态环境保护成为一对矛盾。农学与生命科学学院黄先敏老师的团队针对这一问题，通过认真研究和大量的实验数据，提出了两条可行方案：一是通过废弃的苹果枝和桑树枝整合后开发天麻种植替代菌材；二是筛选适合种植的速生树种，在天麻种植区域配套种植，土地循环利用，有效解决了当前天麻种植菌材的问题。目前，替代菌材已经创造了500万元的产值，同时也保护了当地绿水青山的生态环境。

（四）乌天麻系列产品研发。为解决天麻的出路问题，团队2017年年初就开始着手，以中央引导地方科技发展资金项目支持筹建的昭通高原特色农产品检测平台、云南省高校农业废弃物资源化利用科技创新团队、昭通特色生物资源开发利用综合平台等研究平台作为依托，开展天麻精深加工产品的研发。昭通天麻正常生长的周期为3年，为了保证推广种植基地天麻的顺利销售，提升天麻品质，确保农户的生产效益，我们必须在3年内见到产品的成效。面对时间紧、研究任务重的特点，团队所有成员拧成一股绳，通过1000多天的持续攻关，深入分析天麻的药效成分和新化学物质成分，得到了3000多组数据。2019年，国家食品药品监督管理总局公布，天麻作为食药两用物质在云南和贵州进行试点。在利好政策的支持下，团队成员抓住时机，总结经验，不断验证，研究开发相关系列产品10个。通过与本土相关天麻企业合作，2019年上市产品3个，取得经济效益400余万元，对口帮扶企业昭通市鑫宏优天麻开发有限责任公司获得云南省农业产业化龙头企业称号，对口帮扶企业昭通古德生物科技有限公司获云南省高新技术企业称号。

三、主要特点

（一）以党建引领科技扶贫，充分发挥学校党委、行政在脱贫攻坚中的战斗堡垒作用。学校党委、行政把助力脱贫攻坚作为党建工作的一项重要政治任务和历史使命，深入基层调研，精心谋划，高位推动。协调多方力量组建科研团队，找出关键问题，克服多重困难，保障人才、技术、研发资金等到位，实打实干，件件落实。

（二）以科技引领产业发展，推动天麻产业的提质增效。乌蒙山深度贫困地区产业发展落后，大多还处于一家一户分散的小生产方式。通过昭通学院教师科研团队将多方力量整合，将科学技术融入企业、合作社、农户，形成利益联结体系，逐步形成规模化、组织化的高效模式，让企业带动合作社，带动农户，让贫困户与产业发展同步受益。

（三）以绿色发展方式，坚持可持续发展路径。习近平总书记指出："我们绝不能以牺牲生态环境为代价换取经济的一时发展。"传统的天麻产业发展需要大量木材，给生态环境造成一定影响，通过昭通学院教师科研团队技术攻关找到木材的替代品，利用废弃苹果枝条和桑树枝条整合替代菌材，解决产业发展的瓶颈问题，形成绿色发展方式，既发展了产业，又保护了生态环境，闯出一条贫困地区天麻产业可持续发展的路径。

（四）以人才培养为核心，培养本土产业人才。昭通学院 2018 年成立天麻研究院和天麻学院，天麻研究院以教师科研团队对昭通天麻产业瓶颈和难题进行攻关，天麻学院则为学生和产业技术人员全产业链开课，从栽培、两菌生产、加工、市场营销等方面进行人才培养，力求培养在校学生和学员的专业知识及应用能力，助力昭通天麻产业的发展。

四、成效经验

昭通学院作为一所地方高校，必须立足于区域发展的要求，服务地方经济社会发展的实际，承担起相应的社会责任与使命担当，发挥高校的学科优势和科技优势，助力地方产业发展和脱贫攻坚。学院充分利用其在农学、食品安全和市场营销上的科研优势，与地方的优势资源有机结合，以本土人才、技术和资金为依托，全力服务脱贫攻坚，助力地方乡村振兴。

（一）推动天麻企业发展，助力农户增产增收。2019 年，昭通市天麻种植面积稳定在8万亩，覆盖7个县区41个乡镇92个行政村2万余户10万余人，其中建档立卡贫困户6051户25600人，天麻种植区域贫困人口人均纯收入4450元以上，综合产值达50亿元以上。昭通学院通过与多方合作，2018年至今，在重点贫困区域开展技能培训30余场，培训贫困人口和技术人员2000余人，推广标准化优质高产种植技术5000余亩，亩产提升10%，增值500余元，开发相关系列产品10个，预计2023年标准化优质高产种植技术将推广至2万余亩，开发的天麻相关系列加工产品产值达2000余万元。

（二）研发替代菌材，守护绿水青山。传统天麻种植采伐木材，每亩天麻需要3000多斤木材，大约需要砍伐15棵树，大面积的天麻种植对生态影响极大。集中攻关，突破传统天麻种植长期以来采伐自然林的难题，通过利用废弃的苹果枝和桑树枝研发替代菌材和筛选适合的速生树种进行配套种植，减少和杜绝无限度的砍伐木材，守护了绿水青山，有力促进了昭通市天麻产业的可持续发展。

（三）以科研攻关为突破点，助力地方产业扶贫。目前，团队教师利用申请的国家、省、市相关科研课题《云南乌蒙山国家级自然保护区周边社区发展食用菌产业的技术集成与推广》《不同产地天麻中巴利森苷和多糖含量的差异性研究》《昭通天麻多糖的抗氧化活性研究与产品开发》《天麻中蛋白质调控天麻主要酚类物质转化和积累机制研究》《利用桑树枝条进行天麻生产的研究》《工厂化培育天麻种球茎的研究》等20余项，解决天麻产业发展中存在的问题。同时，我们坚持产业扶贫要立足长远发展，为提升产业质量，通过科技提升和收效的增加，激发农户的内生动力，把文化和产业发展有机融合，提高了农户自身的科技水平和文化素质，避免脱贫后再返贫的现象。

（作者吴银梅时任昭通学院农学与生命科学学院党总支书记，程立君时任昭通学院农学与生命科学教学科研科科长）

着力打造水电铝材一体化示范基地
为巩固脱贫成果提供长效支撑

马　勇

昭通水电铝项目是我市鲁甸6.5级地震灾后恢复重建项目。鲁甸地震发生后，党中央、国务院高度重视和关怀，为提振昭通恢复重建的信心、助力如期完成脱贫攻坚任务，国务院先后出台了《国务院关于支持鲁甸地震灾后恢复重建政策措施的意见》（国发〔2014〕57号）、《国务院关于印发鲁甸地震灾后恢复重建总体规划的通知》（国发〔2014〕56号），对灾区灾后恢复重建提出了“支持灾区发挥水电资源优势，推进冶电联营，合理布局水电铝等清洁载能产业。提高铅、锌、铝、银等矿产资源深加工水平，加快建材、化工等产业技术改造，增强市场竞争力。提高现有省级工业园区承载力，引导企业集聚，发展循环经济和绿色经济”的总体要求，为水电铝项目落地我市奠定了坚实基础。

一、紧锣密鼓，奋力推进项目建设前期工作

根据国发〔2014〕56号和57号文件精神，2015年，云冶集团、云铝股份响应国务院、云南省委省政府支持鲁甸地震灾后恢复重建的号召，发

挥企业的产业优势、技术优势，以及昭通拥有的丰富清洁水电资源优势，支持昭通消纳留存电量和中小水电，减少弃水，规划建设水电铝项目。

2015 年 1 月 14 日至 16 日，云冶集团、云铝股份到昭阳区、鲁甸县开展水电铝项目建设前期工作调研。调研组在昭通市、县区有关部门领导的陪同下先后到了昭阳区守望乡八仙村大坪子、青岗岭乡杜家梁子，鲁甸县桃源乡鸭子塘、江底镇跛脚村实地查看项目预选厂址。之后，我们与第三方专业机构数次翻山越岭、爬坡上坎进行实地勘测，并从地质条件、资源利用、交通运输、征地移民、社会影响等方面因素进行了综合比较分析，最终确定了青岗岭乡杜家梁子作为项目的选址地块。

2015 年 6 月 18 日，省政府在昭通召开了鲁甸 6.5 级地震灾后恢复重建水电铝项目现场办公会，就项目建设有关工作做了安排部署。9 月 6 日，昭通市成立了以市长为组长、7 位副市长和昭阳区委主要领导为副组长、市级相关部门和昭阳区政府主要领导为成员的鲁甸 6.5 级地震灾后恢复重建水电铝项目建设协调领导小组。9 月 21 日，昭通与云冶集团在昭阳区签署《鲁甸 6.5 级地震灾后恢复重建水电铝项目框架协议》，达成在我们境内投资建设鲁甸 6.5 级地震灾后恢复重建水电铝项目，项目规模为年产 70 万吨电解铝生产线（含生产、办公、生活辅助设施）建设，估算总投资约 60 亿元。

为依法合规推进项目建设，自合作协议签订后，我们市工信委及市直相关部门积极与省级相关部门和项目业主对接沟通，频繁往来昆明，先后办理了《项目选址报告专家组意见书》《项目可行性研究报告》《节能评估报告书》《职业卫生预评价报告书》《水土保持评估报告》《项目地形测绘报告》《水资源论证报告》《矿产压覆报告》《地质灾害评估报告》《林地可研报告》《安全评价报告》《昭阳工业园区规划环评报告》《项目社会风险评估报告》《环境影响评价报告书》等系列手续。在取得相关手续后，2016 年 9 月 28 日，鲁甸 6.5 级地震灾后恢复重建水电铝项目正式启动建设。

二、披荆斩棘，我们齐心协力攻克项目建设难关

项目选址地属构造侵蚀、溶蚀中山丘陵地貌，地质结构复杂、山高坡陡、千沟万壑，冬春季节多雨雪，平均海拔在2100米左右，占地2200余亩，土方工程量达1700余万方、填方量860余万方、挖方量870余万方，涉及搬迁住户67户、坟墓239冢。在面对复杂的地质条件、巨大的工程开挖填方量和恶劣的气候环境下，项目业主云铝海鑫公司把办公地点前移至项目现场，采取一、二期同步交叉施工等方式，同步场平、同步打孔、同步推进厂房基础建设，并不断拓宽工作面，增加施工机械设备及人员投入力度，24小时轮班作业。在确保质量和安全的前提下，抢时间、抓进度，上百台机械设备日夜运转，数百人轮番作业。同时，按照“开工不停工”的要求，我们加强与项目业主对接协调，积极办理项目建设相关手续，不断加大外部环境维护，有效处理了干扰施工、阻工等问题。

自开工建设以来，项目得到了省委、省政府的高度重视和省级各部门的大力支持。2017年9月9日，时任省政府省长的阮成发同志亲临项目现场调研并就项目建设有关工作做出指示。我们更是把该项目作为全市的重点工程，杨亚林书记、郭大进市长多次牵头召开会议研究部署项目建设相关工作。2016年，该项目被列入云南省“四个一百”重点项目和省政府重点督查的20个重点项目之一。2017年和2018年，该项目分别获得了省工信委1000万元和500万元的工业和信息化发展专项资金扶持。

在各级各部门和云铝海鑫公司的共同努力下，项目从2017年10月13日土建开工至2018年7月17日项目一期一段安全稳定高效投产，仅用时277天，创造了行业内在气候较为不利、地质条件较为复杂、施工较为困难条件下的昭通速度。

2019年6月30日，项目一期33万吨产能296台电解槽通电投产，实现了一期满负荷生产，云铝海鑫原铝产量达到880吨/天。至2020年8月

底，已累计生产铝锭 48.79 万吨，实现工业总产值 60.21 亿元。外销铝锭 41.76 万吨（不含试生产），合金 0.85 万吨，实现销售收入 51.67 亿元。目前云铝海鑫共有用工总数 859 人，其中含昭通籍员工 327 人，建档立卡贫困户员工 72 人。

截至 2020 年 9 月，云铝海鑫公司共有 3 个下游深加工项目。2020 年 5 月 28 日，10 万吨 A356 铝合金方棒项目开始进行试生产，至 8 月 31 日，已生产铝合金棒 0.97 万吨、实现工业总产值 1.32 亿元。5 万吨 / 年 T 型锭生产线项目于 2020 年 6 月 20 日开始进铝，至 8 月 31 日，已生产 T 型铝锭 0.19 万吨、实现工业总产值 0.26 亿元。7.5 万吨 / 年高端航空用铝合金扁锭项目熔炼炉基本安装完成，预计 2020 年 9 月中旬进行试生产。

项目二期土建工程于 2019 年 8 月全面进场开工。受疫情等因素影响，二期一段于 2020 年 9 月 6 日正式通电投产，二、三段设备进场及安装有序推进，计划与配套的昭阳（明通）500 千伏变电站及外部供电线路架设同步推进，整体项目预计 2020 年年底建成。项目全面建成投产后，预计年产值可达 120 亿元，就近消纳水电 110 亿度，上缴利税 8 亿元，增加就业岗位 3000 个。

三、展望未来，昭通水电铝材一体化发展大有可期

70 万吨水电铝项目落地后，打造中国西部重要的清洁示范载能基地，推动水电铝材一体化、规模化、集群化发展，是我们的“十三五”和“十四五”期间的发展目标。按照省委、省政府打造绿色能源牌的战略部署，我们出台《昭通市绿色能源产业招商引资办法（试行）》，积极会同中铝集团方面开展水电铝材下游产业招商引资，与重庆银翔、四川奇瑞、东方希望集团等企业进行洽谈，促成安徽恒坤铝业、广东东兴铝业集团、山东创新集团等

企业到我市考察。同时，抢抓广东省东莞市、中山市对口帮扶和深圳市扶贫协作机遇，与市政府驻深圳、杭州招商联络处密切配合，积极与广东、浙江等地水电铝下游企业进行深层次对接，全力打造水电铝材一体化发展格局。

2019 年 4 月，我们与云铝股份在昆明市举行座谈，达成了由云铝股份负责编制昭通水电铝项目下游产业发展规划，并在年内引进 2 户产能规模不低于 10 万吨的下游企业落地昭通的共识。目前，云铝海鑫正在按照中铝集团要求编制“十四五”规划，昭通 70 万吨水电铝项目铝深加工总体规划将在云铝海鑫公司“十四五”规划获批后统一实施。同时，为吸引一批铝产业下游加工项目落地，按照铝水就地转化发展下游产业链的要求，我们及时完成了昭阳工业园区白沙片区铝产业园 2.25 平方公里面积 1∶500 的地形测量和图纸制作，并对该地块土地类别及数量、林地类别及数量进行了测算，切实为铝产业园规划设计、用地报批及项目规划布局等前期工作打好基础。

只要我们按照全省绿色铝材加工一体化产业战略布局，秉承绿色发展、可持续发展理念，坚持政府引导、市场导向、环境优先、结构优化的原则，以 70 万吨水电铝项目及下游产业为依托，以绿色铝材加工一体化建设为核心，充分发挥能源优势、区位优势、政策优势和承接产业转移的后发优势，积极打造“建筑家具铝材、电力电子铝材、耐用消费铝材、机械铝材、车用铝材”五大产业链，形成铝产业链上、中、下齐全，铝产品初端、中端、高端配套的铝产业发展格局，全力把昭通打造成为西南地区绿色铝材一体化产业示范基地，通过大产业、大项目带动大发展，昭通工业的高质量跨越发展一定前景可期。

（作者时任昭通市工业和信息化局重工科副科长）

第三编　创新机制求发展

在脱贫攻坚战场上挺起供销脊梁

赵声满

人生的意义不在于拿到一手好牌，而在于把一手不好的牌打好。人生如是，工作如是。

2016 年 5 月，受组织安排，我调任昭通市供销社党组书记、主任。之前的昭通供销，在 60 余年的发展进程中历经了“两分两合”，潮涨潮落，渐行渐远。在计划经济的时代红利逐渐退去后，昭通供销企业经历了全面改革改制的阵痛期，全市 143 个乡镇基层供销社人走楼易、阵地丢失、功能丧失，步履蹒跚的昭通供销正悄悄地滑向历史舞台的边沿。看着眼前厚厚的供销年鉴，品味着字里行间的昔日辉煌。昭通供销，我要怎样赢回你的尊严？我在心底苦苦思索。在企业、在流通、还是在……对，在人民，在当下，在脱贫攻坚！我心里的那一盏灯瞬间亮了起来。

接下来的一个月，我马不停蹄跑完了 11 个县（市、区），在田间地头与人民群众话家常唠产业，在供销陈旧不堪的办公楼里与老同志们谈供销、谋发展。“供销社还在吗？”“供销工作不好干噢，现在什么都没有了！”面对基层同志的灰心失望、无助迷茫，我暗下决心，一定要让大家重新认识供销、接纳供销，相信“供销还在”。一个月后，我在市供销社组织开展了一次“做合格党员、谋供销发展、助推脱贫攻坚”主题活动，向全体干部职工“开门纳谏”、集思广益，就如何发挥昭通供销优势，主动融入市委、市政府中心工作，主动分担脱贫攻坚重任进行了深入研讨，分析提出了实施产业脱贫是打赢脱贫攻坚战的难点，而发展农民专业合作社是推动贫困村产业扶贫的一个重要突破口，是实现千家万户的小生产与千变万化的大市场有效对接的平台的思路和想法。随后，我们向市委、市政府提出了“先发展、后规范、再提升”的农民专业合作社发展建议，得到了市委、市政府领导的认可和支持。

“声满，脱贫攻坚时间紧急，需要把贫困群众组织起来抱团发展，用一个月的时间，先把架子搭起来，实现 825 个贫困村农民专业合作社全覆盖，是否办得到？”市委原副书记王忠在全市加快发展贫困村农民专业合作社工作会议上点将。“办得到，只要组织信任供销、支持供销，我们坚决完成任务！”在人们带着质疑的目光中，我坚定地回答道。我不能有丝毫犹豫，因为这是供销重振信心、重塑形象、重回群众视野的一次重要契机，我们没有退路，必须抓住。随后的一个月里，我将市社机关干部集中起来，老中青结合组建了工作专班，摸底的摸底、调研的调研、协调的协调、对接的对接。白天调研，晚上研讨。一个月后，我带着眼泛血丝的窦家义、李家鸿、罗雪 3 位同志向市委汇报，“至 2016 年 9 月底，昭通全面完成了 302 个农民专业合作社空白村新建任务，825 个贫困村实现了农民专业合作社全覆盖”。在全社干部职工会议上，我兴奋地向干部职工传达了市委领导的指示精神。由于我们工作上的努力，市委编委根据工作需要为市供销社增设合作指导科，增加人员编制 4 名。多年了，这是组织对昭通供销的第一次褒奖。第一次，我看到了老职工脸上流露出的欣慰；第一次，我看见了年轻同志胸中展现的自豪。特别是一个月没能照顾到家庭的罗雪同志，眼泪噙在眼眶里。作为一个年轻的母亲，她在这一个月已经放弃了所有的周末和节假日休息时间，把孩子寄放在了“学生之家”，我能理解她此刻的心情，但供销未来的路，脱贫攻坚的路，还要靠这些同志继续往前蹚！

又一次，全体干部职工坐到了一起。这次，是 2016 年的年终总结和 2017 年工作部署会，不同的是面孔变了。县区的供销社主任上来了，通过反复协调争取在县区借用的 4 名年轻同志已全部到位，年轻的面孔渐渐多了起来，给了我更大的信心和底气。我在会上向全体干部职工宣布：“经党组研究，2017 年的主要任务是实施‘五个一’工程，实现全市有 1 个国家级示范社、每个县有 1 个省级示范社、每个乡镇有 1 个市级示范社、每个村有 1 个县级示范社、协调创新开发 1 款农民专业合作社金融产品的目标，大家有没有信心？”“有！”短促而有力的回答，让我看到了昭通供销重新升起的曙光。这一年，昭通市供销社在全市 11 县（市、区）建立了农民合作社综合服务中心，为全市贫困村农民专业合作社免费提供财务代理、政策咨询、项目申报等服务。在扎西干部学院举办的 3 期“牢记使命——学习贯彻党的十九大精神专题培训班”上，市委专门安排半天时间，要求我将“村级党组织引领合作社走、合作社跟着产业走、农民跟着合作社走”的发展思路，把规范发展农民专业合作社作为助推产业扶贫、壮大村级集体经济的重要抓手，全力推动全市农民专业合作社规范发展，带动贫困群众稳定增收脱贫等办法措施，以及农民专业合作社与壮大村级集体经济的关系，与全市 146 个乡镇党委书记、乡镇长、优秀村支书主任进行分享。会后，许多基层同志拷贝了课件，农民专业合作社规范发展工作得到了基层的大力支持，供销终于重回了群众视野。这一年，昭通已累计发展农民专业合作社 5752 个，比 2015 年前增长了近一倍，入社贫困农户累计达到 7.9 万户，成功创建了一批组织化程度高、带动能力强、示范效果好的国家、省、市级示范社，并创新发展了部分农民专业合作社联合社，真正实现了农民专业合作社的抱团发展。昭通推动发展贫困村农民专业合作社全覆盖的做法，引起了社会各界高度关注，《人民日报》《云南日报》《昭通日报》及昭通电台等各级媒体进行专题报道。中华全国供销总社邹天敬副主任到昭通调研时，了解到昭通农民专业合作社发展情况后，指示要求将昭通农民专业合作社助推脱贫攻坚的典型经验材料专门上报总社。

2018 年开始，昭通供销按照“三联结、四规范、五统一”的标准，加快推进农民专业合作社规范发展，在全市基本建立了市、县、乡、村四级联动推进农民专业合作社规范发展的工作机制，初步形成了市级督促指导统筹抓、县乡落实责任具体抓、村级党组织引领发展、农民群众积极参与的工作格局。探索总结出了以党支部引领为主导的“十大”发展模式，党支部引领、监督、服务合作社在全市实现了村级全覆盖。就在这一年，习近平总书记在浙江提出的生产合作、供销合作、信用合作“三位一体”深改模式，昭通供销及时学习贯彻，在全省率先进行探索实践。依托省农担公司昭通办事处，在各县（市、区）推进建立了“政府 + 担保公司 + 银行 + 合作社”四位一体的金融服务模式和风险分担机制，积极为合作社及入社成员解决贷款难题，共为相关金融机构推荐了 15 批次共 1997 个有信贷需求的合作社，累计出具担保意向函 2.6 亿元，落地金额 1.55 亿元。昭通供销再一次用实际行动体现了新担当，展现了新作为。云南省供销社副主任崔红在昭通调研时感慨道：“欠发达地方也有供销合作社的发展方式！”

2019 年，昭通率先在全省提出抓农民专业合作社规范提升促进质量提升，指导全市合作社与入社群众建立了较为完善的利益联结机制，农民专业合作社进一步扩大到 6893 个，带动有产业发展条件的贫困户 26.35 万户加入合作社，累计创建国家、省级、市级示范社 488 个。各合作社通过入股分红、土地流转、就地务工、销售农副产品等方式，带动入社贫困户户均增收 2000 元以上。同时，我们加大“空壳社”“僵尸社”的清理整顿力度，全市累计注销、吊销合作社 1842 个，是 2016 年年底的 12 倍多。昭通市清理“空壳社”典型经验被省供销社在全省推广，市政府陈真永常务副市长批示，市供销社工作很实在，成效明显，应表扬。郭大进市长批示，市供销合作社在脱贫攻坚中担当作为，取得成效并得到省社认可，值得肯定和表扬，希望继续努力，发挥好农民专业合作社带动群众致富和产业扶贫的作用，为全市打好打赢脱贫攻坚战再立新功。

各级领导的肯定，坚定了昭通供销抓实农民专业合作社规范发展助力脱贫攻坚的信心。目前，全市登记在册合作社已突破 7000 个，培育了以大关琦鑫合作社、永善永兴合作社等为代表的 18 个国家级合作示范社，创建市级以上示范社 542 个，带动入社贫困户户均增收 2000 元以上，不仅有效解决了农村留守劳动力（多数为老人、妇女）就近务工无条件的问题，也辐射带动 20.4 万户贫困户实现脱贫。2020 年，昭通供销在抓农民专业合作社规范提升促进质量提升的同时，开始把目光投向农产品流通领域，通过指导成立昭通供联公司，与广东东莞、中山等省内外供销社建立“供销联盟”，与昭通日报社合作开展网络直播带货，推动农民专业合作社农产品走出昭通。截至 2020 年 9 月，通过供销渠道签订各类农产品购销合同 2550.5 万元，实现成交 1267.29 万元，为农民专业合作社发展注入了新动能。

“惟其艰难才更需勇毅，惟其笃行才弥足珍贵。”昭通供销能历经坎坷而不倒，饱经风雨而新生，关键在于坚持党的领导，紧跟时代步伐，抓住了农民专业合作社规范发展这个核心，从而在基层社功能丧失殆尽的严峻形势下找到了助农增收新载体，开辟了为农服务新天地，重新擦亮了供销“金字招牌”，实现了昭通供销的凤凰涅槃、浴火重生。

“既然选择了远方，便只顾风雨兼程。”这句名言，既以自律，也勉励挺胸战斗在脱贫攻坚一线的供销同志们。

（作者时任昭通市供销合作社联合社党组书记、理事会主任）

引领昭通天麻发展的第一专业合作社

宋　兵

昭通彝良县小草坝常年多雨多雾、潮湿的气候特点和地理环境，特别适合天麻的生长，孕育出了驰名中外的“小草坝天麻”，是昭通的天麻种植核心区。随着昭通不断加快推进天麻产业发展的步伐，涌现出一批敢于探索实践新技术、新方法，不断推动天麻产业发展、助力脱贫攻坚取得实效的种植专业合作社，其中彝良县原生态天麻种植专业合作社充分发挥了示范带动作用。

组织麻农入社　实现抱团发展

随着天麻之父周铉教授改写天麻不能人工种植的历史，昭通天麻发展进入了新的时代。彝良县原生态天麻种植专业合作的发起人杨洪述通过多年的摸索与实践，探索出一套高效天麻种植技术。为了把产业做大做强，带领乡亲们脱贫致富，杨洪述挨家挨户做动员，发动大家抱团发展天麻产业。起初，很多群众都有不少疑虑，经过耐心细致地动员，终于说服本社 42 户农户入社。2008 年 6 月，昭通市第一家以天麻种植为主的专业合作社——彝良县原生态天麻种植专业合作社成立了，杨洪述任理事长。

现任专业合作社理事长杨星明说，专业合作社成立以来，始终秉承种植技术互通、抱团发展的理念，摒弃了“单打独斗办法少，遇到困难往后跑”老思想，共同推广和探索天麻种植新方法，解决了不少天麻种植发展过程中的困难和问题。随着天麻种植效益的不断提高，加入合作社的社员不断增加，截至 2019 年年底，已吸纳成员 158 户 710 人，其中建档立卡贫困户 48 户 216 人。

攻克技术难题　提升天麻品质

为了解全国天麻的种植情况，杨洪述、杨星明父子经过多次到安徽、湖北、贵州等天麻主产区考察调研，发现天麻价格普遍较低，其主要原因是天麻品质不高，天麻素含量远低于小草坝产区的天麻。经过分析研判，发现症结出在麻种和“两菌”（萌发菌和蜜环菌）上，要攻克这个难关，就要选育好优质的良种和“两菌”提供给麻农。于是，在育种和培育“两菌”的时令，杨洪述亲自带头示范培育麻种，开展了多次研究实验。杨洪述每天都要在基地上工作 10 多个小时，干得筋疲力尽才休息。尤其是培育优质“两菌”时，更是顾不上休息，深更半夜还在实验室不停地工作，付出了别人难以想象的辛劳。功夫不负有心人，经过长年的不断总结和实践，优质的良种和“两菌”扩繁终于取得成功，专业合作社将优质的良种和“两菌”提供给麻农。在大面栽种时，合作社派出技术指导员一家一家地深入现场指导麻农栽种，从源头上确保了天麻的品质。到了天麻采收季节，鲜天麻个大饱满，不仅产量大幅度提高，而且口感也很好，产量每亩平均高出周边县区 200 市斤左右。专业合作社因此远近闻名，麻农们都乐意跟着专业合作社种植天麻，带动辐射能力进一步增强。

多方拓展市场　确保麻农增收

随着良种和“两菌”的扩繁成功以及种植技术的成熟推广，合作社天麻种植规模和产量不断提高，如何确保销得出去、实现收入的问题又摆在了杨洪述父子面前。他们探索出一条路子，按照“企业 + 专业合作社 + 麻农”的模式，专业合作社以高出市场 2 元的价格，收购麻农种植的天麻，解决天麻能够收起来的问题，确保麻农增产增收。然后专业合作社又与云南邦铭天麻生物科技有限责任公司、云南永孜堂制药有限责任公司等企业长期合作，为企业生产天麻日化用品、天麻药品提供原料；与彝良小草坝国际交易中心合作，通过交易中心销售平台，将天麻销往全国各地，解决了天麻的销售问题。

据杨星明介绍，最近几年，专业合作社的天麻临近上市就全部下了订单，天麻供不应求不愁卖，销售价格一般都要比周边的县区高出 5—10 元 / 市斤，建档立卡贫困户平均增收 1.2 万元左右。

发挥龙头作用　带动返乡创业

彝良县原生态天麻种植专业合作社，带动了广大麻农空前高涨的热情，共带动农户 695 户 3120 人，麻农实实在在感受到采用新科技种植天麻，比以往翻一番的收益和效果，人们积极要求入社，户户奋勇当先种天麻，不少外出打工的看到种植天麻效益高，又可回家照顾家人，比出门打工还划算，纷纷回家加入了种植天麻的行业。

杨星明说，以前有很多人种天麻，单家独户的，由于品种和技术等多种原因失败了，有的负债累累，只好外出打工，现在听说合作社采用新技术种天麻收益好，产量翻一番，就从外面回来了，参加了合作社种天麻，果然发了！他们有的还了欠款，有的掀掉烂草房、建起了水泥平房，广大麻农的积极性调动起来了，同时也带动了整个小草坝天麻产业的发展。

筑牢产业根基　永葆产业兴旺

彝良县原生态天麻种植专业合作社同麻农一路走来，在带领麻农种植天麻的过程中，得到了昆明农业科学院植物研究所、云南农业大学中药材指导中心、云南省高原特色农业研究院、昭通市天麻研究院等高校、院所的技术支持，突破了产业发展的关键技术瓶颈，使专业合作社取得长足的进步，也获得了若干荣誉。2012 年，专业合作社被云南省科技厅评为“中药现代化科技产业（云南）基地”“中药材（天麻）良种繁育基地”，被云南省林业厅、云南省财政厅、云南省供销合作社联合社联合评为“云南省林农专业合作社省级示范社”；2013 年，被昭通市农业局评为“市级示范社”，被彝良县职业技术高级中学确定为“天麻种植实作基地”；2014 年成为云南省公共关系协会常务理事单位；2015 年获准使用“昭通天麻”地理标志保护产品专用标志企业。杨洪述本人 2010 年 3 月在北京出席全国供销合作社第五次代表大会，受到时任国务院副总理李克强的亲切接见；2012 年被中国扶贫基金会、国务院发展研究中心农村经济研究部联合评为“创业之星”；被中国企业发展自主创新论坛组委会评为“中国杰出创新人物”；2013 年被全国天麻会议组委会推荐为“中国天麻产业联盟”副主席，2015 年被中共彝良县委、县人民政府评为彝良县首届“优秀人才”。合作社成立之初，注册资金 20 万元，目前注册资金增资到 200 万元。2015 年，合作社种植的天麻通过有机认证。现有林地资源 3200 余亩，建有天麻种植基地 1500 余亩，天麻良种繁育基地 100 亩，合作社社员户均天麻种植年收入已经超过 10 万元。

彝良县原生态天麻种植专业合作社的成立，解决了天麻产业发展中各家各户各自为战、新技术不能交流、新信息闭塞、销售难等困局，带动了周边乡镇农民种麻脱贫，成为昭通众多天麻种植专业合作社中的一面旗帜，为昭通天麻产业的健康发展做出了贡献。

（作者时任昭通市天麻特产局产业发展科负责人）

抓合作社规范提升　推进“三个全覆盖”

施绍洪

为充分发挥农民专业合作社在提高农民组织化水平、促进农业产业规模化发展、增加农民收入、促进脱贫攻坚的作用，近年来，中共昭通市委、市人民政府相继出台了《昭通市人民政府关于促进农民专业合作社规范发展的实施意见》（昭政发〔2016〕48 号）、《中共昭通市委办公室　昭通市人民政府办公室关于做好规范提升农民专业合作社工作的通知》（昭办通〔2018〕56 号）、《昭通市开展农民专业合作社“空壳社”专项清理行动方案》（昭农领办发〔2019〕4 号）、《昭通市深入推进农民专业合作社规范提升行动促进质量提升工作方案》（昭农领办发〔2020〕6 号）等一系列文件、政策措施，有力地推动了全市农民专业合作社的健康发展。

截至 2020 年 7 月，全市依法登记注册的合作社共 7013 个，比 2015 年年底的 2887 个增加了 4126 个，增长 142.9%，入社农户达 34.04 万户，比 2015 年增加了 2.35 倍，其中入社贫困户达 26.35 万户。全市共组建合作社联合社 46 个。

2018 年，为确保农民专业合作社运行规范，质量提升，全市成立了市委农办牵头，市农业农村、供销、发改、林草、水利、市场监管、扶贫、税务、昭通银保监分局等 11 个部门组成的推进农民专业合作社规范提升行动促进质量提升领导小组，并在市供销社下设办公室，统筹协调推进“双提升”工作。按照“三联结、四规范、五统一”的标准，全面开展农民专业合作社“空壳社”清理工作，对全市农民专业合作社进行分类管理，按照运行较好、运行一般、没有运行（异常）进行分类，通过清理，列入经营异常名录1076个，吊销、注销2217个。

2019年，以在大关县开展的全国农民专业合作社质量提升整县推进试点县为契机，围绕苹果、马铃薯、天麻、花椒、竹子、特色养殖等高原特色产业发展，指导各县（市、区）开展合作社规范与质量“双提升”工作，完成规范提升农民专业合作社472个。大力开展国家、省、市、县（市、区）四级联创活动，开展多级示范社申报评定工作，共创建国家、省级、市级示范社542个，比2015年年底的119个增加了423个，增长355.5%。专业合作社的规范提升，有力地推动了昭通高原特色产业的“良种良法、高度组织化集约化、党支部＋合作社”三个全覆盖，助力昭通高原特色产业健康发展。

绥江县华艳水果种植专业合作社成立于2016年3月，主要从事草莓种植和草莓幼苗的培育与销售。理事长杨华系绥江县板栗镇罗坪村人，也是乡亲们眼里的致富能人。板栗镇罗坪村山高坡陡，没有产业支撑，大部分村民主要靠外出务工为生，为寻找一条适合村民们脱贫致富的路子，杨华在罗坪村一组成立了华艳水果种植专业合作社，合作社通过土地入股方式吸纳社员268户，其中建档立卡贫困户33户，种植草莓120亩，育苗基地20亩。在杨华的带领下，合作社年年有收益，社员年年有分红，合作社还常年吸纳上百名因各种原因走不出大山的贫困群众在家门口就业。合作社成立3年多来，年均实现纯利润100万元以上。

马计贵、李兴国二位能人发起成立的鲁甸县计贵种养专业合作社，主要发展林下土鸡养殖。合作社采用“合作社＋基地＋农户”的养殖模式，从良种供给、技术服务、保底回收、统一销售等全方位、一条龙服务，既解决了合作社资金不足、场地有限等困难，又解决了养殖户不懂技术或技术单一、市场开拓能力不足等短板，实现了合作社、养殖户“双赢”。通过

5 年多的发展，合作社成员从最初的 10 多户发展到 97 户，从一个乡镇示范养殖区发展到涉及 3 个乡镇的示范养殖区，年均出栏土鸡超过 10 万只，入社社员户均收入 3 万多元，间接带动从事养鸡行业群众上千人，成为鲁甸县林下土鸡养殖的“领头雁”。

永善县甘杉村永兴中药材种植专业合作社理事长谭德才，是永善县茂林镇甘杉村谭家营村民小组人。2013 年，由于因公负伤致残和年满 60 岁，谭德才从甘杉村党总支书记、村主任的岗位上退了下来。2014 年，他带领 86 户群众成立了甘杉村永兴中药材种植专业合作社，种植党参 600 亩，村民们通过土地和自筹资金入股，每年按股以 80% 的净利润分红，并常年吸纳周边 7 个村民小组 480 多人次劳力和残疾人就业，带领山区贫困群众找到了一条适合当地发展的脱贫致富路。2018 年，以永兴中药材种植专业合作社为基础，成立了富吉中药材种植专业合作社联合社，中药材种植面积从 600 亩发展到 10000 多亩，带动群众从 45 户 170 多人发展到 1500 多户 6000 多人常年就业，其中带动残疾人家庭就业从 17 户 68 人增加到 450 户 1800 人，中药材种植从单一的党参向多品种发展。为延长产业链，合作社建起了党参初加工厂，建起了利用废弃的党参枝叶进行饲养规模超过 1000 头的乌金猪养殖场。永兴中药材种植专业合作社成为省、市、县三级残疾人扶贫示范基地。2017 年 8 月，谭德才被授予“云岭楷模”荣誉称号，2018 年 1 月当选为第十三届全国人大代表；2018 年 10 月获得全国脱贫攻坚奋进奖。

威信县明睿生态农业合作社位于威信县麟凤镇柏香村，成立于 2015 年，主要以辣椒种植、果树种植、销售及技术服务为经营内容，现有社员 168 户 967 人，其中包括贫困户 43 户 185 人。合作社以“公司 + 合作社 + 农户”的模式，以入股分红、订单联结、劳务合作的方式建立与入社成员利益的紧密联结，带领群众种植辣椒，促进群众增收。合作社通过“统一种子、确保质量产量，统一连片种植、便于管理，统一农用物资、达到质优价廉，统一技术指导、技术培训，统一保底价收购、确保销售”五统一标准，发动农户种植辣椒 115 亩，其中包含贫困户 7 户 21 亩，实现产值 47.78 万元，成员平均增收1865元。2018年，合作社发动农户84户种植了351亩，其中包括贫困户20户90亩，产值在135万元左右。由于品质有保障，合作社与四川、重庆等地收购方达成合作，并做了吞吐量评估和市场的调查，2019年种植1000亩，实现产值400万元，带动农户900户左右。

绥江县“半边红”李子是该县“一县一业”重点打造产业，全县41家“半边红”李子合作社组织起来，成立了县级联合社和4个联合分社。合作联社成立以来，按照“三联结、四规范、五统一”标准，严格落实“良种良法、高度组织化和集约化、党支部+合作社”三个全覆盖要求，从种苗供应、种植技术、果品质量、产品销售等进行统一标准、统一管理，使绥江县“半边红”李子产业管理更规范、销路更畅通、品质更提升。2019年，全县种植面积达9.4万亩，产量4.5万吨，产值1.8亿元，其中贫困户种植约2.4万亩，2355户8798人贫困群众通过种植“半边红”李子实现脱贫致富。2018年，“半边红”李子获得国家地理标志登记，完成“三品一标”认证，果品出口越南、泰国等东南亚国家，远销北京、上海、广东、四川、贵州、重庆等省市。

从上述专业合作社的发展可以看出，全市农民专业合作社涉及种植、养殖、农产品加工、流通等行业，并形成了自己特有的品牌，提升了产品附加值，农民专业合作社的发展对加快农业产业化发展，促进贫困农民增收致富发挥了积极的作用，成为助推脱贫攻坚的重要力量。

（作者时任昭通市农业农村局改革与合作经济指导科负责人）

寨林农民专业合作社“抱团”发展之路

王金龙

大关县寨林农民专业合作社是在大寨村党总支直接引领下组建运行起来的一个合作社，成立于2017年12月。组建之初，合作社只有原始股东49名，发展到现在有共担风险、共享收益的股东成员82名。合作社在大寨村流转了2000余亩土地，主要开展马铃薯、花卉苗木种植和黄牛、蜜蜂养殖等项目。

大寨村属于高寒山区，最低海拔1980米，最高海拔2648米，全村总面积21.4平方公里，有耕地5611亩、林地8037亩。辖30个村民小组，有1071户4369人，其中建档立卡贫困户493户2218人。全村有劳动力2375人，其中外出务工1839人。通过近几年的脱贫攻坚，2020年达到脱贫出列条件，全部脱贫。

由于大部分劳动力外出务工，大寨村有一半以上的土地被撂荒。

看着大片大片被撂荒的土地，而留守在家的人又没有更多的就业岗位，驻村扶贫工作队队长王明刚决定动员群众成立农民专业合作社进行抱团发展。想法是好的，但最初群众不理解，也不支持。王明刚带领驻村扶贫工作队和乡、村干部一道，到各个村民小组进行走访、交谈，结果是大多数老百姓对建立合作社不支持。归纳起来，主要有3个方面的反对意见：一是年长的人把合作社误认为是几十年前人民公社时代的合作社，认为那个时候大锅饭、平均主义，吃不饱、穿不暖，现在又要走以前的老路，不支持。二是年轻一点的群众，认为合作社就是少数人得利，群众背个名，有好处也是进了个别人的腰包，不相信干部，抵触情绪较大。三是一些群众则说，要让我们干合作社，政府给多少钱？有钱给，我们就干，没有钱我们就不干，"等、靠、要"思想严重。

面对种种困难，王明刚和村总支没有泄气。他们就反反复复跑，反复跟群众接触，开会讲道理，入户谈心沟通。通过扎实的思想工作，渐渐赢得群众的信任。一些群众由不理解到理解、由不支持到支持、由不认同到认同。

在王明刚的带领下，驻村扶贫工作队和村总支决定在群众基础较好的瓦厂、四合头、庙子边 3 个村民小组，发动群众组建寨林农民专业合作社。

2017 年 12 月 4 日晚，驻村扶贫工作队和乡、村干部一道，召集 3 个村民小组在家群众会议。按照有力出力、有钱出钱的方式，以 2000 元一股的标准，筹资 20 万元原始股份，启动合作社建设。入社的原则是：入社自愿原则，不愿意加入合作社的群众，不强求；兼顾多数原则，最小股份不低于 1%，最大股份不超过 10%，让更多的群众都能参与；先村内后村外入股顺序原则，股份先由 3 个小组的群众认筹，认筹不够的，再动员 3 个小组以外的其他群众加入。通过动员，共有 49 户群众（其中建档立卡贫困户 33 户）参与了合作社的建设。这 49 户群众成为合作社的经济共同体，共担风险，共享收益。

在市、县供销部门的指导下，驻村扶贫工作队和村党总支引导群众组织选举了由 11 名理事组成的理事会，由 3 名监事组成的监事会。合作社组建以来，已召开 14 次全体成员大会，对合作社的重大事项进行研究和表决。已召开 29 次理事会办公会议，通报工作进展情况，及时研究和解决工作中出现的问题。驻村扶贫工作队和村党总支争取乡上同意，将村民小组活动场所作为合作社办公场地，既盘活了现有资产又解决了合作社没有场地办公的问题。在合作社驻地的外墙上，设置了 4 块公示栏。一是股份公开栏，20 万元股份组成情况，把原始股成员名单及占股多少进行了公布。二是社务公开栏，对合作社每次会议研究决定的事项进行公开，对财务收支情况进行公开，实现民主管理、阳光操作。三是好人好事栏，主要张贴社员从大局出发，为合作社发展做出的一些有益的事情。四是批评曝光栏，主要张贴成员没有执行好合作社交办的任务，或者责任心不强、工作马虎、大局观念不强等给合作社带来不利的行为。

把群众组织起来，把撂荒的2000亩土地连片流转过来，合作社发挥了统筹的作用。组织修通了纵横交错6公里长的简易道路，方便生产物资的运输。对流转的土地进行复耕。对肥料、薄膜等生产物资进行统购、统运，降低生产成本。新建了从山下河沟边到山顶全长4.5公里的梯级抽水管网，为基础设施建设和种树种花提供用水保障。合作社注重发挥社员自身的主观能动性和积极性。以种洋芋为例，合作社在路修好、地犁好、良种到位的基础上，采用分包到成员的方式进行种植。在回收洋芋种时，每斤提取0.1元的收入作为合作社的集体收入来源。通过这种统分结合的方式，既降低了合作社在劳务用工上的成本，又提高了群众的生产积极性。

2018年，合作社与昭通农投公司合作，种植“云薯505”500亩、“青薯9号”原原种200亩。当年，原原种产量高，获得丰收，但“云薯505”因为诸多原因，产量不高，合作社没有盈利，出现亏损。2019年，合作社与昭通土妈妈公司合作，种植1000亩“合作88”和“PO3”马铃薯。县财政扶持资金7万元，合作社向昭通富滇银行申请贷款170万元。在县农业农村局和土妈妈公司的技术指导下，合作社马铃薯种植获得了丰收，盈利30余万元。2020年，大关县委、县政府高度重视马铃薯产业发展，制定了产业发展扶持政策，每亩补助1包复合肥料、1筒黑地膜。合作社采用集中连片种植和带动群众种植相结合的方式，在大寨村种植2000亩马铃薯。

大寨村有比较宽广的土地资源，合作社从成立之初就把发展花卉苗木种植作为重要的经营项目。村委会门前一条小河沟常年有水，为发展花卉苗木提供了水源。2018年，合作社整合土地、劳动力等要素，共计投入资金130余万元，发展红叶石楠、雪松等幼树种植10万余株。2019年，新增投资200余万元，种植雪松小苗、桂花幼树、侧柏、食用玫瑰、月季、绣球等花卉苗木50余万株，花卉苗木种植规模进一步扩大。到2019年年底，合作社种植的各种类型的花卉苗木数量已达60余万株，实现销售收入30余万元。2020年，合作社进一步推进花卉苗木种植，把不便于大型机械耕种的荒坡地、路边空地等全部种植绿化树。2020年3月以来新植侧柏小树5万余株。

在县供销社的关心下，合作社获得东西部协作扶贫资金50万元、农业部门转方式项目资金30万元的支持，并自筹资金40余万元，共计投资120余万元，在石丫口建设养牛项目。计划建设圈舍1800平方米，简易围栏草场500余亩。目前，黄牛养殖已启动，但因资金紧张，发展规模较小。今年，合作社种植青储玉米300亩，为扩大黄牛养殖规模做好准备。接下来，合作社会想办法要回欠款26万元、协调借款、争取贷款等筹集资金扩大黄牛养殖规模，让养殖用房得以充分利用。

2017年年底，合作社抓住机遇，发展蜜蜂养殖400箱，专门安排2名年轻成员跟班进行学习和饲养。2018年，前期天气好，管理到位，蜂群旺盛，入秋后，阴雨持续50多天，蜂群减至320箱。原计划收获2000多斤的蜂蜜，由于下雨不敢取蜜，除已取到的200多斤（零售价格是150元/斤，供不应求）蜂蜜外，其余蜂蜜全被蜂群吃完。养蜂没有实现预期的收入，极大地影响了合作社成员的积极性。一度，合作社的凝聚力受到了较大影响。2018年11月26日晚，合作社召开第11次全体成员大会，研究决定把蜜蜂承包给养蜂技术人员过冬管理，并签订承包托管协议，合作社蜜蜂交由技术人员拉到昆明过冬养殖。虽然蜜蜂养殖困难重重，但下一步，村总支将会督促养蜂技术人员履行责任，做好协调工作，努力让蜜蜂养殖扭亏为盈。

寨林村通过合作社这个载体，让群众有条件用自己勤劳的双手在家门口实现脱贫致富。农忙季节，除了3个村民小组在家群众外，还吸纳了大寨村花椒片区、水营片区以及周边新民村的部分群众共计100余人到合作社就近务工。2018 年，合作社下设的 7 个种植组，累计发放务工工资 90 余万元，100 余户家庭户均增收 9000 元以上。2019 年，合作社全年发放务工工资 130 余万元，让 120 余户家庭稳定持续户均增收 1 万元以上。

（作者时任昭通市供销社农村流通科副科长）

琦鑫肉牛：创新机制助推脱贫攻坚

黄　伟

琦鑫牛业，由大关县琦鑫农产品生产有限公司和大关县琦鑫黄牛养殖农民专业合作社两个实体组成，是一家集肉牛养殖、牛肉制品加工、销售、餐饮为一体的专业化肉制产品公司。企业以“支部＋合作社＋公司＋农户”为发展模式，把党建工作融入产业链的每一个环节上，突出政治引领核心、充分发挥示范引领作用，建强组织、壮大队伍、发展企业。公司采取“合作社带大户、大户带小户、小户带散户”联动发展，把企业的发展和群众的增收紧密地结合在一起，走上了一条产供销衔接、贸工农一体的发展路径。

丁琪，大关县上高桥乡大寨村党总支书记、琦鑫农产品生产有限公司总经理、大关县琦鑫黄牛养殖农民专业合作社理事长，曾获“云南省脱贫攻坚奖”和“云南省优秀共产党员”“社会扶贫模范”等光荣称号，是党的十九大代表。丁琪介绍说，琦鑫企业通过抓党建促和谐、提效益、强管理，坚持“组织引领、党员示范、社员帮扶、群众致富”及“壮大企业、提升效益、创建品牌、回馈社会”的原则，以“支部＋”模式带动群众增收致富，实现了党建与扶贫工作双推进，在促进企业发展的同时助推了脱贫攻坚。

正是在丁琪的带领和推动下，琦鑫黄牛养殖农民专业合作社在昭通远近闻名。

丁琪所在的上高桥乡是大关县唯一的少数民族乡，主要居住着回、彝、苗三种少数民族，也是贫困程度最深、贫困面最大的乡，平均海拔1880米，冬季漫长、春季迟到、夏季短暂、秋季多灾，土地相对贫瘠。养牛、种地是本地居民主要的生存方式，恶劣的自然环境和生存条件让很多居民选择外出打工。

丁琪曾说：有两种味道一直难以忘怀，一种是穷的味道；另一种是本地黄牛肉的味道。为远离穷滋味，丁琪从1996年开始了艰辛创业，先后在全乡开了第一家美发店、第一家上规模的餐厅，第一次生态养鸡养兔、第一次种植水蜜桃、第一次种植药材……但最后都以惨淡告终。经过无数次的探索，丁琪最终把目光投向他们穆斯林传统饲养的黄牛产业上。

上高桥乡的高原环境，天然无污染的水质和广阔的草山，为黄牛养殖提供了得天独厚的自然条件。经过外出考察，他发现老辈们一直以来采用的传统的畜牧放养方式，不仅效益低，而且既消耗资源又破坏生态。在县畜牧局的帮助下，他尝试种植黑麦草进行黄牛圈养获得初步成功。

2009年，丁琪用自己所有的积蓄兴建了一个2.2亩的现代化养殖场，后来没有钱买黄牛，只能四处借贷。为将牛肉产品推销出去，他只身前往昭通、昆明、四川等地，住小旅店、啃干馒头，每天起早贪黑，找商家推销产品，凭着超凡的胆识、创业的激情、敢干的闯劲、独特的眼光，经过脚踏实地、苦干实干，一步步走下来，创办了现代化、规模化的琦鑫肉牛养殖场，终于以“琦鑫牛肉”的质量和诚信打开了市场，赢得了群众认可。

“一人富不算富，只有各民族兄弟富了才是真的富。”这是他坚持不懈的追求。2011年，在县、乡党委政府的帮助下，为发展群众参与度高、带动性强的生态黄牛养殖业，带领全乡各民族群众闯出一条共同致富的路子，丁琪正式创立琦鑫黄牛养殖农民专业合作社，放开手脚带着村民们一起养牛，但那时很多村民仍然持观望态度，只有几户愿意入社。于是，丁琪经过认真思考，在琦鑫建立了党支部，通过党员带头饲养黄牛、种植优质牧草，先后培养致富能手223名，发展培养党员16名，带动其他农户种草养牛，助推当地经济发展。琦鑫党支部成立以来，丁琪带领员工积极探索创新，形成了“支部＋合作社＋公司＋基地＋农户”的发展模式，采取土地、劳力、资金入股的方式，对没有劳动能力的建档立卡贫困户，采取合作社收取一定成本和人工费用的方式帮助代养，合作社与农户之间利益共享、风险共担，探索产、供、销一体化经营，带动了全乡6个村的农户参与黄牛产业。通过几年的努力，琦鑫合作社已初步实现黄牛存栏4000多头，合作社先后被评为省、市示范社、省级“科技型经济合作组织”和大关县红色农场示范基地，全乡4201户各族群众加入琦鑫农民专业合作社的有1160户，入社社员户均增收6000元以上，入社的630户贫困户全部脱贫。琦鑫公司年生产加工肉制品400余吨，年产值1200余万元，产品远销四川、重庆、北京、宁夏及马来西亚等地，深受广大消费者的青睐，“琦鑫”牌产品获“云南省名牌产品”称号。上高桥乡新民村汉族残疾青年范天均20年前外出务工时，因机械事故右上肢高位截肢致残，一贫如洗的范天均在丁琪的资助下加入了琦鑫黄牛养殖合作社，4年里他养殖的黄牛存栏数已稳定在100头以上，2019年、2020年两年出栏78头，收入70多万元；大寨村村民黄远林家今年养了27头黄牛，年收入可达6万多元。

琦鑫农民专业合作社的不断成长壮大，对村民是一颗“定心丸”，入社村民逐年增多。丁琪近几年带着“琦鑫”品牌的系列牛肉产品参加了“一带一路”沿线国家销售清真食品的国际展览会，产品十分畅销，这给了他很多启示，只有搭上“一带一路”沿线广阔的国际市场，才能让乡亲们乘着“一带一路”的东风，巩固脱贫成果，筑牢小康幸福路。于是，丁琪决定把合作社员扩展到周边乡镇，实现联合社发展，打造滇东北带动农户覆盖面最广的合作社。琦鑫发展的目标，是打造“一线一庄园两厂三基地”的产业布局，即借助线上线下电商销售平台，打造具有民族风情的休闲农牧庄园，建设一个年屠宰肉牛1万头的屠宰厂和一个具备1000吨生产量的产品深加工厂，打造“万亩牧草基地、黄牛繁育基地、有机肥加工基地”3个基地，形成集旅游、观光、销售为一体的民族地区特色品牌，填补产业结构空白，目前新的产业布局建设正在有序推进。预计到2020年年底，将建成草场5万亩，养殖黄牛1.5万头，琦鑫系列产品通过线上、线下市场，实现产值1.5亿元以上，带动周边县（区）、乡镇3000户各族群众入社，稳定2500余名贫困人口的脱贫成果。

近10年来，丁琪在当地乡村道路建设、抢险救灾、助老救孤、教育、文化、环境保护等方面，捐赠57.3万元，特别是在“万企帮万村”中，共投入资金42万元主动帮助各村进行产业、就业、技能培训等。丁琪说：“一人富不算富，大家富才是真的富。带领乡亲们脱贫致富既是我的初心，也是一名合格的党员、一名党的十九大代表应尽的责任。”

（作者系昭通市畜牧兽医技术推广站高级畜牧师）

盐津一把伞的“山字经”

茶　江

进入一把伞，您就进入“有机竹笋”之乡。盐津县柿子镇一把伞是一个大体的地域概念，位于柿子镇新生村、中坪村、水银村交界处，属典型山地地貌地形，重峦叠嶂，森林覆盖率高达76.9%，年平均气温18.1℃，多年平均降雨量1220.8毫米，最低海拔434米，最高海拔2176米。由一把伞出产的竹笋品质好，纯天然、无污染，该地一直以来都是盐津的重要产笋地。

盐津一把伞竹笋种植专业合作社成立于2018年6月，法人代表何廷均，成立时有5个股东，现在已发展社员65户，覆盖农户545户1732人，其中建档立卡贫困户142户478人。合作社主要经营竹子育苗、种植、管护、采笋、竹笋初加工、收购、销售、提供技术服务、开展技能培训、提供信息咨询等。

统一发展模式是重点

一把伞竹笋种植专业合作社采取“党支部+村集体公司+合作社+农户”的发展模式。在柿子镇党委、镇政府的统一领导和推动下，一把伞竹笋种植专业合作社立足3个村的村情状况和资源禀赋，以党支部为引领、村集体公司为主体、合作社为主导，坚持“群众自愿、因地制宜、集中连片、适度规模”的原则，牢固树立“念好山字经、做足绿文章”发展理念，紧紧围绕脱贫攻坚战役，有序组织动员社员群众落实好项目建设，完善基础设施，不断壮大产业基地，规范经营管理，助推产业升级。

夯实发展基础是保障

基础设施落后一直是片区竹产业发展的瓶颈。据测算，由于交通的落后，笋农竹笋运输成本在0.5—1.5元/斤，一把伞近500吨竹笋的运输成本在80万元左右。今年以来，合作社紧紧依托竹产业基地，紧紧抓住产业交通建设这个关键，在镇政府的帮助下，大力推进交通基础设施建设。通过储备项目积极争取上级财政资金投入和发动群众筹资投劳，修通了林区道路。同时，群众通过参与基础设施项目建设，可就近务工获得劳动报酬。交通问题解决了，笋农竹笋运输成本大大降低，直接增加了收益。

找好市场对接是根本

一直以来，受传统观念、基础设施落后运输成本高、竹笋初加工能力不足等方面的影响，绝大部分竹笋都是由二道商贩收购转卖四川、重庆等地，笋农除去管护、运输、务工等成本，每斤竹笋收益只有1元左右。合作社通过考察和实地调研，以村集体公司为主体，以合作社组织农户为依托，积极与彝良山益宝公司合作，山益宝公司订单式收购村集体公司的竹笋初加工产品，既杜绝了笋农硫黄熏笋的传统方式，又保证了村集体公司有收入。集体公司将获得收入的 60% 返补给社员，进行收入利益的二次分配。

培育技术人才是关键

通过培育本土“土专家”15 人的经验可以看出，引进竹产业培育、竹工艺创意设计、竹旅游文化等方面的人才，聘请熟悉竹产业生产和经营管理的专家至关重要，对开展竹种植、竹笋初加工、竹工艺等很关键。同时，与省内外知名高校对接联系，构建合作订单式人才培养模式，大力培育一批竹产业职业经理人、技术能人、工匠艺人和产业工人，为竹产业转型升级打下了坚实的基础。

带动群众增收是核心

一把伞竹笋种植专业合作社在种植、销售上采取“五个统一”模式，即统一规划、统一育苗、统一管理、统一加工、统一销售。在原有基地的基础上，把竹产业示范园作为 2018 年的重点项目加以推进，覆盖笋区农户 545 户 1732 人，其中建档立卡贫困户 142 户 478 人，计划总投资 2000 万元，现已完成投资 1050 万元，建成竹笋基地 2.13 万亩。2020 年已实现秋笋销售 1050 吨，产值 750 万元，带动笋区农户户均增收 1.3 万元，卡户户均增收 1.1 万元，实现了村集体公司、合作社和群众三方共赢和社会效益、经济效益、生态效益、政治效益“四效”同增的目标。

（作者时任盐津县柿子镇党委副书记）

苹果产业助脱贫　创新机制显成效

吴　冬

苹果是昭通重点打造的“六大”高原特色产业之一，苹果已成为昭通助推脱贫攻坚的“当红”产业。在产业发展中，昭通始终紧盯产业发展助力脱贫攻坚，坚持以现代产业发展的新理念、新机制、新模式，高起点、高标准、严要求，紧紧瞄准中国苹果产业塔尖上的10%，着力打造产城融合、城乡一体、城在园中、园在城中、百万人口与百万亩苹果高度相融的苹果之城。通过5年的努力，昭通苹果产业由2014年的面积33万亩、产量39.6万吨、产值20.35亿元，发展到2019年的面积67万亩、产量65万吨、产值60亿元。覆盖果农由11万户35万人，发展到13.5万户近50万人，其中，覆盖建档立卡贫困户1.51万余户5.13万人。果农收益由户均1.85万元，提升到4.44万元。

一、高起点谋划产业发展

昭通在苹果产业发展上，始终坚持脱贫与产业发展统筹、规模与质量发展并重、品牌与效益提升同步原则，高起点谋划产业战略布局，按照“一步登顶、跨越发展，产城融合、三产联动，龙头带动、品牌引领，因地制宜、规模经营，科技支撑、绿色发展”五大原则，以“老产业 + 新理念、新机制、新技术 = 新产业”的思路，着力破解产业发展突出问题，推进以良种良法为基础、高度组织化和集约化为路径、“党支部 + 合作社 + 基地 + 农户”为抓手的“三个全覆盖”，先后出台了《昭通百万亩苹果产业发展规划（2018—2025 年）》《关于做优做强苹果产业助推脱贫攻坚的意见》《关于印发〈2018 年苹果产业良种良法和组织化、“党支部 + 合作社 + 农户”全覆盖工作方案〉等两个工作方案的通知》《关于统筹新冠肺炎疫情防控着力提高组织程度推进高原特色产业高质量发展的通知》等政策，对苹果产业各生产阶段提出明确发展目标、工作任务、具体措施、时间节点和发展路径，层层压实主体责任，有力促进了生产标准化水平和产品品质的提升，全面构建“老产业 + 新产业”迭代产业体系。

二、高质量培育新型主体

产业发展离不开“龙头”企业的带动。2012 年前，昭通苹果几乎没有大型生产企业、规模化生产的专业合作社和种植大户，果农生产的小、散、弱现象十分突出。通过大力引进龙头企业示范带动，培育涉农涉果新型农业经营主体，发挥其在投融资、创品牌、拓市场等方面的引领作用，通过内培外引，发展了一批在昭通农业上具有一定影响的苹果生产企业、合作社等经营主体，如绿健公司、云南农垦昭通农投公司、浩丰专业合作社、硕丰专业合作社等一批本土苹果生产企业、专业合作社和陕西海升昭通超越公司、重庆天锦、浙江东达、湖南商会、国投中鲁等外地企业，初步形成“大龙带小龙，引领千万家”的生动格局。生产经营范围也由原来的单一鲜果生产，发展到鲜果生产、加工贮藏、冷链物流、电子商务、旅游文化等方面，产业链得到不断扩展和延伸，产业扶贫能力和效果大幅提升。截至 2019 年，昭通规模化生产加工营销企业超过 20 家，全市已建成标准化现代苹果示范园 10 万亩。其中，果园标准化种植面积超过 3000 亩以上的经营主体 5 家，海升昭通超越农业公司标准化种植基地达到 50000 亩，成为国内最大的单体苹果园；昭、鲁两县（区）成立苹果专业合作社达 254 个，创建省级示范社 1 个，发展社员近 2 万名。通过一大批新型经营主体的建设培育，搭建了苹果产业发展与果农利益联结机制，把果农、建档立卡贫困户与产业发展深层“绑定”，使产区 13.5 万户果农近 50 万人受益于新型主体的发展，其中受益建档立卡贫困户 1.51 万户 5.13 万人。

三、高标准建设生产基地

为充分发挥苹果产业的示范引领作用，按照“政府主导、企业主体，突出重点、分步推进，科技支撑、群众参与”的思路，市、县（区）、乡（镇）层层建设样板，市有万亩、县区有千亩、重点乡镇有 500 亩示范园的要求，抓好新植果园建设，紧盯老果园提质改造，全力推进昭通百万亩南方冷凉高地优质苹果生产基地建设。在新植上，重点推广以矮化密植栽培、标准化格架式栽培、水肥一体化建园技术；在老果园改造上，推广以落头开心、去除大枝、单轴延伸为主的整形修剪技术和以土壤改良、果园生草、夏季拉枝、摘叶露果、高接授粉品种、病虫防治等综合集成技术的应用。截至 2020 年 3 月，全市苹果种植面积突破 70 万亩，是 2014 年果园面积的 2.22 倍，建成各类高标准新植核心示范园 20 个近 10 万亩，累计完成老果园提质增效改造 90 万亩次。随着昭通苹果生产基地建设及高标准新植园的陆续投产、老果园提质改造的不断推进，昭通苹果优质果率也由 2012 年的 60% 提高到 2019 年的 70% 以上。据行业部门调查统计，2019 年昭通苹果均价达到4.6元/斤，对产区果农，尤其是建档立卡贫困户的增收致富起到了积极的推动作用。

四、高水平推进科技服务支撑

昭通构建科研专家联企业、农技人员联果农、技术要领到人、良种良法进果园的科技成果转化应用和标准化生产体系，着力破解技术推广应用“最后一公里”的问题，实现苹果生产“第一车间”的蝶变。根据地方生产特点，组织行业技术专家编写制定了《绿色食品昭通苹果生产技术综合规范》等9项技术标准、规程。组建了市苹果产业发展专家组，聘请8名国家苹果产业技术体系岗位专家作为顾问。先后与国内多家大专院校、科研机构建立了合作关系，创建了束怀瑞院士工作站、董雅凤专家工作站、魏钦平果树（苹果）专家工作站、昭通苹果科技小院等一批苹果科技研发、技术服务平台，为昭通苹果生产提供有力的技术支撑。印发了《关于实施苹果产业技术人才培养计划的通知》，引进和培养昭通苹果高层次人才，组建了近400人的基层苹果辅导员队伍，使矮化自根砧密植、水肥一体化、果园物联网监控系统、绿色生态种植、整形修剪、果园生草、土壤改良、绿色病虫防控等一系列现代果园生产管理技术快速、高效地直达果农（园），形成了具有昭通特色的苹果生产技术体系和“市外专家—专业技术人员—企业、合作社—辅导员—果农”技术传导模式，实现了户户有技术支撑，促进了昭通现代苹果产业技术进步。

五、实施精准网格化管理

市、县（区）苹果产业发展业务部门高度统一思想、齐心协力，统筹整合市、县（区）苹果生产技术力量，根据产区不同区域生产种植水平和管理特点，将昭鲁苹果产区分为4个片区，其中昭阳3个片区、鲁甸1个片区，4个片区技术指导小组实行网格化分片技术服务指导和管理。市级技术干部分组挂包到企业、片区，县（区）技术干部挂片到乡镇，辅导员挂片到村（组），按照统一、规范、标准的技术要求，实施网格化管理，技术服务落实到每一户果农、每一片果园，不让一片果园游离在管护体制之外，确保技术指导服务产区全覆盖，让更多老百姓受益、更多群众因产业发展致富。

六、创新机制促脱贫增收

广泛动员广大群众积极参与高原特色产业发展，建立龙头企业（合作社）与群众的利益联结机制，提高产业发展与群众脱贫的结合度，带动群众脱贫致富。

海升集团昭通超越农业有限公司的50000亩苹果种植基地，就近覆盖贫困群众9868户37500人，公司采取“企业+基地+建档立卡贫困户”的方式，群众通过地租收入、劳务就业、搬迁户托管、股份分红等获得收益。土地流转费900元/亩·年，每隔五年增加200元/亩，涉及农户21000户；吸纳周边乡镇贫困劳动力5000人就业，人均年收入可达18000元以上；将基地分成50—100亩一个单元，安排易地搬迁安置户749户进行“托管”，每户每年可收入4万—8万元；整合扶贫资金入股30%，前两年以入股资金10%分红，第三年盛产期后每年以利润的30%进行分红反哺贫困户及壮大集体经济。与昭通市级科研推广机构合作创建田间大学，围绕现代苹果种植技术每年能培训果农2000人次以上，这些能手再通过社会化技术服务还可增加技能性收入。

鲁甸县浩丰苹果种植专业合作社，采用“党支部＋合作社＋农户＋基地＋公司”的运作模式，把农户由一家一户的小农生产变为“抱团发展”，为果农及贫困户提供统一的生产管理技术支撑，使果品产量、质量大幅提升，并全部签订回收订单，确保果农及贫困户生产效益明显提高。2019年，该合作社直接带动社员农户102户，其中建档立卡贫困户3户14人，间接带动农户1000余户，涉及建档立卡贫困户21户110人，提供长期就业岗位32个，临时用工1000人次，产业带动农户人均创收2500元以上。

七、良种良法推广见效益

一是大力引试推广优良品种。近年来，经生产试验筛选出10余个优良品种并大面积示范推广，通过品种结构调整，累计推广品质好、市场认可度高、效益明显的华硕、神砂、瑞雪、烟富3、烟富8等优良品种20余万亩，让果农的生产生活因果而兴、因果而富。2019年，昭通的鲜果销售价中早熟品种华硕、神砂均价达6元/斤以上，晚熟品种中烟富3和烟富8均价也达到3元/斤以上。二是大力推广先进实用生产技术。昭通市委、市政府历来高度重视苹果生产技术的推广应用和推广体系建设，大力推广标准化建园、矮（乔）化密植栽培、水肥一体化、土壤改良、果园生草、夏季拉枝、摘叶露果、高接授粉品种、病虫防治和省力化整形修剪等一系列技术，大幅提升果农生产管理水平，有效减少果农生产用工和农用品投入，在实现绿色、生态生产的同时，使果农生产的果品产量、质量和经济效益得到较大提高。因地制宜，坚持良种良法应用，使产区果农，特别是建档立卡群众获得一项学得懂、用得上、能致富的生产实用技能，实现稳定的经济收益。

（作者系昭通市苹果产业发展中心高级农艺师）

第四编　借船出海拓市场

我的电商扶贫记忆

雷贤慧

2015年11月，我履新昭通市商务和招商合作局局长。当时，正是全国电商产业蓬勃发展的关键时期，国家层面正启动实施《全国第一批电子商务进农村综合示范项目》，省级层面也正在实施《跨境电子商务兴边富民“三年行动计划”》项目。而就昭通来说，电子商务产业尚未有政策项目予以引导与支持，仍处于自然发展的时期，靠的是为数不多的年轻创业者们自发借助淘宝、天猫、京东等电商网络平台，探索发展电商业务。此时此刻，对于商务部门，抢抓机遇，顺势而为，发展农村电子商务，其时已至。

顺应发展需要　争取项目支持

俗话说，“新官上任三把火”。于我而言，也是刚刚履新时真实的心情写照，工作的积极性和主动性十分高涨。心有所想，力有所指，抢抓机遇加快昭通电子商务产业发展成为我最急迫期待实现的奋斗目标，特别是急切希望借国家和云南省利好政策东风，争取实施全国电子商务进农村综合示范项目、云南省跨境电子商务兴边富民“三年行动计划”项目，为我市电商产业发展奠定基础。值此之际，我和同事们充分抓住各种有利契机，积极创造各项有利条件，凝聚各方共识，加强向上对接汇报，全力争取项目落地昭通。

2016年，当获悉省商务厅正在推荐实施全国第二批电子商务进农村综合示范项目县域之时，我第一时间争取到省商务厅的认可与支持，镇雄县的项目申报成功，获得项目资金2000万元，为全市争取和实施电子商务项目开了好头。同年，在市政府常务会议上，我做了关于昭通市电子商务产业发展思考的专题汇报，引起了市政府主要领导的高度重视，会议当即决定给予资金500万元，用于建设昭通电子商务创业园，为全市电商产业发展进一步营造了良好氛围。也就在同年，时任省商务厅厅长和良辉一行莅临昭通考察调研商贸流通领域发展情况，当他了解到昭通在财力极为紧张的情况下，拿出500万元专项资金支持发展电子商务产业时，感到很高兴，当即表示给予昭通大力支持，解决资金1320万元，帮助建设市级电子商务公共服务中心和112个乡镇电子商务公共服务站，项目覆盖了除镇雄县以外的10个县区。

2017年，当获悉省商务厅将启动实施全国第三批电子商务进农村综合示范项目县域推荐工作之时，在前期积累的工作经验基础上，我带领商务系统干部职工，立即启动项目争取工作。在省商务厅的关心支持和市委、市政府的坚强领导之下，经过商务系统一帮人的辛勤努力，除水富、镇雄外的9个县区同批纳入项目支持范围，一次性争取项目资金1.8亿元，翻开了昭通市电子商务产业发展的新篇章。同年秋，时任省商务厅厅长和良辉率队再次莅临昭通检查指导工作，听取昭通工作汇报后，在高度肯定取得成绩的基础上，表示再给予昭通更多的支持，帮助解决资金350万元，用于建设镇雄县30个乡镇（街道办）电子商务公共服务站和农村电商物流配送中转站，进一步夯实了农村电商产业发展基础。

自2016年以来，全市共争取到云南省商务厅电子商务产业发展方面的项目12个、资金2亿余元，为助推昭通电商产业发展提供了强有力的资金保障。

聚焦发展短板　集中发力突破

学习是少走弯路、实现事半功倍的最好捷径。自各类电商项目实施以来，在严格遵循上级要求的前提下，我们采取“走出去”与“请进来”相结合的方式，不断学习借鉴电商发展先行地区的先进经验，先后组织商务系统干部职工以及项目实施县区政府负责同志前往文山市、中山市、杭州市、毕节市、重庆市、成都市等地考察学习，同时还邀请阿里、京东、腾讯、苏宁、映潮、闻远、猪八戒等知名科技网络公司到昭通考察指导与交流洽谈，并成功引进了阿里、京东、映潮、闻远等电商运营企业落户昭通，参与昭通电子商务产业发展。

“一分部署，九分落实。”立足于项目资金渠道不乱、用途不变和各计其功的原则，按照电商产业发展全市“一盘棋”的思路，高标准规划、高质量建设、高度组织化实施，有序推进全市电子商务公共服务网络和农村物流配送网络建设。全市共建成 1 个电子商务创业园、1 个市级电子商务公共服务中心和农村物流配送中心、10 个县（市、区）级电子商务公共服务中心和农村电商物流配送中心、139 个乡镇（街道办事处）电子商务公共服务站和农村物流配送中转站、755 个村级电子商务公共服务点及农村物流配送中转点，电商物流快递网点在所有乡镇实现了全覆盖，在行政村覆盖率达到了 80% 以上，有效解决了农产品上行“最初一公里”和工业品下行“最后一公里”的问题，为全市电商产业发展夯实了基层公共服务基础。

着眼长远发展　抓好人才培养

在抓好项目实施的同时，我始终把电商人才培养作为头等大事来抓。多次组织各示范县区政府分管领导、商务部门负责人和承建企业参加商务部和商务厅组织的电子商务专题培训，进一步提高了党政领导和商务干部服务电子商务产业发展的能力和水平。同时，在全市范围内积极开展电子商务精准扶贫培训工程，采取培训主体多元、培训方式多样化、培训对象多层次等有效措施，分期分批对党政干部、返乡农民工、返乡大学生、建档立卡贫困青年和传统商贸流通企业等不同群体分层次开展电商培训，大大提高了全市普及应用电子商务的能力水平和传统企业拥抱电子商务的能力。2016 年，我们成功引导电子商务行业企业成立了昭通电商协会，强化了电商行业自律，规范了电商协会行业管理。指导市、县两级电子商务公共服务中心，通过产品资源整合、名优品牌创建、新兴媒体导流、物流平台搭建等方式为广大返乡青年创业提供一站式服务，推动电子商务应用在商贸流通、现代农业、乡村旅游等方面深度融合，引导众多食品加工企业和农民专业合作社成功转型，电子商务在农产品流通方式创新、现代农业转型升级和扶贫开发中发挥了重要作用。

3 年来，我们通过开展不同层次的培训，涌现出一大批优秀农村电商创业青年。全市累计培训各类电商人才 58000 人次，培养以销售农产品为主的电商市场主体网店、微商 16336 个，直接创造就业 39685 人，带动农产品加工、物流、包装、设计、商贸、文创等相关领域就业 30 万人以上，为电子商务产业健康持续发展夯实了人才保障。

实施电商扶贫　助力脱贫攻坚

搭建了平台，就要让这个平台真正发挥作用。我们依托电子商务进农村综合示范项目建设和跨境电子商务兴边富民“三年行动计划”项目建设，将电子商务与精准扶贫有机结合，以农村电商为抓手，以特色农产品为依托，大胆尝试“电子商务公共服务体系 + 合作社 + 贫困户”“电子商务公共服务体系＋电商平台＋贫困户”“电商主体＋合作社＋贫困户”等电商扶贫新模式，引导电商企业深耕农村市场，与贫困村、农民专业合作社、建档立卡贫困户签订农特产品供销合同，助推农产品上行，助力全市脱贫攻坚。

加大农产品品牌培育，提升农产品品牌竞争力和影响力。我们围绕昭通六大高原特色农业产业发展，建立完善农产品数据库。积极开展“三品一标”认证，打造昭通区域公共品牌、企业品牌和农产品品牌，涌现出昭阳红、沁果昭红、绿健果蔬、嘎蹦脆、小草坝天麻、三川办花椒等一大批知名品牌，提升了昭通农产品市场竞争力、影响力和知名度。

加大农产品溯源体系建设，加强知识产权保护和市场秩序维护。加大招商引资和招商引智力度，引进映朝科技、闻远科技等第三方电子商务服务企业落户昭通，参与昭通高原特色农产品溯源体系建设，建立二维码技术，为农产品做好“身份”标识。

加大农产品营销推广，积极拓展销售市场。为了让昭通农特产品得到市场认可和消费者认同，我团结带领商务系统的同志们积极转变工作思路，支持电商市场主体，在销售模式上大胆探索，力求突破。紧紧抓住东西扶贫协作的大好机遇，大力推进昭通产品“入粤”“入沪”“进京”，特别是充分利用“6·18”“双十一”“双十二”等网络狂欢购物节，开展形式多样、内容丰富的网络营销活动，推介“昭品”，宣传昭通。2017 年，我们组织开展的十二城联动“昭通苹果送给最爱的人”主题宣传营销活动，实现了单日单企销售苹果总量达到 10 万余件的好成绩。2018 年，我们组织开展的“昭品进京”活动，在短短 3 个月的时间里，昭通农产品在北京新发地和岳各庄等市场上架销售，昭通苹果销量达到 2000 余吨，云笋销量达到 1500 余箱，小碗红糖销售额超过 10 万元，18 个品种的冷凉蔬菜累计销售额超过百万元。2018 年 9 月，我们参与组织开展的昭通苹果展销会活动，邀请了全国 11 个网红和 100 余家媒体进行报道，对接电商采购昭通苹果 1.52 万吨、价值 2.21 亿元。

通过持久努力，全市农产品网络销售额逐年攀升。2018 年，全市网络交易额71.76亿元、同比增长14.78%，网络零售额11.25亿元、同比增长67.30%。2019年，网络交易额98.12亿元、增长36.74%，网络零售额17.30亿元、增长53.76%。

农村电子商务的发展，为工业品下行和农产品上行提供了无限的空间，极大地方便了农村地区群众的生产生活，为巩固脱贫成果、实现乡村振兴开辟了一条新路，撑起了一片蓝天。

（作者时任民盟昭通市委员会主任委员、昭通市计划生育协会常务副会长）

运用新模式　破解老难题　全力推进电商扶贫

沈　旭

近两年来，在市委、市政府的领导下，在省商务厅的关心支持下，昭通市商务局抢抓国家加快实施电子商务的机遇，依托电子商务进农村综合示范项目建设，将电子商务与精准扶贫有机结合，扎实推进农村电商平台建设，有效助力脱贫攻坚。以帮助贫困农户增收为出发点，以农村电商为重要抓手，以特色农产品为依托，运用“电子商务公共服务体系+合作社+贫困户”“电子商务公共服务体系+电商平台+贫困户”“电商主体+合作社+贫困户”等模式全力推进电商扶贫，电子商务发展氛围日益浓厚，交易额逐年攀升，农产品网络销售额显著增长，贫困群众逐年增收，为打赢全市脱贫攻坚战做出了贡献。

电商服务，赋能新型农业

家住永丰镇三甲村小龙潭村民组的致富带头人雷正荣，从事苹果种植10多年，因不懂技术、不懂管理，加之自然灾害频发，创业之路步履维艰，尝尽了各种辛酸。在市商务局的帮助下，为突破困局，雷正荣抱着试一试的心态与云南农业信息网平台合作，借助网络平台和市场订单，生意逐渐好转，基地规模也越来越大。2017 年，随着电子商务进农村综合示范项目的实施和推进，通过市、县、乡、村四级电子商务公共服务体系建设，市商务局在开展实操培训的同时，为雷正荣开拓电商市场提供了理论支撑和技术支持，同时帮助他开拓了苹果、葡萄等的网络销售市场，并带动树苗产业蓬勃发展。雷正荣采取“公司 + 合作社 + 农户”的模式玩转了“互联网 + 农业”，在四级电商公共服务体系的支持下，更是如虎添翼，互联网销售平台的搭建和维护搞得风生水起。近几年来，雷正荣电商平台年销售额均在 1000 万元以上，实际带动农户 200 余户，每户每年经济收入达 2 万—10 万元。像雷正荣这样通过电商渠道带动贫困户致富增收的案例还有很多很多，全市各县（市、区）都有，在这里就不一一列举了。

在电商扶贫的探索中，我们逐步找到了一条适合昭通实际的“电子商务公共服务体系 + 电商平台 + 电商企业 + 合作社 + 农户”电商扶贫模式。以电子商务公共服务体系为核心，以农产品供应链建设为纽带，以合作社和农户为服务重点，为全市电商主体和贫困农户提供服务。一方面，对接电商平台和电商企业，为农产品拓宽网络销售渠道；另一方面，整合农民专业合作社和贫困农户的分散资源，让贫困农户的土地、劳动力等资源得到充分利用，通过网络渠道让农产品变成商品，使贫困农户能够增收致富。截至目前，全市已经建成 1 个市级电子商务公共服务中心、10 个县（区）级电子商务公共服务中心、139 个乡镇（街道办事处）电子商务公共服务站、783 个村级电子商务公共服务点。自电子商务进农村综合示范项目工作开展以来，我市电商扶贫直接或间接帮扶了 10 余万户贫困户，涉及 40 余万人，辐射带动贫困地区群众销售各类农产品价值近 100 亿元，培养出了一批农村电商从业者，帮助贫困群众通过电商进行创业就业，有效缓解了农村劳动力的就业压力。通过开拓网络市场，全市农产品商品化率提升了 20% 以上。

网络促销，拓展农产品市场

2017年，“昭通苹果送给最爱的人”十二城联动网络视频直播推介销售活动，从苹果园现场采摘、现场打包、现场发货，让消费者更直观地了解昭通苹果从生产到销售的全过程，吸引了100万多人关注，累计销售额超过300万元，真正帮助贫困果农拓展了市场，增加了昭通苹果的销售量，帮助果农解决了销售问题，增加了收入。

2018年，通过“昭通苹果原产地网红采风直播暨昭通苹果品牌传播与推介活动”，邀请果农代表推介讲解，在各大直播平台进行直播，共有500万名网友观看了网红直播，同时在新浪、搜狐、凤凰、网易、今日头条等网络媒体上进行了报道，直播活动及网络报道有效地宣传了昭通苹果，进一步提升了昭通苹果的美誉度，在网上引起了“昭通苹果热”，直接带动苹果网络销售超500吨，价值超600万元，让昭通这个中国南方最大的高原山地优质苹果主产区成为网络消费者口碑极高的地标。

2019年，通过阿里巴巴云南丰收节上的淘宝直播，装满10辆重型卡车的140吨昭通苹果一瞬间即被全国各地网络买家抢完。在9月23日的昭通苹果展销会上，“昭阳红”品牌在线上线下同时发布，阿里巴巴、本来生活、每日优鲜、百果园、盒马鲜生等百余家知名电商平台签约分销昭通苹果，通过网络渠道的扩散能力打造了一场盛况空前的苹果品牌盛宴。仅展销会期间，我们通过各类电商渠道销售苹果10余万单，价值超过1000万元，后续带动线上线下销售苹果超十万吨以上，直接增加了广大果农的收入。

2020年，紧跟郭大进市长为永善脐橙代言的热度，开展脐橙网络营销活动，以网络直播推广、现场签约、农产品产销对接洽谈的方式，把永善脐橙种植专业合作社、供应链企业和电商企业、商场、超市、便利店等销售端有机结合起来。组织电商企业在10余个主流电商平台同时开展永善脐橙网上促销，通过多种网络营销手段吸引消费群体，实现网络销售2万余斤，销售额超 10 万元，同时邀请多名网红主播在活动现场为永善脐橙进行直播宣传，借助其粉丝的点击与链接分享，直播期间实现 30 余万人次观看脐橙宣传视频，加上录播回放，营销活动视频总播放次数达 2000 万次，与线下宣传形成呼应与共鸣，对永善脐橙这个地域品牌的推广起到了超强的推动作用。

2020 年 5 月，通过甄选企业协助“百日总攻·抖来助力”大型直播宣传推介活动，为生产厂家提供运营和发货方面的专业指导。郭大进市长走进抖音直播间专场，为噜咪啦薯片、巧家小碗红糖、云栗、云笋带货，并推介“彝良小草坝”和“昭通大山包国家公园”景点，两小时直播期间，销售 10.1 万件产品，销售额达 361.2 万元。

近几年来，我们通过发展电子商务，开展网络宣传营销活动，构建农产品供应链，借助线上渠道将农产品通过网络销往全国各地。通过区域公共品牌的打造、农产品标准化建设、农产品“三品一标”认证、网货共享仓建设、网络宣传营销活动等方面的工作落实，极大地提升了我市农产品网络销售的数量和效率，在便利贫困农户销售农产品的同时，也提升了农产品的附加值。2019 年，我市电子商务工作取得较好的成绩，全年实现网络交易额 98.12 亿元，同比增长 36.74%；实现网络零售额 17.30 亿元，同比增长 53.76%。目前，昭通农产品的线上销售比例正逐年提高，网络市场已经成为农产品销售的快车道。其中，苹果的线上销售额已经接近总销售额的 30%，这个比例还在迅速提升。总体上看，网络渠道的平均价格大大高于传统市场价格，同样的农产品在网上可以卖更多钱，农户收入明显增加。同时，网络渠道对昭通农产品知名度、美誉度的提升效果远远高于传统渠道，进一步推动了昭通农产品地域品牌的建设打造。

培育品牌，增加农产品附加值

结合2017年度电子商务进农村综合示范项目建设的推进，进一步加快农业产业转型升级和结构调整，以“互联网＋现代农业”为引领，以促进农业供给侧结构性改革为主线，以建设电商大数据中心和农产品溯源体系为重点，进一步加强农产品标准化生产、品牌化经营，培育网货品牌，形成了以苹果、天麻、花椒、沿江特色水果等特色农业产业体系和农特产品加工体系，全市农村经济发展的内生动力得到显著提升。通过昭通市电商大数据中心的投入使用，实时抓取苹果网络市场的数据，对市场数据的深入挖掘分析，用于指导苹果的生产、市场定位和促销活动，让昭通苹果的生产方式由原来的“种什么品种卖什么品种”逐渐向“市场需要什么品种就种什么品种”转变。同时，通过电商的发展推动了农产品溯源体系建设进程，目前已经率先在网销苹果上推广使用可溯源视觉二维码电子标签，初步实现了来源可查找、质量可追溯、责任可追查，保障了产品质量和安全，推动了产品标准化生产和品牌化建设，促进了苹果产业绿色、健康发展。

开展农村电商扶贫以来，我们依托昭通苹果的品质优势，充分利用现代商业模式和电商新技术，着力培育打造昭通苹果的区域公共品牌，多措并举开展昭通苹果的网络营销推广，构建了日趋健全的线上销售模式，逐步形成了以新型网络销售渠道为引擎、电商龙头企业为引领、个人创业者和果农为补充的昭通苹果网络营销大格局，有效地带动了昭通苹果的网络销售，推动了昭通苹果产业的飞速发展，促进了苹果等农产品上行，进一步深化了农业供给侧结构性改革。

（作者时任昭通市商务局电商物流科副科长）

奏响中国马铃薯大会的昭通乐章

胡明成

2018年2月23日，是春节刚收假的第二天，天上还时不时地飘着雪花，气温还在零摄氏度左右徘徊，昭通市农业农村局赵高慧副局长带领市农业系统的10多个技术专家，到鲁甸县水磨镇落实即将在昭通召开的2018年中国马铃薯大会观摩现场的准备工作。进入水磨镇政府会议室，里面满满当当地坐了几十个人，这些人都是鲁甸县农业农村局和水磨镇党委政府抽调来的技术骨干，一场现场准备攻坚战即将在这里展开。

按照惯例，中国马铃薯大会是在北方和南方轮流举办，2016年是河北省张家口市举办，2017年就轮到南方举办了。昭通市是马铃薯生产大市，马铃薯常年种植面积300万亩左右，在全国州市级中排名第五、在云南排名第二，有着悠久的种植历史和深厚的马铃薯文化。经云南省农科院经作所所长、中国作物学会马铃薯专业委员会副秘书长隋启君研究员的举荐，中国作物学会马铃薯专业委员会秘书长陈伊里教授在隋启君研究员等省级马铃薯专家的陪同下，于2016年4月16日到昭通考察承办中国马铃薯大会的条件。马铃薯专业委员会原来的想法是让昭通承办2017年大会，但听取了昭通的情况汇报后，陈伊里教授一行觉得住宿、会场等办会条件还不够理想，最终决定2017年大会在与昭通毗邻的贵州省毕节市举办，昭通与中国马铃薯大会失之交臂。随后，市农业农村局将此次陈伊里教授一行考察的情况向市政府郭大进市长和分管农业的苏建宏副市长进行了汇报。郭市长对这件事非常重视，认为中国马铃薯大会在昭通召开，是一次向全国马铃薯业界人士展示昭通、推介昭通的绝好机会，要加强汇报和协调沟通，一定要争取在昭通举办一次中国马铃薯大会，2017 年不行，那就 2018 年举办。经过郭大进市长和隋启君研究员等领导及专家的积极争取，马铃薯专业委员会决定打破惯例，2018 年大会定在和贵州省毕节市同属南方的昭通市举办，由昭通市人民政府、云南省农业农村厅、云南省农业科学院共同承办。

观摩生产现场是历届中国马铃薯大会必备的会议内容之一。为此，市政府苏建宏副市长带领市农业农村局相关同志多次深入昭阳、鲁甸进行调研和现场踏勘，最终确定在马铃薯生产规模大、生产水平较高的鲁甸县水磨镇、新街镇打造生产现场。

现场地点定了，只能说是“万里长征第一步”。展示什么，如何展示，才能既为大会提供高标准、高质量的观摩现场，又体现昭通的办会特色？种植什么品种、集成应用哪些技术才能确保参观现场马铃薯长势良好、体现参观现场的科技水平？

近年来，在市委、市政府的坚强领导下，全市马铃薯产业得到了快速发展，但生产中仍然存在品种退化严重、脱毒种薯推广覆盖率低、科技集成应用水平不高等很多问题，而面临最大的挑战是马铃薯晚疫病的防控。昭通是马铃薯晚疫病的高发区，爆发时间一般都在 6 月下旬以后，发生频率高、发生面积大、发病程度严重，加之农户对马铃薯晚疫病防控认识不足，基本不进行防治。参观现场沿线马铃薯种植面积 2 万余亩，涉及千家万户的农民，如果不抓好马铃薯晚疫病防控工作，造成马铃薯提前倒苗，整个观摩现场将毁于一旦，无论对大会主办方还是对所有参会代表都无法交代，对昭通的负面影响将不可想象。

众志方能成城，合作才能共赢。为了办好现场，昭通市委、市政府邀请云南省农技推广总站、云南省土肥站、云南省植保植检站、云南省农科院经作所、云南农业大学农学院、云南师范大学马铃薯科学研究院作为技术支持单位，市农业农村局、鲁甸县农业农村局抽派技术骨干参与，由农业农村部薯类作物专家指导组副组长、中国作物学会马铃薯专业委员会副秘书长、国家马铃薯产业技术体系岗位科学家、云南省农业科学院经济作物研究所所长的隋启君研究员牵头，充分发挥省、市、县马铃薯专家的主观能动性，有针对性地制定了《2018 年中国马铃薯大会参观现场展示示范方案》《2018 年中国马铃薯大会参观现场马铃薯栽培技术方案》《2018 年中国马铃薯大会参观现场马铃薯晚疫病防控方案》《2018 年中国马铃薯大会参观现场马铃薯品种竞赛实施方案》等一系列方案。

展示内容方面，重点展示 10000 亩马铃薯种薯标准化繁育示范基地、20 公里商品薯标准化生产高原立体农业色带景观、马铃薯先进施肥技术(水肥一体化)、马铃薯配方肥施用效果、马铃薯晚疫病综合防控技术、马铃薯先进栽培技术示范、玉米—马铃薯规范化间套作、马铃薯新品种、马铃薯字画景观等具有地方特色的生产现场。品种选择方面，选用了近年来在昭通种植表现良好的“云薯 505”“青薯 9 号”等马铃薯新品种。科技集成应用方面，明确了参观现场马铃薯全部实行“七统一”措施，即统一良种、统一种薯处理、统一整地、统一播种节令、统一种植规格、统一科学施肥、统一马铃薯晚疫病防控。晚疫病防控方面，以“预防前期、控制中后期”为防控工作总思路，抓好全生育期监测与调查、全面开展技术培训、全面实行统防统治三个环节，发病前期主要选用保护性药剂，发病后选用保护性药剂和治疗性药剂相结合，药剂交替使用，并适时补施叶面肥，延缓植株衰老、提高植株抗病能力。封垄期选用高效药剂进行防治。针对降雨情况，自发病初期，根据药效期长短，合理安排用药次数，约每 7—10 天用药一次。

从 3 月上旬开始，省、市、县、乡各级抽派了大量的骨干技术人员组成现场准备工作组，长期驻扎在水磨镇、新街镇开展观摩现场准备工作，其中，省农业农村厅抽派 10 人，省农科院抽派 6 人，昭通市农业农村局抽派 18 人，鲁甸县农业农村局抽派 30 余人，水磨镇及新街镇抽派 20 余人，分为品种展示、栽培技术、土肥、植保 4 个小组，省、市、县、乡人员分组搭配，按照确定的展示内容分类组织实施。各小组又实行集中统筹、分片指导、责任到人，盯到农户、盯到地块，确保面积落实、种植规范、技术到位、苗齐苗壮。

为抓好马铃薯晚疫病防控工作，大会筹备组未雨绸缪，早在 4 月上旬就在观摩现场核心区安装了 2 台马铃薯晚疫病自动监测仪，做好预测预报工作。进入马铃薯团棵期后，现场准备工作组再次全体动员，深入田间地块进行巡查，确保及时发现中心病株，结合中、短期天气预报，指导开展统防统治和群防群治。从 5 月下旬到大会召开前，整个观摩现场调动了 6 架飞防无人机、40 台机动喷雾器开展统防统治，其中，核心展示示范区统防了 8 次，参观沿线统防了 6 次。

7 月 9 日，长长的车队浩浩荡荡地驶向鲁甸县水磨镇，1300 余名参会代表沿线参观了 2018 年中国马铃薯大会生产现场，映入眼帘的是大片大片绿油油的马铃薯，田间管理措施到位、地表整洁、长势良好，“中国马铃薯大会”会标会徽、“昭通洋芋”“鲁甸欢迎您”“高原鲜切薯片噜咪啦”等一幅幅用马铃薯与甜荞、不同颜色水稻品种拼成的美丽图案 20 公里马铃薯色带景观，深深吸引了全体代表的眼球，让人疑处仙境，流连忘返，心生感叹。

2018 年大会召开时间比 2017 年毕节大会推迟 20 天，而这 20 天正是马铃薯晚疫病集中高发的时期，在省、市、县农业及科研部门的共同努力下，基本控制了马铃薯晚疫病的发生。截至 7 月 25 日，参观沿线及各示范点马铃薯仍然保持良好长势，马铃薯晚疫病发病级别低、无连片及高级别发病地块出现，体现了云南省及昭通市运用马铃薯科技的能力一流。

时至今日，在谈到 2018 年中国马铃薯大会时，隋启君研究员仍然津津乐道，他说：“2017 年中国马铃薯大会在贵州省毕节市成功举办，举办时间是 6 月中旬。昭通和毕节都是马铃薯晚疫病的高发区，且爆发时间一般都在6月下旬以后，这就是毕节市将大会召开时间选择在6月中旬的原因。而昭通敢于把大会时间确定在7月召开，本身就是一个挑战，如果防控上出现失误，整个参观现场将毁于一旦。面对挑战，大会筹备领导小组组织省、市专家，精心制订了参观现场马铃薯晚疫病防控技术及防控方案，积极组织开展预测、预报及统防统治，防止了马铃薯晚疫病的发生和蔓延，为大会提供了高质量的参观现场。直到8月下旬，参观现场马铃薯仍然保持正常生长态势，这是一个了不起的成就。马铃薯晚疫病的有效防控，既彰显了云南的科技自信，也体现了昭通各级高水平的组织和执行能力。”

筹备了一年多的大会终于落幕，参会代表聚也快、散也快，都是匆匆过客，而地里的马铃薯仍然在保持健康的活力。一场大会，动员了上千人参与筹备，凝聚了省、市、县、乡各级各部门的智慧和艰辛的努力，这些付出，能给昭通马铃薯产业带来些什么？总体来看，2018年中国马铃薯大会是一次空前的盛会，会议规格高、规模大。国家农业农村部副部长、马铃薯专业委员会主任委员屈冬玉和云南省政府副省长陈舜出席了会议，云南省科协主席、中国工程院院士朱有勇和云南省农业农村厅厅长王敏正等领导、专家以及全国21个省、5个自治区、4个直辖市政府、农业部门有关负责人、科技人员参会交流，有涉及马铃薯全产业链（马铃薯原原种、原种、培养苗、肥料、农药、农业机械、加工等）及其他农产品种植加工的285家企业参展，参会、参展总人数达2600余人，为历次大会中参会人数、参展企业最多的一次，达到了宣传昭通、推介昭通的目的，提高了昭通马铃薯的知名度。更为重要的是，观摩现场的打造，集成应用了很多马铃薯生产先进技术，既是对我市参与现场准备工作技术干部一次生动的培训和实践，又为全市马铃薯产业发展树立了示范典型，积累了丰富的经验，贮备了一批技术，这些才是马铃薯产业发展真正的财富。

（作者时任昭通市农业科学院副院长）

奋战六十天
奉一场昭通高原特色农产品的饕餮盛宴

李　静　祖正兵　秦　燕

2019年7月8日上午，昭通市农业农村局乡村产业发展科办公室内，科长李静和祖正兵、秦燕三个人像拼尽最后一口气跑完万米马拉松的选手，又像是大病初愈的病人，虚脱地瘫坐在椅子上，六十天里“五加二”“白加黑”的高强度工作，所有的疲惫困倦在这一刻一起袭来。

电话响起，李静接完电话后，沙哑着嗓子对祖正兵、秦燕两人说：“向副局长刚刚传来最新消息，农业农村部、省农业农村厅和市委、市政府的相关领导对本次对接活动非常满意！企业也反馈说活动对企业和农产品的宣传成效明显，展会结束后大量企业产品订单实现较大幅度的提升，向副局长带着我们这两个月来的辛勤工作，搭建了昭通农产品外销的舞台，向参会嘉宾和昭通父老乡亲奉上了一场优质农产品的饕餮盛宴。”

李静口中的对接活动，是由农业农村部和云南省农业农村厅主办，中共昭通市委、昭通市人民政府承办的“2019年云南省贫困地区品牌农产品招商对接活动”。

2019年5月4日，机构改革后成立不到一个月的昭通市农业农村局乡村产业发展科接到预通知，农业农村部和云南省农业农村厅拟定于7月上旬在昭通市举办“云南省贫困地区品牌农产品招商对接活动”，来自北京、河北等15省（市）的农业农村部门工作负责同志、科研专家、采购商等将参加对接活动。办好这个活动，是推进昭通农业产业扶贫和农业产业化发展的好时机，是展示昭通近年来快速发展的好平台，是昭通农产品由山茅野菜华丽蜕变成千家万户餐桌上特色优质食品的好舞台，但同时也是对乡村产业发展科的严峻考验。从预通知到正式举办只有60来天的时间，这个科室刚刚组建不到一个月，许多工作都还在逐步学习了解的过程中，而且科室成员没有一个人有过参与办大型展会的经验。

从接到预通知开始，昭通市成功举办的马铃薯大会等大型会议的筹备方案及相关材料成了我们科室每天认真学习研读的必修课，一边学习成熟的方案，一边起草此次对接活动的筹备方案等相关材料。

为了昭通对接活动的顺利举行，昭通市农业农村局党组高度重视，李启章局长多次组织召开专题会议进行研究部署，分管副局长向树阳亲自抓对接落实。李局长、向副局长多次带领乡村产业发展科人员到昭通市政府汇报工作，争取领导重视，与省农业农村厅领导全面沟通对接，确保展会筹备工作顺利进行。两位局领导全面靠前指挥，到昭通会展中心实地就会议会场布置、展馆展台布置、会场外围布置等现场进行研究决定，到紫光大酒店、鹤都大酒店等进行活动嘉宾食宿地选定。向副局长出差途中听说昭通人事部门正在昭通国际会展中心举行专场招聘会，当即安排李静、祖正兵赶往会展中心，学习借鉴人事部门招聘会展台布置布局与会场整体效果。听说云南迪庆州正在举办“三区三州”产销对接会，向副局长当即决定带着科室人员前往学习。5月31日，考察学习组一行人员到达迪庆州后，向副局长由于高原反应引起痛风发作，强烈的疼痛让他全身冒汗。为了不耽误本次考察学习，他在宾馆里用毛巾进行热敷后，到香格里拉人民医院进行了简单的检查，服下止疼药，三人火速赶往“三区三州”农产品招商对接活动现场，仔细记录迪庆州活动举办过程中的每一个亮点，为昭通招商对接活动汲取宝贵的经验。到昆明稍事休整后，6月2日上午，向副局长又带着李静、祖正兵前往云南省农业农村厅汇报活动筹备工作，争取到省厅领导的大力支持，追加活动经费37万元，为最后昭通活动参会人员增加

300余人的情况下以98万元的费用成功举办活动打下了坚实基础。

为了此次对接活动的顺利举行，李静付出了艰辛的努力。展馆会场选定、酒店预订、活动经费预算、展馆会场布置的每一个细节敲定，她全程参与。6月7日，儿子高考，李静无法抽出时间陪孩子，孩子需要提前查看考场，丈夫作为一名公安干警抽不开身，李静看着手里的三套会展现场布置方案效果图，当天还要到市政府进行汇报并提请领导审定布展方案，她只好拿出手机发红包让儿子独自打车去看考场。6月23日，活动筹备方案历经20多次修改完善，由市农业农村局党组会讨论通过，即将报送市人民政府正式发布，时间虽已是深夜12点多了，但为了确保方案万无一失，李静还带着科室里两个年轻人进行最后逐字逐句地校对。校对完最后一稿回到家里已是凌晨3点，蜷缩在沙发上昏昏欲睡的儿子强打精神起来告诉妈妈一个高考分数后倒头睡着了，为儿子考出了较为理想成绩而高兴的同时，李静心里也为这一个月来天天加班而疏于陪伴孩子高考泛起一阵愧疚。

为了展会的顺利举办，祖正兵、秦燕也在60天的筹备时间里辛勤付出了许多。展会筹备的方案、领导欢迎词、产业推荐等材料撰写，布展氛围营造图片收集、参展企业收集筛选、企业展板材料收集汇总等具体而烦琐的工作就落到了两人身上，因为筹备工作经常加班，秦燕只得把尚未满1岁的女儿送回威信老家交给父母照看，祖正兵也完全顾不上照顾正上小学的女儿与刚满2岁的儿子。7月4日，招商对接活动现场，人山人海的逛展人群中，一个系着红领巾的小女孩一边看着琳琅满目的诱人美食，一边寻找60来天一直清早出门深夜归家没有辅导过自己写作业的爸爸祖正兵。

主要领导高度重视，协同分管领导靠前指挥，科室人员全力以赴，终于换来了招商对接活动的圆满成功。2019年7月4日，来自全国15个省（市）的613位来宾参加了会议（其中，参加企业264家370人，云南省内8个州市107家企业或农民专业合作社参会并参展）。省内企业（合作社）带来的20余大类、300多品类的特色优质产品在昭通国际会展中心一楼展厅内异彩纷呈，每一个展位美观有序，每一份展品绿色生态。千人会议室内座无虚席，国家产业扶贫政策宣讲、特色优质农产品推介等活动高潮迭起，现场协议签约项目 12 个，协议投资 13.375 亿元，昭通签约项目总资金 8.18 亿元，占全部签约成果的 61.2%。会展大厅内参展企业与采购企业洽谈合作人声鼎沸，消费者扫码微信下单让参展企业工作人员应接不暇。“你们昭通的活动太成功了，每一位到昭参会的嘉宾到站都有人接，食、宿、行落实到位，抽调农产品专家专门负责好现场参展商品的甄别工作保障了产品的绿色优质，整个活动为参会嘉宾与昭通父老乡亲奉上了一场昭通高原特色农产品的饕餮盛宴。昭通有绿色生态的环境，越来越便捷的交通，优质的农特产品，相信昭通的高原特色产业一定会发展得更好。”7 月 5 日，一位参加完对接活动准备返程的嘉宾对市农业农村局负责后勤保障的工作人员如是说。

辛勤工作让昭通招商对接活动成功举办，也为参展企业发展带来了无限商机。2019 年上半年，云南菜人家食品有限责任公司商品销售收入 1600 万元，7 月以后，商品销量明显增加，全年实现销售收入 4977 万元，展会过后的下半年销售收入较上半年增加一倍以上。彝良农副食品加工企业 2019 年销售收入较 2018 年增加 200 多万元。作为招商对接活动重要签约项目的昭阳区百昭有机农业发展有限公司，签约之后即全力开展基地建设，2020 年年初正式投产，至 8 月，公司实现直供粤港澳大湾区蔬菜 6000 多吨，蔬菜基地在为本地劳动力带来大量务工岗位的同时，也为粤港澳地区奉上了来自昭通的优质农产品。

凡是过往，皆为序章。昭通农业发展对比全省全国还有较大差距，农产品加工尤其是精深加工更是远远落后于全省全国水平。今后的工作中，昭通市农业农村局将不断致力于推进昭通高原特色农业发展，大力推进龙头企业培育，以特色产业发展助力昭通乡村产业兴旺。

（作者李静时任昭通市农业农村局乡村产业发展科科长，祖正兵、秦燕均系昭通市农业农村局乡村产业发展科工作人员）

拓宽致富路　彰显供销情

方星鸿

磅礴乌蒙，物产富饶。昭通素有“资源金三角”的美誉，民间自古形容为“搬不完的昭通”。由于特殊的地理环境和气候条件，昭通农特产品丰富多样、生态环保、安全优质、四季飘香。脱贫攻坚从“输血式”扶贫到“造血式”扶贫的转变，离不开产业扶贫的支撑，离不开农产品销售渠道的拓宽。只有在贫困地区和市场间架起桥梁，才能让昭通优质的农特产品走出乌蒙大山，走向全国市场，走进千家万户。

昭通供销自脱贫攻坚工作开展以来，积极履行职责职能，充分发挥部门优势，紧跟时代潮流，积极搭建和借力电商平台，拓宽了农产品销售渠道和市场，提高了农产品商品化率和市场占有率，开辟出了新的致富路。作为昭通供销的一员，我有幸参与并见证了昭通高原特色产业发展壮大，带动广大群众脱贫致富的历史性转变。

消费扶贫，精准销售，产业大了

2020 年 4 月 14 日，在全国新冠疫情得到了有效控制，各地逐步进入复工复产之时，东莞市供销合作联社欧颂调研员带队，携下属企业再次到我市开展农产品产销对接工作。这次对接，我们认真选取了全市 20 多家农产品生产加工企业和农民专业合作社的农特产品参会。会上，每一位负责人都详细地介绍了自己的农特产品，或诙谐幽默，或严肃认真，各有各的特色，尽显昭通风采。昭阳区庆丰种植专业合作社的理事长赵庆尤同志，已近耄耋之年，可他仍然精神抖擞，说话铿锵有力，自豪地介绍着他的紫仁核桃："紫仁核桃是我们自己研发的，经农科院检验后发现它的营养成分比较特别。一个是维生素和蛋白质含量较高，并且它富含花青素，具有药用价值，很受消费者欢迎。二是紫仁核桃丰产，价格高，现在市场价是 200 块钱一斤。"经过试吃，得到了大家的高度认可。彝良县华耀商贸有限公司带来了全县 50 余种产品，其中天麻面条等特色产品受到了东莞供销的青睐，当天立即签约 10 万元。昭通市大成农业开发有限责任公司的花椒一打开，浓浓的花椒香味就充满了整间屋子，好的产品可真是自己会说话。大家一闻味道，二看色泽，就知道这个花椒的品质非常好。大成公司独家研制的花椒洗护产品，如润肤乳富含花椒精油，擦在手上，相当滋润，获得了在场所有人的高度认可。

听完洽谈会上产品的介绍，东莞供销集团的总经理黄沛然激动地说："昭通真是一个物华天宝的地方，应当充分利用昭通的特色产品，打造属于昭通的品牌。希望通过我们供销的力量，合力合作把这些好的产品带给东莞人民，带到广东市场。我们东莞供销会尽最大的努力帮助大家一起把产品做好，让产品更加特色化，建立成熟的供应链，提高效益，实现多赢。"

在这次对接洽谈会中还有一件事令我很受触动。当天中午已到饭点时间，大家交流了一上午，已是饥肠辘辘，供联 e 家的负责人殷茵女士却提出给她带一份盒饭就行，她要接着对这些产品进行筛选考量，决定采购的数量和金额，我被她这种敬业的精神深深打动。不知道是不是受殷总的影响，还是洽谈会进展顺利的喜悦太浓烈，我也忘记了饥饿，紧接着准备下午签约需要的材料。这次洽谈会签订了首批以天麻、花椒、竹笋、苹果等特色农产品为重点的订单 348.5 万元。虽然当天感觉很累，可是看到一份份签约协议、一笔笔交易，看到参会人员脸上洋溢的笑容，就觉得一切都值了。

自参与东西部协作消费扶贫以来，我们市社积极与东莞、中山供销社对接，先后开展了 8 次面对面的沟通交流，对消费扶贫工作进行深入的探讨和安排。截至 2020 年 9 月，共签订了 2550 万元的采购协议，有效地促进了昭通农特产品入粤。为了更好地承接消费扶贫工作，我们学习借鉴了东莞供销社的经验做法，组建了昭通市供联开发有限责任公司，和东莞供销集团共同搭建线上昭通扶贫馆，东莞供销负责平台的宣传推广，昭通供联公司严把产品质量，按照要求组织发货。东莞市民只需要手指一点，就可以购买到昭通的优质农特产品，享受来自大山的美味，消费扶贫的“头回客”变成了“回头客”。

经过这几年的推荐和宣传，昭通的农特产品得到了广大客户的认可，获得了很好的口碑，促进了产业做大做强，实现了可持续发展。

直播带货，直达终端，农民笑了

“小方，昭通日报社的张永刚同志打电话过来，想和我们一起开展直播带货助农的活动，你和他联系一下。”市社赵声满主任对我说。听到这句话，我内心很激动，当下新媒体发展迅猛，电商助推脱贫、直播带货、网红推荐、网销日益受到欢迎并已成大趋势，农产品能借助电商这个渠道，可以让更多的人知晓，让客户更方便快捷地购买到我们优质的农特产品。我迫不及待地拨通张永刚老师的电话，想快速高效完成沟通对接，明确双方的职责，尽快推动这项工作落地。

经过几轮面对面的沟通交流，我们签订了“农特产品助力脱贫攻坚”网络宣传推广活动方案。我们市社负责分季节、时令推荐本地优质的农特产品及其供货方，配合做好昭通农特产品的品牌打造和宣传推广，对认可、参与的供货方授权使用“中国供销”标识，指导做好农特产品的销售。《昭通日报》负责利用微信、抖音、今日头条、北纬 29° APP 等媒体资源，做好昭通农特产品全方位的宣传营销推广。

《昭通日报》为这次活动精心制作了宣传海报，一张张让人垂涎欲滴的产品图片，一句句深入人心的宣传文案，激发了消费者的购买欲望，俘获了消费者的心，得到了各方人士的高度关注和支持。“这是一波有感情的广告！用情之处最动人。”“诗情画意，真美，必须转起来，为家乡出一份力。”“昭通特产，越看越抢眼，越吃越有味，越品越更甜。”“看着就想流口水的图片，昭通特产，走向全国。”评论区一条条真情实感的留言，朋友圈一次次链接的转发分享，都是网友们对昭通的关心和支持，对昭通农特产品的认可。

活动启动以来，先后推出了蓝莓、葡萄、苹果、花椒、猕猴桃、天麻等一系列优质农特产品的线上推广宣传，成效显著。今年受疫情影响，生鲜水果的市场价格都不理想，持续走低，但通过活动的宣传推广，农特产品直达消费终端，消费者能边看直播边购买，买到价格合理品质优异的产品。

鲁甸县久龙种植专业合作社负责人张正雄满怀激情地说：“我们的张副县长亲自来给我带货，《昭通日报》、供销社的同志尽心尽力帮我宣传推广，我唯有把蓝莓种得更好、把合作社办得更好，带动更多的老百姓脱贫致富，才对得起大家。”

“我特别感谢你们这个团队，免费帮我们做宣传打广告，提高了我们今年猕猴桃的销量，扩大了我们的知名度，太感谢你们啦。”威信县农域种养殖专业合作社理事长王忠伟说道。

本次直播带货的活动，双方合作积极搭建了农产品的销售平台，实现了合作社产销精准对接，打通了农产品销售渠道，助力全市产业扶贫，带动了合作社的农特产品走出大山、走进市场。

832 平台，多方参与，渠道宽了

“方同志，你好，我想入驻 832 平台，请问需要怎么操作？”“小方，你好，我们的银行账号审核不了，怎么办？”“方师，你好，这个审批码怎样才能获取？”“小方，这个承诺函要怎么处理？”类似的咨询电话我每周都会接到好几个，每次接起电话，我内心都十分高兴。我知道，这些企业、合作社都想多拓宽一个销售渠道，多发展一个销售平台，可是苦于人才的缺乏，很多合作社没有专门从事网络销售的人员，工作大多由合作社理事长一肩挑，既要抓好生产，又要抓好销售，担子很重。特别是在今年疫情的影响下，农产品的销售情况都不容乐观，我十分希望能通过扶贫 832 平台，给他们带来更多的机会，增加他们的收入，所以不管当时我在做什么，我都是耐心解答。

扶贫 832 平台是中国供销电子商务有限公司（供销 e 家）在财政部、国务院扶贫办、中华全国供销合作总社的指导下建设和运营的、集“交易、服务、监管”功能于一体的贫困地区农副产品网络销售平台，一头连着 832 个贫困县的农副产品，一头连着各级预算单位政府采购的大市场。

我们市社收到《云南省财政厅　云南省人民政府扶贫开发办公室　云南省供销合作社联合社关于开展政府采购贫困地区农副产品调研工作的通知》（云财采〔2020〕21 号）文件后，及时与市财政局、市扶贫办共同研究，制定下发了《昭通市财政局　昭通市人民政府扶贫开发办公室　昭通市供销合作社联合社转发〈贯彻落实政府采购贫困地区农副产品实施方案的八条措施〉的通知》（昭财采〔2019〕15 号）。市社流通科的车翎科长也多次到扶贫办对接，协调扶贫企业和产品审核工作，推进“扶贫 832”平台企业、合作社入驻，产品上线。

我们也积极督促各县（市、区）供销合作社主动联系对接财政、扶贫部门，研究各县（市、区）的贯彻落实意见，做好工作的协作配合。通过微信、电话、会议等多种方式向昭通的农产品生产经营企业、农民专业合作社进行宣传，宣传“八条措施”，积极动员并指导入驻“扶贫 832”平台，组织专题视频培训，促进扶贫产品上线销售。

“又有人咨询了，又有人下单了。”鲁甸浩中农业开发有限公司的总经理谭伟高兴地对我说，“虽然入驻 832 平台的过程有些波折，但现在每天都能接到 832 平台上的订单。感谢供销社引导我们入驻平台，这极大地促进了公司产品销售，提高了公司的知名度，对壮大公司规模有积极作用。”

在多方参与和支持下，昭通农特产品如今能直接对接全国政府采购大市场，能让更多的人看到、了解及购买昭通的农特产品，具有里程碑意义。销售渠道更宽广，农户脱贫更有希望，企业帮扶更有信心。

（作者时任昭通市供销社流通科一级科员）

云南邦铭天麻的“牙膏梦”

李　艳

天麻是昭通六大高原特色产业之一，是可以让贫困户短期脱贫、长期致富的优势产业。但如何做好天麻深加工，延伸天麻产业链，提高天麻附加值，一直是昭通天麻产业发展的短板，备受关注，天麻产业界因此进行了许多有益的探索。

云南邦铭天麻生物科技有限公司（以下简称云南邦铭）是一家以天麻、中药材及种植销售、生物技术推广为一体的本地企业。在素有“天麻故乡”和“世界天麻原产地”之称的彝良县，云南邦铭拥有得天独厚的自然资源优势，不仅有500多亩中药材标准化种植基地，还在天麻种植核心区流转了27000亩土地种植天麻。目前，云南邦铭天麻新产品的开发已初见成效。

云南邦铭董事长、总经理宋召平回顾了几年来天麻种植的大概情形：2014年11月公司成立开始天麻种植，由于受“两菌一种”的严重制约，再加上没有经验，在种植技术及管理上出了一些问题，公司种植的天麻在2015年、2016年收获时都大幅减产，造成了不少损失，一度让他对天麻种植心灰意冷。2017年，宋召平经过认真细致的调研后，重新确定了工作思路，开始着手建立公司规范化种植基地，改进种植技术并加强管理，当年给公司带来40万元收益。

即便如此，在宋召平看来，仅只是种植销售，天麻充其量不过就是一个农副产品。几年时间涉足天麻产业，宋召平认识到昭通天麻长期依赖于鲜天麻和初加工产品的销售，产品精细化程度不高，优质深加工产品少，一直处于产业链的最底端，这样的模式能带来多大效益？如何提升天麻产品附加值？如何延伸产业链？如何才能借船出海？是宋召平思考最多的问题。思虑之后，一个强烈的问号在宋召平大脑形成，云南三七可以做成牙膏，昭通天麻为何不能？

也就是在 2017 年，云南邦铭迎来一个历史性的转折点，天麻产业链向深加工延伸走出了一步。云南邦铭和云南云药生物产业股份有限公司、西南林业大学及昭通市天麻研究院携手研发中药材深加工产品，同时与云南云药签署了《昭通天麻深加工产品开发合作协议》，双方各出资 2600 万元研发天麻系列产品、购置生产线设备，着手对昭通天麻进行综合利用开发，以期实现技术升级、产品升级、品牌升级。

2018 年 4 月，国家卫健委公布的《关于征求将党参等 9 种物质作为按照传统既是食品又是中药材物质管理意见的函》中提到，拟将天麻按照食药物质管理。天麻进入食药物质目录，意味着天麻不再仅是以药品和保健品的形式存在，未来将更多地以食品的形式出现。2019 年 3 月 9 日，国际标准化组织（ISO）正式发布了由昆明理工大学牵头制定的《中医药——天麻药材》国际标准，该标准样品采集主要以昭通天麻为主。在不久后的云南中药国际化发展成果新闻发布会上，昭通市委常委、常务副市长陈真永回答记者提问时表示，昭通将把《中医药——天麻药材》国际标准运用到具体的产业发展中，着力提升品质，加大科技研发，推进精深加工，打造知名品牌，拓宽销售渠道，推动昭通天麻产业更上新台阶。这更坚定了宋召平对中药材深加工开发、提高科研转化能力、改变公司运营模式的决心和恒心。

2018 年 10 月，世界上第一款含有昭通天麻活性成分的牙膏——百宝丹云南天麻牙膏、天麻素牙膏、天麻多糖牙膏 3 款昭通天麻口腔护理用品获生产许可证。2019 年 1 月 6 日，云南云药和云南邦铭等多家单位参与研发的口腔护理用品牙膏系列产品上市，获得国内 17 个省市代理商青睐，不到

20天时间50万支牙膏便销售告罄。至此，昭通天麻产品应用升级迈出关键一步，同时也为昭通天麻进入更为广阔的市场赢得了竞争的砝码。

2019年3月6日，广东商人晋英与云南邦铭签订了昭通天麻牙膏系列产品的代理协议，拿下了广东省的区域代理权。2019年11月底，昭通天麻漱口水及牙齿去渍液两款新品再度上市。据悉，天麻面膜和洗发水等日化产品也将陆续上市。

“2019年年底，全国有24家省级代理、78家州（市）级代理、160家县级代理、50多个线上代理，昭通天麻牙膏系列产品进而走向全国市场，并出口韩国、越南、泰国、迪拜等地。”宋召平介绍说。

天麻牙膏系列产品的良好市场反响给了云南邦铭下一盘大棋的信心，拟成立昭通云天麻生物医药大健康产业股份有限公司。毫无疑问，对昭通而言，天麻提取物可应用到包含医药、食品、日化用品等多个领域的特性，将让天麻产业不再依赖于鲜天麻和初加工产品的销售，进而转向精深加工产品开发。随着产业链的延伸，天麻市场的潜能被激活了。在宋召平看来，昭通天麻产业遇到一个前所未有的大好时机，他津津乐道于即将开发的产品，天麻药油可以祛风、天麻精油可以舒缓神经、天麻口服液可以消除口臭，而这些产品含有黄精、白芨、苹果的提取物，防腐剂使用的是竹叶黄酮。

昭通天麻牙膏的组成成分含昭通红苹果提取物和竹叶黄酮，云南云药提供的数据显示，每支牙膏含昭通红苹果提取物、竹叶黄酮各0.5%。显然，把昭通苹果产业及竹产业嫁接在一支牙膏上有了无限可能。在云南邦铭的产品规划里，2019年要突破400万支，2020年争取达到2000万支，2021年达到1亿支。如果2021年生产1亿支天麻牙膏的目标实现，以1支牙膏30元计算，届时，昭通天麻牙膏系列产品将突破30亿元产值，实现税收3.6亿元。昭通天麻产业终将做到借船出海，同时带动其他相关产业的发展和带动更多贫困群众脱贫致富。

（作者系昭通市天麻特产局工作人员）

政企合作拓市场　产销衔接促脱贫

璩华才

“叮叮咚咚、叮叮咚咚”，循着一阵阵刺耳的施工声，我们来到了位于春城昆明滇池湖畔的“昆明滇池国际会展中心”二楼9号高原特色农业馆的施工现场。走进场馆，一股刺鼻的香蕉水味扑面而来，到处弥漫着腻子灰的气息，让人有一种窒息的感觉。

顺着展馆走了一圈，终于来到了“昭通展区”，看着连主体都还没有搭建完成的昭通馆，心里真是火急火燎。跟搭建公司电话对接，对方说道：“进度没有问题，您放心吧！我们保证明天中午前一定完成场馆的搭建。”听到这话，心里有了少许的轻松，因为再过两天，一年一度的南亚东南亚国家商品展暨投资贸易洽谈会就要盛大开幕了。开幕前的布展，是整个展会的重头戏，容不得半点的马虎，展馆设计搭建是否能按时完工、设计风格是否搭调、展馆造型是否具有地方特色元素、展台是否有利于产品的摆放和展销、所用搭建材料是否绿色环保等一系列问题都是必须考虑的因素，缺一不可。

在焦急中等待了一天，场馆搭建终于顺利完工，并交付使用。一大早，背上挎包，带上之前通过烦琐的办证程序领到的参展证，我们几个工作人员来到了展馆门口，准备迎接从昭通各县（市、区）里精心挑选出来的50家企业的到来。这一天，带着不同的独具昭通特色农产品的农业龙头企业正按照事先通知好的会合地点赶来，每次几百公里的路程，着实辛苦。但是，为了能借助南博会这一世界性的大舞台宣传自己的企业，宣传自己的产品，宣传我们昭通农业发展成果，拓宽产品的销路和市场，企业和我们都是乐此不疲、任劳任怨。

“这个展位有点小，而且离主通道远了点，不利于展示，能帮我换一下吗？”

“我的这张宣传画好像效果不太好，能帮我重新处理一下吗？”

“这个展位的格子太小了，产品放不进去，能帮忙弄个大一点的吗？”

“同志，这个展区其他人能放，我怎么不能放呢？”

在与企业的不断解释和争执中，展会的现场布展工作已悄然拉开了序幕，面对各种突如其来的现实问题，有时候真是显得力不从心、束手无策。毕竟展馆面积有限，展位个数有限，要满足所有企业各种奇葩且略显无理的要求，还真是一件让人头痛的事情。面对如此场景，我们每次都只能动之以情、晓之以理、持之以恒、导之以行，最终才能将各种要求化解于无形。通过一天的忙碌，各种展品已各就各位，静待来自五湖四海的宾朋。

回想起多年的参展经历，上述场景，历历在目，它就是我们政府部门历年历届组织企业在全国各地参展的真实写照。

昭通地处云贵川三省接合部的乌蒙山腹地，素有“锁钥南滇、咽喉西蜀”和“云南北大门”之称，是昆明、成都、贵阳、重庆四个大中城市的中心点和云南连接长江经济带、成渝经济圈的重要通道，境内海拔高差大，气候多样，年平均气温 11.3℃—21.1℃、平均降雨量 760 毫米，冬无严寒、夏无酷暑、雨热同季、干湿分明，立体气候、立体农业特点十分突出，境内山清水秀、天蓝地绿、空气清新、土质健康，时时蓝天白云，处处青山绿水。得天独厚的自然气候、种类繁多的地形地貌和丰富的农作物品种资源，不仅造就了大山、大水、大峡谷的磅礴与神奇，更孕育了丰富多样、生态环保、安全优质、四季飘香的农特产品，高原特色现代农业已成为昭通的亮丽名片，“绿色、生态、营养、健康”的农特产品赢得了广大消费者的青睐。昭通农特产品的口碑虽好，但如何让好产品走出去，一直是困扰我市农业产业发展的关键问题。根据省农业农村厅、市委市政府的相关安排，作为政府的行业主管部门，每年市农业农村局都会组织全市农业龙头企业参加各种形式、各种规模的农业展会，通过现场参展推荐的方式帮助企业展示自己、宣传自己，通过“政府搭台、企业唱戏”的方式开阔企业眼界，不断拓宽全市农特产品的销售市场。多年的参展经历，其中不乏汗水和心酸，但内心深处更多的还是展会后销售、签约数据所带来的成就感。

“2 月 14 日 0—24 时，全国 31 个省（自治区、直辖市）和新疆生产建设兵团报告新增确诊病例……”这是 2020 年 2 月 15 日新闻直播间主播播报内容。随着疫情的日趋严重，整个华夏大地也笼罩在新冠疫情的雾霾之中，全国上下共同抗疫，俨然成为 2020 年年初的主题。全球性的新冠疫情给世界经济带来了巨大的影响和冲击，对农业的冲击尤为严重。由于受疫情防控的影响，疫情期间多处道路实行封闭管理，很多农业企业和农户生产出来的农产品运输受阻，造成部分农产品滞销。作为特殊的商品，农产品通常存在不耐储存的特性，如何解决农产品的销售，帮助解决生产户的燃眉之急，持续巩固脱贫攻坚成果，是摆在我们面前急需解决的关键问题。自疫情发生以来，所有计划开展的农业展会也全部取消，在相当程度上影响了全市农产品的销售。

疫情带来了危机，但同时也带来了机遇，疫情期间传统的商业模式受到了极大冲击，但是新兴的商业模式应运而生，政企领导、网红达人直播带货，各种线上平台犹如雨后春笋般在祖国大地迅速萌发。在这样的大趋势下，我们也顺势而为，在各级政府的共同主导下，我市在深圳市消费扶贫中心设置了 200 平方米的昭通展区，组织了各县（市、区）26 家企业共计 187 个具有昭通特色的农产品在展区进行常年现场展示，现场展示的同时还不时组织开展农特产品的网络直播带货销售。

为贯彻落实习近平总书记关于“开展消费扶贫行动，利用互联网拓宽销售渠道，多渠道解决农产品卖难的问题”重要指示精神，切实统筹做好疫情防控和脱贫攻坚工作，拓宽贫困地区农副产品上线销售渠道，推动消费扶贫工作，我们收集汇总了昭通万和食品有限公司、昭通市大成农业开发有限责任公司、镇雄县黑颈鹤生物科技开发有限责任公司、云南康云农业科技发展有限公司等 12 家农业龙头企业的 54 个农特产品上线了“消费扶贫中心——深圳商城”平台。同时，根据省农业农村厅关于做好贫困地区农产品销售的相关要求，我们及时收集了疫情期间全市农产品滞销情况，并将相关情况整理汇总后反馈给省农业农村厅及扶贫部门，并及时组织将巧家县和彝良县的 4 家企业滞销的 19 个农产品单品信息上传至“农产品产销对接信息——云南抗疫助农”平台，组织指导全市各贫困县区有需求的新型经营主体入驻上禾集商城“云南扶贫产品专区”微信公众号，以多渠道、多方式解决农产品滞销问题，完美实现农产品的产销对接。

不断加强政企合作，拓宽销售渠道，实现生产和销售的完美对接，一直是促进全市农业产业发展的重中之重，也是助推脱贫攻坚的关键环节。2020 年，是我市脱贫攻坚的收官之年，虽然即将脱贫摘帽，但后续的乡村振兴必将是我们每个农业人需要持之以恒完成的工作，我们也将持续做好产销对接工作，为帮助农民增收，助力农业产业发展，实现乡村振兴做出应有贡献。

（作者时任昭通市农业农村局信息科科长）

小草坝天麻国际交易中心
为昭通天麻插上腾飞的翅膀

周明月

小草坝天麻国际交易中心，坐落在小草坝镇金竹村中棚村民小组，毗邻景色秀丽、风景如画的小草坝风景区。登上小草坝风景区的山顶，整个小草坝镇尽收眼底，最为吸引眼球的就是小草坝天麻国际交易中心，21 栋淡红色建筑簇拥着白色的交易大厅，与群山翠绿的小草坝山脉交相呼应，宛如一朵正在盛开的玉兰花。小草坝天麻国际交易中心总体规划 6 万平方米，总占地面积 89 亩，总投资 2.8 亿元，是集检验检测、线下交收、线上交易、电商交易与传统交易相结合，仓储物流、生产加工、商务会展、餐饮住宿、购物娱乐等多功能一体的国际性天麻交易中心，是目前全国最大的一个天麻国际、国内交易的集散中心和交易枢纽，是云南宣传推介“小草坝世界天麻原产地”品牌、打造昭通天麻产业集散中心、推动天麻产业同旅游产业联动发展的一个关键性平台。

规划引领

云南自古有“南三七、北天麻”的说法。众所周知，云南的三七已经走出国门，家喻户晓，其中文山三七国际交易中心的建成使这里成为全国三七集散地和交易中心，为推动三七产业的发展起到了极大的作用。昭通作为全国品质最优的天麻种植核心区域和全国天麻的主产区，天麻的交易依然停留在管理不规范、空间狭小、环境散乱差的小草坝集镇，缺乏一个规范化、标准化、信息化和智能化的交易平台。为了突破天麻交易市场的瓶颈，2012 年，昭通市人民政府出台了《关于加快天麻产业发展的意见》，提出了“221”发展思路和三步走战略目标，其中一条就是为规范昭通天麻的交易市场把脉问诊、开方配药，提出要在昭通建设一个天麻国际交易中心，使其成为全国最大的天麻交易市场，使昭通天麻的交易与时代接轨，迎来更新、更好、更广阔的发展空间。

开工建设

民间总流传这样一句话：好事多磨。小草坝天麻国际交易中心的建设大概也是如此吧。2012 年，彝良县林业局委托中国城市发展研究院上海分院为昭通天麻国际交易中心编制控制性详细规划，那时交易中心定位是“中国·昭通天麻国际交易中心”，最初选址为彝良县小草坝。2013 年，市委、市政府为进一步加快昭通天麻产业的发展，在鲁甸县茨院乡选址建设昭通天麻生物产业园区。为整合资源，当时提出要将天麻国际交易中心建在园区内，但几经考察论证，认为彝良小草坝是昭通天麻的主要种植区，小草坝原始形成的交易市场家喻户晓，已经形成了一个品牌效益，是不可替代的，将交易中心建在主产区不仅有利于麻农交易，而且更有利于昭通天麻品牌的进一步提升。

规划已完成，招商引资蓄势待发。2013 年，彝良县政府对外发布天麻交易中心招商引资，县政府积极主动对接企业，考察天麻产业，洽谈交易中心建设。2016 年，彝良县政府与彝良世彭汇实业有限公司签订合作协议，正式开启天麻国际交易中心的投资建设之旅。2017年1月15日，总投资2.08亿元的彝良小草坝天麻国际交易中心在彝良县小草坝镇金竹村正式奠基开工建设。奠基仪式当天，现场一片喜气洋洋，时任云南省卫计委副主任陆林、省疾控中心主任宋志忠等领导出席了当天的奠基仪式。

投入使用

小草坝天麻国际交易中心是彝良县重点招商引资项目，项目投资方彝良世彭汇实业有限公司是一家致力于发展新型高原生态农业产业链公司，是彝良县政府招商引资的重点企业。

千淘万漉虽辛苦，吹尽狂沙始到金。小草坝天麻国际交易中心项目自启动建设以来，经过4次调规才正式开始建设主体工程，原本预计2018年年底就可以投入使用的项目，因建设过程中受资金、交通、气候的影响，建设进度缓慢。通过彝良县政府、彝良世彭汇实业有限公司的努力，经过三年的时间，不断改进完善，小草坝天麻国际交易中心于2019年12月全部建设完毕。中心设有线上交易和线下交易两个平台，线上交易平台是南宁（中国—东盟）商品交易所在云南唯一授权的交易中心，线下交易平台主要用于鲜天麻交易，其占地面积6000余平方米，具有鲜天麻交易摊位200余个，为广大麻农和经销商提供规范、便捷的交易场所。

2019年12月21日，小草坝天麻国际交易中心投入运营，当天进入交易中心的天麻达3万公斤，成交2.95万公斤，成交金额达150多万元。

2020年1月3日上午，冬日的寒冷挡不住交易中心的热闹红火，交易大厅及地下交易市场人声鼎沸。一大早，麻农们就来到各自的摊位，堆放、整理、分装天麻。随着咚的一声锣响，小草坝天麻国际交易中心正式开市，来自全国各地的采购商来到心仪的摊位前，挑选天麻、谈好价钱、装袋上秤，再通过手机转账支付，一场场交易就这样轻松愉快地完成了。开市的当天，有 132 吨天麻进入交易中心，成交 129 吨，成交金额达 800 多万元。线上首单交易，起拍竞价特级天麻每公斤 200 元的拍卖，经过竞拍后，每公斤达到 236 元。

栽下梧桐树，引来金凤凰。自小草坝天麻国际交易中心开市以来，集中交易时间沿用目前小草坝集市交易时间惯例，以农历每月三、六、九日为主进行集中交易。截至 2020 年 9 月底，举办天麻交易 21 场，成交量达 210 万公斤，成交金额达 2.1 亿元。

小草坝天麻国际交易中心的建成使用，规范了彝良小草坝天麻市场交易秩序，改善了交易环境，维护了小草坝天麻品牌形象，实现了小草坝天麻品牌的统一管理、统一认证、统一追溯、统一发布采购信息，切实维护了广大麻农的利益。更为重要的是，小草坝天麻国际交易中心为昭通天麻提供了一个自主创新的、现代化的、规范化的、功能强大的综合性商品在线交易平台，标志着昭通天麻交易打破了传统的交易方式，利用互联网交易平台，实行线上线下两种交易模式。未来，随着线上交易平台和天麻检测检验以及天麻追溯体系建设的逐步完善，交易中心将像一只展翅高飞的雄鹰，带领昭通天麻走出昭通，走向全国乃至世界各地。

（作者时任昭通市天麻特产局园区办负责人）

小小苹果走四方

鲁素君

近年来，昭通市委、市政府把苹果作为全市六大高原特色产业之一大力发展，小小苹果不仅成为昭鲁坝区果农脱贫增收的“致富果”，还将成为乡村振兴中的“产业兴旺果”。

说起来，我很早就与昭通苹果结了缘。在云南农业大学果树专业学习时，授课老师经常谈起昭通苹果，当时就幻想昭通苹果的种种情景。后来，一个偶然的机会，我有幸成为原昭通苹果产业研究所（现为昭通市苹果产业发展中心）的一员。记得刚到单位报到时，新同事热情地从箱子里拿出红彤彤的苹果给我品尝，当时的情景还历历在目。这是第一次和昭通苹果“零距离”接触，当时脑子里就出现一个词“高原红”，只有像昭通这样的高原地区才能种出这么艳丽的苹果。在单位领导、同事关心呵护下，我很快融入服务昭通苹果产业工作中，和前辈们经常到公司、企业、合作社、种植大户家进行技术指导和产业调研。我想，从事苹果产业注定是一辈子的事情了。从相闻、相识，再到相知，我与昭通苹果结下不解之缘，践行着农业工作者的初心和使命。

昭通苹果走过了 80 年的风雨历程，目前已发展成为南方优质苹果生产基地。近些年来，在昭通市委、市政府的大力推动下，昭通苹果成了国家地理标志保护产品，通过品牌效应来带动苹果产业发展，着力打造以“昭阳红”为“金字招牌”、集“沁果昭红”“满园鲜”“嘎嘣脆”等品牌为一体的昭通苹果品牌体系，全力实施品牌带动战略。为了巩固创立的品牌，我们特别注重农业技术改革创新，先后聘请了中国农业科学院中国果树研究所和郑州果树研究所研究员、国家苹果产业体系专家等国内科研院所、高等院校专家、学者为昭通苹果产业绿色、生态、可持续发展建言献策，开发优质苹果生产技术，帮助果农制定无公害、绿色产品发展规划，引进了多个优质高产苹果新品种，调整早中晚熟品种结构，对部分苹果进行高接换优。如鲁甸县硕丰专业合作社，通过郁闭老果园间伐改造及实施高光效树形，劣质果少了，好果子更多了，优质果率能达到70%，价格卖得更高了。昭通苹果品牌体系的构建和绿色食品牌的认证，为推动昭通苹果走出西南、走向全国乃至国际市场奠定了基础。

近3年来，见证了昭通苹果产业的迅猛发展，苹果种植面积从2017年的45万亩发展到2020年的近80万亩。昭通市委、市政府在打造品牌体系、产业技术革新的同时，不遗余力地宣传推介昭通苹果，多次组织公司、企业、合作社、种植大户参加农博会，邀请国内外苹果方面知名专家、收购商来昭通参加苹果现场观摩会，举办昭通苹果展销会及文化节，充分利用中央、省、市媒体，借力“广告精准扶贫”以及全国“两会”等重要载体大力推介昭通苹果，推动昭通苹果品牌化迈出了坚实步伐。还记得在全国苹果绿色集成发展观摩会上，收购商看到红彤彤的苹果时，欣喜意外的表情和对昭通苹果由衷的赞美。

与北方产区相比，昭通苹果色泽鲜艳、肉质细脆、风味浓郁、汁液蜜爽，具有“早（成熟早）、甜（甜度好）、香（香味浓）、脆（口感脆）”的特点。每年7月中旬，昭通早熟苹果开始上市，比其他产区提早了20多天，填补了国内市场空白，吸引了全国各地的收购商前来收购。因昭通早熟苹果品质好，色泽艳丽，市场需求量很大，销售情况也很好，价格也相当可观。根据近3年苹果市场调研，早中熟品种主要有华硕、神砂、红露、108、2001、红将军等，昭通早熟苹果销售方式90%是经销商直接包园，70%以上果包园价格在 8—18 元 / 公斤。坐落在昭阳区苏家院的昭通东达种植有限公司，成立于 2011 年，该公司的早、中熟苹果华硕、红露、红将军等种植面积有 600 亩左右。据公司负责人郑总介绍，由于华硕苹果色泽鲜艳，酸甜可口，受到很多经销商的青睐，早熟苹果销售情况很好，苹果快要成熟时，就有很多经销商前来洽谈，近 4 年的早熟苹果包园价格在 14 元—18 元 / 公斤。我们在洒渔苹果交易市场了解到，果美质优的苹果不仅吸引了本地客户、营销商青睐的目光，还引来了北京、上海、广州、湖南、浙江、广西、重庆、昆明、贵州等地的大量客商，将苹果销往全国各地，同时洒渔整个市场苹果日成交量已达 1500 余吨，高峰期日成交量则超过了 2000 吨。

借助互联网，服务“致富果”。“互联网 + ”时代扑面而来，农产品销售迎来新的机遇，互联网给了农产品销售一双翅膀，将苹果销往全国各地。“昭通苹果‘触网’以来，与传统销售模式相结合，创新了销售方式，帮我们打开了销路，拓宽了销售渠道，给果农带来了实实在在的红利。昭通苹果种植公司、合作社、种植大户的销售模式一般都是多元化形式，如鲁甸浩丰专业合作社主要从事苹果产前、产中、产后技术及包装、运输和储藏服务。他们采取多元化销售模式，一方面成立鲁甸农耕百味电子商务有限公司，发展“农业互联网 + ”销售模式，实现合作社苹果“走出去”战略。截至目前，该电子商务公司拥有淘宝店铺 2 个，天猫食品专营店 1 个，1688 批发店 1 个。另一方面建设鲁甸大坪苹果集散市场，集散市场的建成，吸引了更多收购商前来收购苹果，给众多的苹果专业合作社和苹果种植户提供了一个直接销售平台。同时，集散市场冷链物流系统功能完善，延长苹果保鲜时间，缩短苹果运输时间，解决了苹果放不住、运输难的问题，又增加了合作社收入。

以“果”为伍，“舞”出精彩。2019 年全市苹果种植面积已发展到 60 万亩、产量 65 万吨以上。苹果种植覆盖 22 个乡镇，其中培育 10 万亩以上的专业乡镇 1 个、2 万亩以上的乡镇 6 个。苹果种植农户达到 15 万户，收入上万元的农户 5 万余户，果农人均种植苹果收入 5500 元，50 余万果农依托苹果产业实现脱贫致富。

苹果产业的发展也带动了相关产业的发展，苹果生产的投入品、网袋、纸箱、冷链物流等的各种配套服务也发展了起来，形成了新的产业链。如今，昭通苹果产业已呈良性循环发展态势，成为昭鲁坝区群众脱贫致富的朝阳产业，也必将发展成为昭鲁乡村振兴的支柱产业。

（作者系昭通市苹果产业发展中心农艺师）

昭品进京　我们在行动

王　虎

为深入贯彻落实习近平总书记在决战决胜脱贫攻坚座谈会上重要讲话精神和考察云南时提出“立足多样性资源这个独特基础，打好高原特色农业这张牌”的重要指示要求，全面落实云南省委、省政府全力打造世界一流“绿色食品牌”的目标要求和市委、市政府关于做优做强“六大产业”的具体要求，昭通市政府驻北京联络处以消费扶贫拉动产业发展为抓手，扎实开展昭品进京工作，让昭通的优质农特产品走进北京，成为北京市民值得信任的“菜篮子”“果盘子”，真正体现了“让种的人小康，让吃的人健康”，得到了各级领导和云南省驻京办的肯定，在云品进京工作中昭品进京取得第一名的工作成绩。

分析形势　找准定位

通过实地走访调研，我们认真总结出北京农产品市场基本供需情况为：市场供应充足，产品供应来源主要以山东、河北等地规模化种养殖产出为主，品种和品质较为普通。近年来，随着北京居民的收入水平稳步提升，健康意识也逐步提高，对绿色有机食品的需求逐渐增强，市场需求由吃得饱向吃得好转变。昭通农特产品的优势在于具有明显地域性，生长环境和种养殖方式更为绿色有机，品质较北京市场其他同类产品更优；劣势在于生产成本高、物流运营成本高。通过分析，我们认为走同质化竞争这条路无疑是以己之短碰市场原有产品之长，不利于打开局面，更难在市场上取得长期发展。结合昭通农特产品品质高、生产运营成本高的特点，我们确定了昭品进京要走高端市场路线的方针。在工作的推进过程中，我们将重心放在如何将昭通优质农特产品嫁接进入北京高端食品消费市场上来，优中选优农特产品，整合各方资源，争取中国五矿总部、中国保利总部、中国农业银行总部、中央党校等十分具有影响力的单位支持，以消费扶贫为契机，快速将昭通农特产品推向北京高端食品消费群体，以优良的品质取得良好的口碑，获得认可，成功树立了昭通农特产品品质高的良好印象，提高了昭通农特产品的附加价值，拓展了市场前景。

搭建平台　理顺工作关系

鉴于昭通生产企业无资金、无能力、无平台进驻北京市场，以及我们驻京联络处和驻京招商联络处受物理距离、人力有限、职能有限、现行的法律法规和国家有关要求，在职工作人员不能直接成为主体投身其中等客观因素限制，通过调研论证，我们最终确定从终端激活源头，采取由政府主导搭建平台，昭京企业联合唱戏，合力推进昭通农特产品进入北京市场的方式切实破除这些瓶颈。我们以农特产品展销为载体，以资源整合为切入点，突破传统宣传推介的滞后性，引入了北京京昭汇有限公司作为中间运营商独立运营昭品进京各项产品采购和销售，联络处充分发挥桥梁纽带作用，无偿帮助搭建沟通平台，企业自主经营、自负盈亏。我们积极对接昭通农投集团、海升现代农业、星辉农业、黑颈鹤生物科技、滇农生态科技等公司与之合作，对京积极帮助京昭会公司对接中国五矿、中国保利、中国农业银行、中央党校等高品质资源，通过争取成为消费扶贫采购企业，使企业快速取得各方的认可，迅速搭建起了流通销售渠道，激活了企业干事创业的热情，正确的工作模式和清晰的工作关系，快速推进了昭品进京工作进程。

“四项工程”开创工作局面

要想快速推动昭品进京工作取得实效，良好的开局十分关键。我们以消费扶贫拉动产业发展为抓手，扎实开展了“四个一”工程，即一个运营中心，成立了昭品进京工作领导组，组建了昭通农特产品北京运营中心。一个平台公司，采取政府搭台、企业唱戏的方式，引进了北京私享汇科技发展有限公司作为昭品进京的具体运营商，自主经营，自负盈亏。一个体验店，充分利用现有资源，通过改造升级打造了集展示、销售、体验为一体的体验店。一张销售网，通过实体销售（四个销售店）+ 电商销售（微信、成熟电商平台）相结合的方式构织了昭通农特产品在京销售网络。我们分别在北京城区的东、西、南、北四个方向布局了昭通农特产品展示、销售店（点）：东面以位于东城区花市北里东区云腾宾馆展示大厅为展示销售点，西面以位于丰台区西四环中路岳各庄批发市场配送中心为展示销售点，南面以新发地批发市场电商产业园、云南特产店两个地方为销售店（点），北面以中关村东路私享汇公司总部为展示、体验、销售为一体的综合体验店。通过“四个一”的布局，全面地形成了昭通农特产品在北京市场的点面结合的销售局面。

“多措并举”取得工作实效

一是充分依托央企资源，开展定向销售。充分发掘中国五矿、中国保利等大型国企挂钩帮扶我市的机遇，积极沟通，举办高端定向展销活动。2018 年 12 月 10 日，在中国五矿集团及所属公司开展了“献上一份爱心改变乡村贫困面貌，中国五矿定点帮扶云南昭通三县农特产品展销”。2019 年 1 月 1 日至 9 日，在中国五矿广场总部、中冶集团总部、二里沟办公区依次设点举行中国五矿第三轮定点帮扶贫困县农特产品展销活动。2019 年 4 月 1 日至 3 日，在中国农业银行总行机关举办“帮扶昭通 · 助力镇雄”公益扶贫展卖活动。2019 年 5 月 20 日至 5 月 31 日，中国五矿广场总部、中冶集团总部、二里沟办公区依次设点举办“中国五矿第四届定点扶贫县农产品展销会”。2019 年 5 月 27 日至 6 月 8 日，在中央党校（国家行政学院）举办“定点扶贫县农特产品展销活动”。2019 年 8 月 5 日至 7 日，在中关村发展大厦举办“昭品进京 · 助力脱贫攻坚”展销活动。2019 年 10 月 1 日至 3 日，参展云南省驻京办组织的“让种的人小康，让吃的人健康——云品进京”活动。2019 年 10 月 27 至 11 月 1 日，参展云南省驻京办组织的“云品进京，走进社区”活动。2019 年 11 月 22 日至 24 日，在中国农业银行总行机关举办“帮扶昭通 · 助力脱贫”昭通苹果专场展销活动。通过一系列展销活动，昭通农特产品成功走进了北京高端农产品消费者的视野，取得良好的顾客体验，迅速取得订单。截至目前，直接通过昭品进京运营公司会展推广取得订单的昭通农特产品单品已达 80 余种，销售金额达到 1500 余万元，运营企业实现了盈利，经营积极性得到提高，运营体系走上了正轨。

二是充分利用会展平台，开展宣传推介。2018 年 10 月 10 日，我们与市天麻特产局联合在北京国家会议中心举办了昭通天麻推介会，整个会议通过全方位、广视角、多领域的方式向与会人员宣传和推介了昭通天麻，使参会的专家、学者、企业家从更全面的角度对昭通天麻有了直观的了解和认识，并成功签约了2亿元的天麻发展产业项目。2018年11月16日，省政府驻北京办事处在北京云腾宾馆举办了“精准扶贫，我们在行动”大型云品进京推广活动。通过争取，对昭通苹果进行了主旨推介，成功签约品牌战略合作协议，迅速提高了昭通苹果在北京市场的知名度，昭通苹果的高品质得到了肯定，宣传效果十分明显。

三是充分利用媒体和网络资源宣传推介昭通。现在是信息化的时代，开展推广离不开媒体和网络宣传，在联络处的协调配合下，2019年5月13日，中央电视台对昭通本土品牌云笋进行了精准广告扶贫，连续一个月在CCTV 1台至15台插播云笋宣传广告。2020年1月15日，《人民日报》、央广网、京东网、网红石榴哥等多家媒体和自媒体深入镇雄县杉树乡对云笋扶贫进行了深入报道。2020年5月29日，通过云南省驻京办举办的“百日总攻·抖来助力”活动，邀请市长郭大进及镇雄县副县长邹道奎一道走入抖音直播间，开展了噜咪啦土豆片、巧家红糖、云笋、云栗等特色农产品直播带货活动。一系列媒体和网络宣传，将昭通优质农特产品推向了广大消费者，提高了消费者的认知度，宣传效果十分明显，产品品牌知名度大大提高。

接下来，我处将进一步开展市场调研，进一步加大推进力度，充分发挥桥梁纽带作用，发扬“钉钉子”精神，集中力量、集中资源、集中精力，坚持“功成不必在我”的胸怀、“功成必定有我”的担当、“久久为功”的意志，持续有力地跟进和推动昭品进京，为昭通高原特色产业发展持续发力。

（作者时任昭通市政府驻北京招商联络处主任）

我和我的“爱心花椒”

康宏韦华

我叫康宏韦华，是鲁甸县茨院中学的一名老师，大家都叫我康康老师。2014 年鲁甸“8·3”地震发生后，回到家乡龙头山镇，在一片废墟中，凭着一棵小小的樱桃树，我找到了自己的家。而更多人却没有我幸运，因为满山的花椒树使他们无法确定哪棵树下是自己的家。

作为龙头山镇的主要经济作物，我一直只当花椒是普通的佐料，可有可无。然而，这场天灾却让我和花椒结下了不解之缘。

一、心中有梦想　从零开始做

花椒是一个可以深挖的产业，在几个公益组织的帮助下，我开始了探索，我想要做花椒，虽然我不知道它的未来将走向哪里，也不知道它能走多远，但即使没有人，没有资金，我也要凭着勇气开始做。我是一个电商小白，物流、包装、质量把控一道道难题摆在眼前，经常彻夜难眠，网友们纷纷为我出谋划策。34 岁时，我买了第一台电脑，从发邮件、做表格、写材料开始，到写宣传文案、写项目书、做项目设计、不停沟通物流，自己打包、自己宣传、自己销售，逐渐理顺了从收购到配送的整个流程，我让龙头山镇的花椒走进了北京、上海、广东、黑龙江、河南、河北等全国各地。

我越来越清楚地认识到，灾区要想发展起来，给它捐赠多少物资都是永远处于一个输血模式，如果它能够有东西卖出来，才是一个自力更生的过程，灾区要发展，必须要有自己的造血功能。

此时，正值全国开展脱贫攻坚的关键时期，灾区重建成为重要组成部分。我在越来越深入的公益道路上，深切感受到，祖国为了让山区人民过上好的生活做出的巨大努力。作为祖国的一员，脱贫攻坚，需要我们每个人都尽一份力量。为此，昭通市能量源社会工作服务中心秉承积极助力脱贫攻坚的重任，以合作聚力的理念，与外界基金会和社会企业携手同行，助推公益事业持续健康发展，为祖国的脱贫攻坚尽一份力量。

二、路上勤探索　提升附加值

针对大部分困境儿童都是父母外出打工造成孩子留守的状况，为了让孩子可以健康成长，我们期望父母可以回乡陪伴孩子。那么，父母回乡之后的生计问题是需要我们考虑的根本问题。在昭通市各级领导的指导下，在几千网友的支持下，我围绕鲁甸县龙头山镇农户的主要农产品——花椒，展开了探索。

2015 年 7 月，我开始从网上发起爱心花椒项目。

2016 年 7 月，我通过“轻松筹平台”发起花椒众筹项目，宣传山区花椒。

2016 年 9 月，我们从中国扶贫基金会、南都基金会等搭建的三方平台积极争取了 20 万元的“鲁甸灾后重建与社区同行”项目捐赠资金，在鲁甸县龙头山镇沿河村帮助农民组建农民合作社，支持农村社区建设，共有社员8户，覆盖30户，主要以妇女为主，运用电子商务扩大农产品的销售，助推农村经济的发展。通过电商卖花椒，是我们探索的第一步。作为初级农产品，由于花椒多数作为调料，消费者喜好差异大，电商卖花椒，效果不显著，前期探索异常艰难。

我的网友们大多来自北京、上海、广东、深圳等地，他们说他们不吃花椒，但是他们会用花椒泡脚。这启发了我的想法，把花椒卖给他们泡脚吧！可是，花椒泡脚是一个什么样的产品呢？这是一个盲区，依据花椒是中药的特点，具有祛湿、杀菌、止痒的功能，我们又在全国各地寻找可以为我们的花椒做泡脚的科学配方的专家，几经周折，我们找到了江苏省药理学会的专家，专家老师见我们是为山区做扶贫的公益机构，很热情地免费为我们做了第一代花椒足浴包的配方。第一代配方的特点是适合妇女们在家手工包装，纯天然原材料，并且把花椒叶使用起来，既能变废为宝，又能降低客户使用成本。第一代产品的销售，是与具有公益背景的杭州e农电商平台合作，网友们可在我的微店购买，也是一次产品测试的过程。

经过一年的市场测试，用花椒做出来的泡脚产品，效果很好，客户接受度也高。但是，由于是农户手工包装的，没有生产许可证，没有药理证明，进入不了大的电商平台和超市，我们的销售又卡在了只有几千包的销量。

如何获得生产许可证，让花椒产品有进入市场的身份证，成了我们的大难题，这事一卡就是3年。其间，我到鲁甸县药监局和昭通市药监局咨询，由于农户的生产条件不够，再加上政策开放度的问题，生产许可证成了大难题。由于销量不能增加，参与的农户开始失去了信心。幸运的是，在与龙头山镇政府沟通过程中，龙头山镇政府开始关注到我们这个项目。由于龙头山镇已经有十几年的花椒种植历史，有一些花椒开始进入更替期，而花椒由于其经济效益好，全国其他地方也开始了大面积种植，作为初级农产品，花椒的价格可能有一天会下降，那样，老百姓的收入又要损失了。而我们的项目却可以大大提高花椒附加值，帮助农户提高收入。在龙头山镇政府领导的指导下，我们又把废弃的花椒树用起来，组织会木工的农户将更新下来的花椒树生产加工成各种木制品，有杯垫、花瓶、木碗等。同时，为了更好地提升花椒泡脚的效果，配方必须进行第二代的研发。

在各方资源集聚下，2019 年 6 月，我们再次邀请江苏省药理学会专家创新性地以鲁甸花椒和农户扔弃的花椒叶研发了花椒足浴粉第二代配方，并抓住东西部扶贫协作的契机，与挂钩扶贫鲁甸县的东莞的生产厂家东莞润孚化妆品公司达成合作，生产成功了第一批花椒足浴粉，提高花椒附加值 50%，有利于增加农户收入。花椒足浴粉通过了临床试验，获得了扬州大学药理研究所的临床实验药理证明，对驱寒、祛湿有疗效。花椒足浴粉正式成为有进入市场身份证的正规产品，这是花椒升级研发的重要成果，公益机构助力鲁甸县脱贫攻坚取得初步成效。

目前，我们逐渐形成以“政府 + 合作社 + 公益 + 企业”四方联动的产业扶贫模式，依托 5 个外部电商平台，扶持着 1 个农民合作社。团队现有专职工作人员 4 名，专家顾问 20 余名，教师志愿者 30 多名，贫困学生资助人 50 多名，支持网友约 5000 人。

三、招商引投资　公益促脱贫

2020 年，在疫情影响之下，各行业都遭受巨大冲击，脱贫攻坚群众增收也面临问题。同时，公益机构也面临着巨大的困难和挑战。我也在很艰难地开始新的考虑和抉择，这条路如何往下走？中国扶贫基金会捐赠给我们的资金只够一年的运营，在疫情影响下，今后我们边远山区的公益机构要再向基金会申请资金会更加艰难。所以，我跟伙伴们开会时强调，我们只有一年的缓冲期，一年内我们必须转变思路，完成转型，依托现有基金会捐赠的资金支持我们做的产品，我们要做好销售，花椒足浴粉、花椒升级研发、大健康产业等还是市场空白，既是我们的机遇，也是我们的挑战。

我们调整思路，迎难而上。在各方力量帮助下，2020 年 5 月，以生态农产品开辟的大健康产业概念，通过招商引资，我们成功引导商业投资进入公益项目，我们将以商业手段解决社会问题，并以商业反哺公益的形式在鲁甸开始尝试。

目前，龙头山镇花椒新产品开发项目初步获得商业资本投资，预计投资 2000 万—4000 万元，将规划在鲁甸建厂，在帮助农户提高花椒附加值进而提高收入的同时，也将解决一部分人员的就业问题。当初的公益梦想——关爱留守儿童，让爱回家，我们期望父母回家陪伴孩子，也许快要实现了！

新起点，新征程。因为家乡需要，因为山区贫困孩子的需要，因为公益事业的需要，昭通市能量源时刻准备着，即使前面困难重重，我们也会毫不犹豫地向前，这就是公益的初心，也是我的初心。作为祖国的一分子，我们愿意尽力，贡献自己的一份力量，为祖国的脱贫攻坚添砖加瓦！

（作者系鲁甸县茨院中学教师，时任昭通市能量源社会工作服务中心负责人）

第五编　开辟就业新天地

战疫情 吹响返岗复工“冲锋号”

邱靖松

2020年1月25日，农历正月初一，天气晴好。若是往年初一，从昭通西陡街到南北顺城，人行道上人头攒动，热闹无比，而今行人明显减少。市民通过手机和电视知道新冠肺炎病毒疫情来势凶猛，纷纷上街到药品门店买医用口罩。我和老伴一大早就出门去买口罩，跑了大半个城都空手而归，回家找以前用过的防灰口罩时，接到局里电话通知，1月25下午2点全局干部职工取消休假返回岗位，全力以赴开展疫情防控阻击战。作为一名工作30多年、两鬓斑白的59岁老“人社人”、老党员，疫情就是命令，一切行动听指挥，我立即返回岗位待令。

局领导和部分科室负责人及工作人员于23日晚就投入了疫情防控阻击战。从1月底开始，我参与了全市返乡人员就业意愿电话摸底调查，结果显示：大多数人员都特别想外出继续务工，选择长三角、珠三角务工的人员占60%以上，但面临多地封路的形势下，他们都不敢外出，也无法外出。

2月12日，习总书记在中央政治局常委会上指示：要统筹疫情防控与经济社会恢复，有序推动复工复产，确保就业大局稳定。返岗复工令迅速传遍祖国大江南北、长城内外。

昭通市闻令而动，市委成立农村劳动力转移就业和输出领导小组，市委杨书记亲自督战，由常务副市长任组长、5位厅级领导任副组长，组建33

人的市级工作专班，县（市、区）同步组建工作队伍，市委杨书记带领七位市领导到市人社局现场办公，市人社局迅速成立应对疫情影响稳就业指挥部，以党支部和群团组织为单位，全体动员，集体上阵，吹响了疫情阴霾下嘹亮的返岗复工“冲锋号”。

2月13日，昭通市发出云南省第一趟返岗复工专车。

2月18日，昭通市发出全国首趟返岗复工专列。

2月21日，昭通市全省第一家发出务工动员令。

3月10日，昭通市提前30天完成转移就业75万人的目标任务。

3月23日，积极应对国际疫情变化对外出务工稳定的影响，工作重心从组织输出转变为省外稳岗。截至5月31日，全市累计组织高铁、专列43列，包机4架，包车3905辆，累计“点对点一站式”组织输出20.09万人。

有组织、大规模输送劳动力返岗复工，引起了新闻媒体的关注。2月20日晚的中央电视台《新闻联播》栏目以《战疫情稳发展，各地精准施策统筹兼顾》为题，播放了“云南昭通节后首趟务工专列开行，输送1100人前往浙江海宁”的新闻内容，市人社局党组成员、副局长邓怀江受访介绍了全市通过“点对点一站式”有组织劳动力转移就业服务，让老百姓能够及时务工、及时返岗的做法。3月7日，《云南日报》以“登上专车、乘上专列、登上包机——昭通掀起百万农民工返岗潮”为题报道，“在磅礴千里乌蒙山，革命老区昭通大地上，在全国上下坚决打赢疫情防控阻击战中，百万农民工返岗高潮如火如荼”。昭通市强有力地组织农民工返岗复工，引起了央广新闻、学习强国、云南新闻联播等各级媒体的广泛关注，进行了一系列宣传报道。

一个党员一面旗帜，一个支部一个堡垒。疫情阴霾下的返岗复工决战，既是一次前所未有的“历史”大考，也是一次化“危”为“机”的转折，更是锻造“乌蒙人社铁军”精气神的练兵场。

在市稳就业指挥部，从2月中旬以来，来自长三角、珠三角等地人社部门、企业、人力资源服务机构代表，挤满了这间40平方米的办公室。指挥部专门安排的4部电话整天响个不停，领导和工作人员日平均工作17个小时，要将上百万个工作岗位信息迅速收集并筛选汇集到一起，下足了“绣花功夫”，尽可能提高人岗匹配精准度，让乡亲们都能找到自己心仪的工作。为确保返岗复工专列输送各环节正常运转，工作人员结合实际，创造性地绘制出火车站发车票的流程图和人员站队示意图，明确各环节的责任，工作做到流程化、精细化，大大提高了服务效率。有的同志刚放下手机，又接座机，忙着返岗复工服务的组织协调、工作对接、业务办理等，有的在聚精会神写报告材料，有的在收集汇总一张张统计报表……市政府值夜班的保安人员问：“你们稳就业指挥部办公室该是不兴关灯的？”其实，那是全体工作人员通宵达旦地在工作。

2月26日15时，接到省稳就业指挥部电话：请你们务必提前3天在今晚21时以前，将昭通开展劳动力返岗复工专项报告及有关报表上报给省厅，22时前由省指挥部专送省领导。指挥部办公室立即下发通知、收集汇总数据、填制报表，与农民工科进行工作对接和分工，由指挥部办公室负责撰写返岗复工专项报告，农民工科负责报表数据收集汇总。忙碌到天黑，终于赶写出专项报告，汇总出报表，送局领导审阅签字上报，到晚上23时后还要赶赴火车站投入返岗复工服务战场。他们没有时间与爱人孩子吃晚饭，或陪老人聊会儿天，也没有时间接送小孩上学，双休日经常加班，他们以工作大局为重，草拟文件报告、统计数据等。

局办电子政务平台涉及返岗复工的文件收发量日均超过100份，工作人员经常处理到晚上八九点钟。局党办、农民工科、就业局、社保局、就促科、职教科、城乡中心等干部职工都在日夜奋战，有的同志还带病坚持工作。

为了乡亲们早日脱贫奔小康，市人社局干部职工都在撸起袖子加油干！为什么我们干部职工甘于奉献、奋力鏖战？是共产党人的初心使命在召唤！是“乌蒙人社铁军”在脱贫攻坚“收官战”前沿阵地上的责任担当！

这样繁忙的工作场景，使我这名老“人社人”深受震撼，激发了强烈的工作热情。尽管患有风湿关节炎、皮肤过敏，我也竭尽所能参与了劳动力转移就业相关报表的统计工作，还主动请缨参与了所在党支部组织的几场务工人员返岗复工服务。

1980 年秋跨入学校校门时，当年最流行的歌曲《年轻的朋友来相会》——“再过二十年，我们来相会，伟大的祖国，该有多么美……”，那几句歌词至今还记忆犹新，同学们唱着这首歌直到毕业走上各自的工作岗位。弹指一挥间，走过了两个二十年，经历了许多风风雨雨，见证了中国共产党领导人民走中国特色社会主义道路的伟大历程，改革开放和经济文化、国防建设取得的巨大成就，见证了祖国从贫穷落后到富起来、再到强起来的历史发展轨迹，见证了乌蒙大地涅槃重生的艰苦创业史、脱贫攻坚取得的伟大成就以及各级干部的拼搏奉献精神。

沧海桑田，大浪淘沙，今非昔比，感慨万千。几十年来，人社部门已从过去等人上门办事的机关单位，逐渐发展成为联系百姓最接地气的社会民生保障服务部门，成为脱贫攻坚的主战场，涵盖企事业单位人事人才管理、劳动力技能培训、城乡劳动者就业服务、机关事业企业职工基本养老保险、工伤保险、失业保险、劳动关系和劳动合同管理、劳动保障监察、劳动争议仲裁、工伤认定、劳动能力鉴定等涉及重要民生的方方面面。工作服务队伍不断壮大，年轻干部们勇挑重担，工作异常辛苦，使命无比光荣。

就业是最大的民生，尤其是在疫情阴霾下展开劳动力返岗复工大决战，在人社历史上是破天荒的，具有里程碑意义。全市上下抢抓机遇，加强东西部联系协调对接，组织劳务转移输出，为乡亲们提供温暖人心的“点对点”“一站式”返岗复工“保姆”式服务，送出了超过两亿元的务工“大礼包”，在乌蒙大地引发了热议，群众赞誉不断，都在念共产党好、政府好。

截至 2020 年 9 月 11 日，市稳就业指挥部电话访问昭通籍务工人员集中地区企业 1876 家，持续掌握企业受疫情影响情况。全市 24 个驻外工作站和各县（市、区）派出稳岗工作组共计走访企业 1583 家，访问昭通籍务工人员 64003 人，帮助受疫情影响失业、待业人员就地转岗就业 4597 人，跨省转岗就业 1625 人。已通过转移输出再就业 7961 人。全市 305 万名农村劳动力中，转移就业输出超过 240 万人，省外劳务输出超过 104 万人，大部分集中在东部长三角、珠三角地区。

人间正道是沧桑。2020 年是一个特殊的年份，更是一次历史大考，有幸亲历人社扶贫和劳动力返岗复工服务，耳闻目睹广大人社干部职工在各种艰难险阻中奋力鏖战，在惊涛骇浪中锻炼成长，只有身临其中，才能切身感受酸甜苦辣。一场场难以忘怀的战斗情景，一个个奋力拼搏的鲜活面容，是自己人生经历的一笔极为宝贵的精神财富。

（作者时任昭通市人社局一级主任科员）

温暖人心的“人社保姆”们

邱靖松

2020年年初，一场看不见硝烟的疫情防控阻击战在中华大地打响。昭通人社系统全体干部职工在市委、市政府的坚强领导下，在省人社厅的帮助指导下，抗疫与劳务输出两不误，开展了规模空前的务工人员返岗复工“保姆”式服务，赢得了老百姓的称赞，不愧为新时代人社扶贫战线上的最美“逆行者”。

一、开往小康的专列

2020年2月18日凌晨5时30分的昭通北部新区，公路边结有薄冰，天空飞舞着稀稀疏疏如米粒般大小的雪米子，刺骨的寒风阵阵袭来。毕竟是正月间，穿着羽绒服还要把帽子戴上才感觉暖和一些。远远望去，依稀可见远山那掠过天边的若隐若现的乌云，大地一片漆黑，然而在昭通火车站站前广场方向却灯光璀璨。“昭通人社、送你务工、祝你成功、帮你维权。”此时，一个声音在广场上回荡，这个声音来自市人社局党组书记、局长申时燕手里拿的小喇叭。这里人山人海，来自昭阳、鲁甸、大关等县区的务工大军，穿着厚实的衣服，戴着口罩，以县区为方阵，整整齐齐排列在站前广场，等待7时昭通至浙江海宁的全国首趟复工专列。

早上7点24分，专列驶入站台。“昭通人民是勤劳勇敢的人民，祝大家一路平安。”市委杨亚林书记率市四套班子成员到火车站送行。

市人社局机关和下属单位党支部的党旗高高飘扬，县区、乡镇欢送务工人员返岗复工的标语横幅迎风招展，人社工作人员忙着为乡亲们提供温馨体贴的服务。

此趟专列，当日凌晨2时58分在水富站搭载一批务工人员，4时20分在盐津站又搭载一批务工人员，7时到昭通站汇合组成1100人的务工大军。市人社局农保科科长、机关二支部书记刘成昌主动请缨，甘当务工人员的保姆和护卫，率领由7名（含2名医务人员）工作人员组成的小分队开展此趟返岗复工专列“保姆”式全程护送工作。7时30分专列缓缓驶离站台。

按照小分队的分工，一人负责两节车厢，开展岗位统计、人员调度、物资发放、情况对接等，遇有突发或重要情况，向刘成昌报告及时处置，医务人员要巡回负责每节车厢消毒防疫及向务工人员进行卫生知识宣传。

一日三餐的发放靠列车服务员和8名“人社保姆”忙不过来，许多乡亲要等待很长时间才能吃上饭，小分队迅速决定，每节车厢抽出2名务工人员协助送餐，尽力给乡亲们提供优质服务。

“看到政府工作人员这么辛苦，一节节车厢地穿梭忙碌，为我们服务，实在太感谢啦！我也来帮个忙。”20多岁的小罗一边接过工作人员递过来的冒着热气的盒饭，一边说。

“你在海宁哪个厂上班？”刘成昌问。

“海宁的制衣厂。”

“月工资多少？”

“4500元左右，订单多时，算上加班费，可以领到5000多元，比在老家做工强多啦！”

“你老家是哪个地方？”。

“大关县玉碗镇火地村，是个山高坡陡的地方，雨雾天多，只能长出点苞谷、红薯、洋芋，只有一些老年人才待得惯那个地方。一个多月前，我们村子里的人全部搬到了靖安新区，这里气候好多啦。新居100多平方米，家具也换成新的啦，家门口就是人社部门的劳动力转移就业工作服务站、社会保险政策咨询宣传点、扶贫车间，还有广东、浙江等地的用工企业来招聘。国家政策好，我们年轻人就是喜欢出去闯，只要勤劳肯干，现在的日子真是越来越好过啦……”

正说着话，刘成昌接到负责11车厢的工作人员小张打来的电话，一位年龄约30岁的女务工人员，由于晕车，加之怀有3个月胎儿，出现妊娠不适反应。刘成昌及时联系列车长和随车医务人员，安排特殊伙食，饭后还护送到列车卧铺休息。

专列风驰电掣般呼啸着一路向东挺进。到当日深夜，4车厢有一位40多岁的务工人员，也许是清晨候车时受风寒患重感冒，到夜里病情加重，圆瞪着眼睛，紧咬牙关，说话很困难。刘成昌立即与随车医务人员跑过来给病人测体温，出现发热情况，护送到医务室进行了隔离消毒，送水服药，打了点滴，病情逐渐缓解。

“人社保姆”们又忙碌了一个上午，到海宁站大约还有两个小时。刘成昌眼望窗外那白茫茫的冰霜，心里思忖着，这么冷的天，1100人到站后的最终目的地（用工企业）多达40多个，如何才能确保他们下车后安全有序登上大巴车，抵达各自的目的地？

细节决定成败。为了避免出现混乱，他迅速召集小分队成员，赶快将事先给海宁方面对接好的务工人员各人乘坐的大巴车辆号码制作成纸条，按各自负责的车厢，逐一发给务工人员，提醒他们务必提前用胶带绑在自己手腕上，以便下车后，立即按照号码登上大巴车。同时，用列车广播温馨提醒大家暂停使用手机，一定要留足电量，以免下车后，若小分队需要发送相关信息或务工人员需要发出求助信息时，因停机而耽误。

19日14时许，历时30多个小时、行程2500多公里、跨越5个省市，随着列车里广播响起“欢迎来到海宁”的声音，务工人员提着大包小包行李下了车。“人社保姆”们叮嘱大家听从地方和企业安排，认真遵守到厂后的健康体检规定，迅速将务工人员进行分流。走出站台，只见站前广场上40多辆大巴排列得齐齐整整，然后务工人员秩序井然地对号上车。大巴缓缓驶离火车站广场，直接送到他们各自上班的企业。从到站下车开始到登上大巴离开海宁站，仅用了半个小时，广场上空无一人，也未收到务工人员的求助信息。这时，刘成昌心中那块石头才终于落地。小分队圆满完成“保姆”式护送的光荣使命。

紧接着，全市开展了更大规模的返岗复工从家门、车门、厂门“三门”相连的“保姆”式护送服务。

2月22日，浙江嘉善包专列到昭通接1500名员工，由8名“人社保姆”随车全程护送。

2月23日，首架载有129名务工人员的包机从昭通机场起飞。

2月24日23时30分，载有1385名返岗人员的首趟东西部扶贫协作务工专列，在7名“人社保姆”随车全程护送下从昭通首发东莞。同时，威信县还组织了由“人社保姆”们随车护送1071人搭乘高铁、953人搭乘大巴到东莞返岗复工。

2月26日，永善县3694人乘坐60多辆客运大巴车由“人社保姆”全程护送前往浙江、广东，创全市单日专车输送规模之最。

3月2日，鲁甸县卯家湾安置区和各乡镇2249人乘坐54辆专车由“人社保姆”全程护送前往浙江、广东、江苏、海南等地务工……

二、“巾帼”不让须眉

返岗复工浪潮一浪高过一浪。人社部门以党支部和群团组织为单位，全体动员，集体上阵，投入一场场鏖战，彰显敢于担当、敢于冲锋、一切行动听指挥的“人社保姆”的精神风貌。

市人社局“巾帼志愿服务队”，总人数137人，局领导既当指挥员，又当战斗员。队伍里有年轻人，也有年长者，她们为务工人员到昭通转乘服务。她们有时深夜十一二时出发，有时凌晨三四时就起床，来不及向家人说声再见，忍饥挨饿，不惧寒冷，一天之内要在机场、火车站、客车站之间辗转奔忙，而且是连续多日的战斗。她们不顾人流如织、接触面广的风险，戴上口罩，胸前别上党徽，身穿红马甲，头戴小红帽，手拿小喇叭，投入一场场专机、专列、专车的返岗复工护送服务战。

在机场，她们穿梭在人流中，清点核对人员、分散排列队伍、帮助扫健康码登记、办理登机牌、发放矿泉水、发放晚餐、引导分区就餐、分散候机等。党委办付业群用地道的家乡方言向乡亲们叮嘱：“你们一定要戴好口罩，不用的口罩要对折放好装在包里，说话、坐的位置要有间隔距离，要勤洗手。”基金科黄秋燕发现有的人没有戴口罩，或戴着不能防病毒的口罩，她一边发放口罩，一边提醒大家戴口罩的方法和注意事项，她说：“新冠肺炎病毒传染性非常强，为了安全，防疫一点也不能松懈，希望大家都能健健康康出去，平平安安归来。”

“我第一次坐飞机，而且还享受这种高级服务，这辈子满足啦！”一位中年男子感动地向队员们说。

在火车站，农民工科唐茂敏一天送走3趟专列，在火车站整天不敢喝一口水，她生怕上厕所耽误服务，在身体已出现严重脱水的危险状况下仍继续战斗。职介中心曹美各项服务工作抢着上，见缝插针争着做，连续走动六七个小时，同事们怕她年长吃不消，劝她休息一会儿，但她却说：“我做不了什么，也帮不了更多的忙，只能尽我所能做些事情，不怕，我身体好着呢。”

让群众满意是“人社保姆”们的最大心愿，他们一次次主动请缨辗转各个返岗复工服务战场，凝聚起无私奉献、团结奋斗的精神力量，充分展现了“人社保姆”们深入群众、服务群众的民生情怀和巾帼不让须眉的战斗风采，她们用辛勤的付出撑起了劳动力返岗复工服务的“半边天”。

温馨体贴的服务，如雨露阳光，似春风吹拂，将乌蒙山的重重迷雾驱散，让务工人员切身感受到党和政府的温暖和关怀，更增添了他们走出大山、勤劳致富的信心和胆量，给机场、火车站、客运站增添了盎然生机。

眼望着一架架包机飞上蓝天，一列列专列驶离站台，一辆辆客车缓缓出站，满载着一批又一批昭通乡亲们奔赴长三角、珠三角生产建设第一线，巾帼队员们仿佛看见了一幢幢高楼雨后春笋般拔地而起，中国制造的优质产品源源不断运往国内外市场，乡亲们喜滋滋地数着辛苦赚来的工资报酬，将收入寄往家里，一户户家庭脱贫出列，仿佛看到了乌蒙山贫困群众与全国人民一道跨入小康社会，如期实现小康生活梦想时那一张张幸福的笑脸。此时此刻，她们忘记了寒冷饥饿与苦累伤痛，感到无比自豪、无上荣光！

三、金杯银杯　不如百姓口碑

2 月 24 日 23 时，昭通—东莞 K4829 次专列即将出发，来自永善县团结乡的丁鹏高兴地对忙碌中的人社服务队员们说：“非常激动，可以搭乘专列回厂上班，车票免费，还提供吃的，下车后厂里派车直接接到工厂，什么都不用操心，特别好，感谢政府部门为我们提供这么好的服务！”

2 月 26 日，在全国最大易地扶贫搬迁安置区昭通靖安新区，看到“人社保姆”们热情周到的服务，快人快语的 20 多岁的女农民工冯学艳一边接受体温检测准备登车，一边高兴地说：“听到大喇叭广播后，我就赶紧报名，打了多年工，还是第一次乘专车回去上班，感到好温暖、好开心、好激动！”她原来打算正月初五后就回厂上班，受疫情影响一直不敢出去。“正焦急的时候，市里统一组织我们，对我们急需返岗的人来说真是雪中送炭，我们真真切切地感受到党和政府工作人员的关心和关怀。”她说。

“昭通人社”微信公众号评论区有许多乡亲们的留言：

“太感谢们我强大的祖国，事事为老百姓着想，身为中国人真的很有安全感和自豪感。祝我们的祖国越来越强大。”

“感谢人社局的同志，你们好，你们一心一意为人民办实事，为百姓脱贫致富奔小康，你们辛苦了，向你们致敬！”

“非常感谢市人社局工作人员，本来买不到票的，这下雪中送炭，为了百姓的民生，你们辛苦了，衷心感谢！”

“很感谢政府，专车专列专人专餐的照顾，还专车专人接送到目的地，一路上的照顾更是温暖，病毒无情，国家有情。”

…………

沧海横流，方显英雄本色；金杯银杯，不如百姓口碑。

截至6月30日，全市共组织高铁、专列43列，包机4架，包车3905辆，累计组织返岗复工“保姆式”服务20.09万人，占劳动力转移输出总人数的20.76%。单日点对点输送最大量达1.23万人。全市现有农村劳动力305.20万人，已转移就业247.19万人，就业率80.99%，其中省外转移就业108.5万人。104.55万建档立卡贫困劳动力实现就业89.77万人，就业率85.86%。

通过助力乡亲返岗复工为老百姓做的一件件实事、好事、暖心事，凸显出全市“人社保姆”们服务老百姓的战斗风采。他们是脱贫攻坚的战斗队。他们“五加二、白加黑”，顽强拼搏，在人群中穿梭忙碌，为乡亲们提供家门、车门、厂门“三门”相连的“保姆”式服务。他们是人民的勤务员，以群众利益无小事的服务理念，下足“绣花功夫”，让数十万务工乡亲省了车费、餐费、体检费、防护费，向大家送上了远超过两亿元的“大礼包”。

（作者时任昭通市人社局一级主任科员）

牢记使命承诺　转移一路相随

朱启超

2020年年初，天气异常寒冷，让人冷得有些刺骨。正当腊月，是外出务工老乡们返乡的集中时期，必须抓住这个时机动员老乡们节后尽快出去务工，多务一个月的工就多四五千块钱的收入。我这样思考着并向镇党委书记熊良纯和镇长余春凯两位领导做了汇报。“全员沉下去，所有镇村干部进村入户进行宣传，我们正月初九带大家出门打工。”他们下达了命令。这是个庄严的承诺，吹响了2020年就业扶贫春季行动的号角。

疫情来袭

时间过得很快，快得来不及洗净裤腿上的黄泥。那天正好是大年初一，鞭炮声还未散去，手机铃声就响起来了，看着来电显示“党政办”三个字，我知道有大事发生了。“晚上8点视频会议室开会，请戴好口罩，注意安全……”我急急忙忙赶到会场，会场里已经坐满了人。“立即收假，全员返岗……”一个个命令从视频喇叭里传来，我知道，抗击新冠战疫打响了。

初二早上，开始对外地返乡人员进行全覆盖排查。

初四，开始劝离赶集人员。

防疫，防是重中之重，但是此时的我除了防疫，还在考虑年前给老乡们做出的承诺，老乡们的外出务工收入怎么办？居家封闭的时间一天一天地过去，老乡们天天打电话询问何时才能解除防疫封锁。

终于，正月初九那天，好消息传来，镇雄县疫情防控指挥部吹响了“开展点对点、一站式劳动力转移就业工作”的号角。芒部镇党委迅速动员，再次开展全员沉下去入户摸底，统计有意愿外出务工人员，分批次点对点输出。同时，浙江星月集团、浙江煌钛厨具……很多企业和我们开始对接，好消息一个接一个地传来。

转移输出

2020 年 2 月 15 日，芒部镇第一批点对点输出人员集合完毕，四辆大巴车载着 106 名老乡从芒部镇出发驶往永康。老乡们很高兴，一路上欢声笑语。但是，已经连续熬了 3 天 3 夜的我此时却扛不住了，在车上我简单地交代一下随车医生后就睡着了。睡梦中，似乎听见有人叫我，醒来看见前排一个中年男人扭过头看着我。

“朱同志，我是唐忠朝啊，这辆车是你跟车啊，初十你去过我家。”

“哦，忠朝啊，老哥，你还记得我？”

“咋个会记不得？你当时说要陪我们一起出来，我还以为你骗我们的，没想到你说的是真的。”

“老哥，年前答应你们的初九送你们出去打工就爽约的了，这次咋个可能会说假话嘛。”

“没事没事，这个疫情哪个会不怕，很正常的。”

“老哥，你是去永康哪个厂？要提前联系厂家我们送你进厂哦。”

“我是返回圆通公司，公司会派车来会展中心接我的。”

在交谈中，我又沉沉睡去……

“同志同志，我憋不住了，能不能停车跑个厕所。”

“同志同志，我也憋不住了。”

一声声呼叫传来。

“大家记好车牌号，下一个服务区停车上厕所，5 个人一组轮流去，速去速回，不要逗留。”我说。

到了服务区，我也跟着大家下车，检查大家口罩是否戴好，并从行李仓中搬来了食物和水，分给大家，与随车医生一起再次对大家量体温。

虚惊一场

2 月 16 日夜 23 时 11 分，到达永康，整个永康市挂满了横幅“欢迎镇雄籍新永康人回家”。在车窗里看着这些横幅，内心倍感激动，我知道这个城市对务工者到来的欣喜。23 时 55 分，到达永康会展中心，整个会展中心都封闭了，广场上布满了穿防护衣的检测人员，量体温，下车集合，企业领人……一切都秩序井然。突然，我看见一群医护人员护送着一个熟悉的身影离去。

“赶快清点自己车上的人。”

“朱同志，刚刚被带走的是陈文军。”

听到这个消息，我连忙跑去医务组询问，得知他是因为体温异常被带走隔离。

“医生，我们在车上每隔四个小时就会测一次体温，应该不会吧。”

“朱同志，陈文军下车集合的时候脱了衣服可能是感冒了。”

我知道最怕的事情发生了。

“医生，能不能告诉我他被送往哪个隔离区？什么时候能出来？”我问。

“你们等通知吧，有消息会联系你们的。”

整夜未眠，17日15时30分，电话响起，“陈文军经过检测没有问题，你们可以到永康市第一人民医院隔离区领人了”。说实话，到隔离区后我内心是害怕的，特别是看着被防护服裹得严严实实的医护人员来来往往的，说不害怕是假的。但是，我不去谁去？既然是我带出来的人，那我就有责任把他安全地送到企业，这是使命，更是责任。

从2月15日到3月12日，芒部镇组织了5批次点对点、一站式转移就业，每次我都亲自随车护送，途中发生的事情很多很多：吴富笛途中体温异常被隔离到大巴后面又哭又闹，熊琴上CCTV了，张泰俊返厂失败然后去煌钛厨具时兴奋的样子……

2020这个初春太寒冷，也太温暖，我们赢来了春天，我们不辜负2020年这个时代赋予我们的使命，我们一起抗疫！我们赢得了这场战役！

（作者时任镇雄县芒部镇社会保障服务中心主任）

就业扶贫助增收　照亮群众致富路

康德坤

2019 年 5 月，我来到就业局工作，有幸参与了就业扶贫工作。作为一名人社人，能为脱贫攻坚贡献自己一份微薄力量而感到庆幸与光荣。巧家县贫困面大、贫困程度深，是国家级深度贫困县，是一个传统的农业大县，同时也是一个劳务输出大县。组织外出务工是巧家县落实精准扶贫、精准脱贫基本方略的重要环节，其在解决贫困问题中具有立竿见影的效果，对于打赢脱贫攻坚战、全面建成小康社会具有举足轻重的意义。

牵线搭桥　打通就业路

“我们夫妻俩就决定去东莞市昱峰光学科技有限公司做操作工，据说工资首月 4200 元，也很满意，相信自己的能力到那里能赚到很多钱，争取早日脱贫奔小康。”蒙姑镇干冲村贫困户周兴聪夫妇找到了自己心仪的工作时激动地说。

2019 年 2 月 14 日，巧家县人社局成功举办了农村劳动力转移就业“百日行动”“春风行动”春季招聘会，东部和省内 46 家企业提供了 8000 余个工作岗位，到会应聘人员800余人，登记有意愿外出务工人员230人。像这样的招聘会每年都举办，脱贫攻坚以来，我们共举办各类招聘会37场次。疫情发生后，各类现场招聘会被停办，通过开展就业服务网约行动，利用移动公司平台向全县劳动力推送“三免一补”政策短信18.36万条，通过“三农通”平台发送务工动员信息6万余条，不让就业服务工作因疫情而停滞。

为切实把岗位送到家门口，打通贫困群众就业服务的“最后一公里”，县人社局2019年春节前自筹18万元资金，下拨到各乡镇，组织各村（社区）召开贫困劳动力组织输出动员大会，真正为有意愿外出的群众做好全方位就业服务。同时，为真正把岗位送上门，全县整合乡（镇）村社干部、包保干部等力量通过入户或微信、短信等方式，向有劳动力的卡户推送岗位信息，全心全意做好就业服务工作，实现对有劳动力的建档立卡贫困户100%推荐就业岗位。

授人以渔　拥抱新生活

“你看这最近也没啥事，趁现在农活也不忙，给你报个职业技能培训班吧，学点技能也好出去找工作，这几天刚好村上正在举办职业技能培训班，你看咋样？”2019年6月11日，县人社局局长李芳燃来到大寨镇山店村郭家沟社杨天毕家，对其进行职业技能培训推荐邀请。

脱贫攻坚以来，县人社局立足部门职能，坚持以“培训一人、就业一人、脱贫一户”为目标，出台了《巧家县农村实用技术和职业技能培训实施方案》，对有条件的建档立卡贫困劳动力开展职业技能培训，做到有条件有意愿的应培尽培。截至2020年10月，共开展职业技能培训22679人次（其中培训贫困劳动力17445人次），农村实用技术培训23771人。为巩固脱贫攻坚成果，2020年职业技能培训规模将达50000人。

“一技傍身不怕贫！”技术在手，是让贫困人口得以真正脱贫的“造血剂”。然而，技能培训针对性不强的问题一直是一块难啃的“硬骨头”。为此，县人社局领导及相关培训负责人通过下沉基层一线走访调研、考察论证，找问题根源，痛下决心改变以往钢筋工、焊工等传统培训模式。通过调研得知，马树镇发展草莓 6100 亩，2020 年预计可达万亩，用工需求极大，但本地劳动力都不懂有关种植技术，如能大力吸纳本地贫困劳动力实现在家门口挣钱摆脱贫困，对于企业和贫困户来说是双赢的。于是，县人社局主要领导通过多方协调，于 2019 年 10 月 18 日，邀请了昆明学院高级讲师宋知春到马树镇为贫困劳动力培训草莓实用技能，培训达到了预期目的。同年，在白鹤滩镇开展魔芋种植，小河镇开展花椒、核桃种植等有针对性、即学即用的技能，培训增加了群众收入，带动了群众自己创业、增收脱贫。

通力协作　携手奔小康

东西部就业扶贫协作是提高劳务输出组织化程度、实现先富帮后富的重大举措，是打赢脱贫攻坚战的有力保障。协作双方积极构建协作机制，在县与镇、镇与镇、企业之间就业扶贫领域各层面的交流互访频繁、互访合作，协作双方在政策设计、跟踪问效等方面都共同聚焦，确保全县脱贫摘帽。双方在东莞市樟木头镇等镇设立了人力资源工作站，向巧家县各乡镇推送就业岗位，为在东莞的巧家籍农民工提供就业服务。在东部的大力支持下，我县就业扶贫工作得到了很大程度的提高，赢得了社会各界的广泛好评。据统计，2019 年，全县共使用东西部协作资金 934.16 万元，兑现一次性交通费补助 24974 人。2020 年，争取东西部协作资金 527.5 万元实施稳岗补贴项目，选派了 288 名贫困学生到东莞市职业院校和技工院校就读，享受优质教育资源；帮助 333 名残疾人劳动力安置乡村公益性岗位，实现就近就业；特别组织了497名妇女在基地内以“以工代训”方式学习了草莓、蓝莓科学高效种植管理技术，“以产业促就业、以就业帮脱贫”的造血功能明显增强；安排50万元，为125名贫困劳动力开展了挖掘机、装载机双证培训，取得了良好社会效果。

就业攻坚　不达目的不罢休

“真的很感谢党委、政府，帮我实现了在家门口上班的愿望，使我有了固定收入，不再担忧返贫。”在马树镇小河塘村进行保洁的贫困户胡发万对县人社局工作人员激动地说。

为解决就近就业难题，巧家县针对“有劳动能力、无法外出、无业可扶人员”和残疾人等开发乡村公共服务岗位7577个，为贫困户增收创收。针对需要照顾老人、孩子无法到县外务工人员，依托巧家县内白鹤滩水电站、格巧高速公路等建设项目及马树镇蓝莓、草莓基地、教投公司等产业项目，扩大农村劳动力转移途径，就近就地安置就业8237人，有效解决了务工增收及照顾家庭“两不误”难题。“扶贫小车间，脱贫大作为”，如何让部分因照顾家庭不能外出务工，又渴望脱贫致富的劳动力就近就业，成了县人社局班子十分关注的大事。2018年，全县拉开了扶贫车间建设序幕，投资36.3万元扶持建设就业扶贫车间16个，吸纳劳动力就近务工945人（其中贫困劳动力415人），成功帮助贫困劳动者实现灵活就业、居家就业。

2020年年初，新冠疫情突如其来，我从老家红山乡吃完年夜晚回到工作岗位，大战当前，全局干部职工快速反应、立即行动、积极应对，大力精准摸排外出务工回流人员情况，为县委、县政府提供有力决策依据。2月中旬，疫情得到有效控制，如何打消群众“因疫情不敢出去”的思想顾虑，如何有组织、有效、安全地把劳动力转移出去，对于企业复工复产起着至关重要作用。为此，巧家县发布外出务工动员令、公开信，推行“三免一补”（交通免费、健康体检免费、防护用品免费，发放外出务工生活补贴）政策，加强与“珠三角”“长三角”等用工需求较大地方的人社部门沟通联系，大量储备工作岗位，相继出台复工复产、务工人员返岗及健康体检等工作方案，组织“点对点”“从家门口到厂门口”专列。2020 年 2 月 16 日，巧家县首趟为外出务工和返岗人员定制的客运班车从巧家客运中心发出，23 名符合疫情防控要求的外出务工和返岗人员从巧家启程，被“点对点”送达昆明火车站，再从昆明火车站奔赴工作地上岗。全县通过“点对点”方式，在新冠疫情期间共输送劳动力 4105 人，为复工复产奠定坚实基础。

通过不懈努力，巧家县累计转移劳动力 27 万人次，其中建档立卡贫困劳动力 9.7 万人次。2018 年共发放稳岗补贴 2123 人 150 万元，2019 年发放一次性交通费补助 51386 人 1907.16 万元，共发放鼓励组织劳务输出资金 51386 人 770.79 万元，农村转移就业贫困劳动力申报务工收入 6.53 亿元。

2019 年，巧家县实现脱贫摘帽，当中包含了人社局全体干部职工团结协作、辛勤奋斗的结果，我深刻感受到了脱贫成果的来之不易，必须倍加珍惜，继续一步一个脚印，在幸福的小康生活路上再创佳绩。

（作者系巧家县人社局工作人员）

就业开辟幸福路

唐晓琼

水富市位于四川盆地与云贵高原过渡地带，金沙江下游，素有“万里长江第一港、七彩云南北大门”的美誉。辖云富街道办事处、向家坝镇、太平镇、两碗镇，20个村、9个社区，总面积439.95平方公里，总人口10.91万人，其中农业人口7万多人。自脱贫攻坚以来，水富市把转移输出就业，作为脱贫攻坚重中之重的工作来抓，以劳务输出“就业一人，脱贫一户”为目标，多措并举，不断建立健全劳动力转移就业机制，推动劳动力就业服务质量全面提升，不断拓宽农民就业增收渠道。

踏实肯干生活好，走出家门天地宽。太平镇复兴村的贫困户袁廷江，生活在偏远的罗家屯片区，离乡镇远，道路坑坑洼洼，一下雨出门更是难上加难，要买卖东西十分不易，老婆也因他家庭贫困远走他乡，留下了他和儿子两人，生活更加清贫。自开展精准扶贫工作以来，通过挂包干部和村委会工作人员的动员，他带着儿子走出家门，到广东省中山市进了家具厂，学会了喷漆技术，从普通工人成为技术工人，每月的保底工资都能拿到6500元，儿子也在厂里做普工，收入4500元以上。父子俩通过自身的努力，在2017年就修起了两层楼的新房子，极大改善了居住条件。2019年，袁廷江买了一辆价值十几万元的小轿车，开车往返工作地和家乡。当挂包干部向他宣传一次性交通补贴政策的时候，他自豪地说：“我现在出去和回来都是开车，也没有车票，几百元钱的交通补贴我就不报了，我在厂里工作 2 天就够了。”在太平镇复兴村罗家屯片区，像袁廷江这样通过走出家门务工挣钱、脱贫致富的人还不少呢。

“广东中山不仅地方好，还能挣到钱”“我去广东打工，一年能挣 6 万多元”“我在外地干建筑，效益还不错”……这是在天南海北务工挣钱的群众回家过年时谈论最多的话题。“听说市里又要搞招聘会了，有很多外地和本地的企业在招人，要的人多，限制条件少，关键是工资有保障，我们是专门从村里来参加招聘的。”这是水富市在平时举办的各类现场招聘会上听到最多的声音，大家最关心的就是工资有保障。

近年来，水富市积极对接省内外用工企业和人力资源公司，每年春节前后开展“劳动力转移就业百日行动”“春风行动”招聘活动，秋季开展金秋招聘月活动，同时还不时地组织民营企业招聘及就业援助月活动。通过转移就业，农村富余劳动力腰包鼓了，生活变好了，脸上的笑容也更多了。截至 2020 年 10 月，全市共有贫困人口 3387 户 13147 人，其中贫困劳动力 7830 人，转移就业 6780 人。

就业服务政策好，脱贫致富感党恩。2020 年是打赢脱贫攻坚战的关键一年，加大劳务输出的组织化、有序化，能够让劳务输出价值实现最大化，水富市坚持把劳务输出与脱贫攻坚有机结合起来，以精准脱贫作为工作的出发点和落脚点，以劳务输出为抓手，在宣传教育、岗位推荐、保障服务等方面进一步加大工作力度，有效引导劳动力稳定就业增收带富，助力脱贫攻坚。综合运用行政和市场两种力量，实现劳务输出组织化、有序化，减少盲目性，通过跟着市场走、能人领着走、亲戚跟着走、干部带着走、服务帮着走、政策撑着走等有效措施，使劳务输出成为转移剩余劳动力、促进百姓脱贫增收的重要途径。

通过就业服务，在 2020 年年初的招聘会上，农民工陈小燕在紫光大酒店找到一份文秘工作，大池村的返乡务工人员屈禹群顺利回到广东中山乐瑞集团工作，水富叮功网约车公司通过招聘会充实了人才储备。只有政府部门加强领导、压实责任，构建齐抓共管的工作格局，建立乡村干部、驻村扶贫队员包保到人的工作措施，分工明确、责任到人，级级有人抓、层层有人管，才能更好地做好转移就业的工作，让群众感受到就业服务政策好，脱贫致富感党恩。

公益岗位来兜底，就业援助暖人心。向家坝镇永安村村民刘树凯，一直以来都是打工的能手，家里负担重，有一个瘫痪在床的老人，还有2个在上学的孩子，妻子李金彩也患有严重的贫血和类风湿病，全家就靠他打工的收入维持，虽然不富裕，但是生活不成问题，还稍有积蓄。但就在2019年，噩运降临，不明原因的腰痛，导致他无法直立行走，甚至到后面只能卧床。经过多方检查，确诊为胸椎骨结核病，已经到了必须手术的地步。福无双至，祸不单行，妻子李金彩也因严重的贫血和类风湿病住进了医院，夫妻双双遭受病痛折磨，家里瘫痪在床的老人和正在读书的孩子，都只能请亲戚照看，两人看病花了十几万元，花光了家里所有的钱，还欠下债务。手术后，刘树凯只能在家休养，无法工作，妻子出院后身体也比较虚弱，不能做重活，还要在家照顾他。老人去世了，小儿子初中毕业了，大女儿正在曲靖读卫校，还要两年才毕业，女儿的学费、生活费，家里的医疗费、家庭开支，全都没有着落。村上的就业扶贫专干得知这一情况后立即上报，民政局给他们家解决了3个人的低保。人社局去家里走访后，按程序开发公益性岗位，安置李金彩就业，就近照顾病人。推荐其小儿子去读技工院校，宣传雨露计划政策，每年可补贴3000元，但孩子因家庭原因想尽快就业，就没有继续读书，现在在成都学习烧烤。

两碗镇三角村村民陶秀亮，家庭人口4人，2个劳动力，2个小孩。三角村是水富市最偏远的苗族聚居村，经济条件落后，村民们思想比较保守，普遍喜欢在家不外出。开展脱贫攻坚以来，通过各级干部动员以及政策的宣传，部分村民开始走出去打工，陶秀亮也是其中一员。他进过厂，做过建筑工，什么挣钱就做什么，挣到钱后加上政府安居工程补助款，修建了新房。2018年，陶秀亮查出白血病，劳动能力下降，无法外出打工，其妻子也要照顾他和孩子，无法外出。得知这一情况后，市人社局及时入户走访了解情况，开发了公益性岗位，安置陶秀亮就业。此时，其大儿子已经初中毕业，没有继续上学，就业扶贫专干了解其就业愿望后向他推荐就业岗位，目前在水富一汽车修理厂学习修车技术。陶秀亮经过两年的治疗，身体也日渐好转，全家又开始有了笑容。

病魔无情，政策暖人。对这类无法外出、收入骤减的家庭，我们充分发挥政策的作用，因人施策，送岗到家，解决他们的燃眉之急。2015 年以来，我市开发公益性岗位安置贫困劳动力 298 人。

就业是最大的民生，转移就业脱贫是促进群众增收、助力打赢脱贫攻坚战的重要途径。转移就业，是脱贫的“好处方”、好路径，更是助力脱贫攻坚、稳固扶贫绩效的好办法。坚决打赢脱贫攻坚战，让贫困地区和贫困人口同全国人民一道进入全面小康社会是我们党的庄严承诺，以人为本，优质服务，建立稳定就业保障体系，是我们一直坚持的“初心”和“使命”。就业，托起明天的幸福生活。

（作者系水富市人社局工作人员）

劳务输出见实效　脱贫攻坚有实招

曾小龙

绥江县地处云南东北部，全县贫困人口占比大，经济体量小、产业弱，劳务收入占居民收入比重很大。从2015年习总书记到昭通考察并对脱贫工作做出重要指示以来，绥江县便开始了轰轰烈烈的脱贫攻坚战役。在这场战役中，作为一名乡镇干部、驻村工作队队员、县人社局就业扶贫专干，我见证了绥江在劳务输出工作中的点点滴滴。

2017年，中山市东区与绥江县签订了“1+8”扶贫协作协议，其中东西劳务协作为一个重要内容，中山市东区提供就业岗位，绥江县负责组织输出农村劳动力前往务工。当时，我还在板栗镇社保中心工作，主要负责劳务输出工作。那时村里许多人对到中山市打工还很抗拒，尽管在动员时工作人员都反复强调“政府集中组织外出，不要车费”，但组织情况依然很不乐观。我岳父那年48岁，是板栗村一个典型的农村在家劳动力，作为一名大龄劳动力，没有一技之长，多次寻找工作无果后便放弃外出务工的念头，平时就喝喝酒、打打牌。长期这样的生活，使家里变得非常拮据，也严重影响了家庭和谐。经过我与他多次促膝长谈后，岳父表示愿意外出打工找点钱，经过与我县签订了劳务合作协议的志和人力资源有限公司业务人员的岗位推介，他初步中意了一个车间搬运工的岗位。我岳父到了中山，经过简单的岗前培训后便上了岗，日常工作是货物搬运与车间卫生保洁。

工作之余，偶尔会打电话回来跟我聊工作上的事情，与以前整天喝酒语无伦次、消极沮丧简直判若两人。“劳动是世界上一切欢乐和一切美好事情的源泉”，这句话，在他身上得到了充分的印证。

“不信你问他老丈人，就是板栗村那个……”在下乡动员群众外出时，工作人员常常搬出我岳父外出打工的例子来打消群众的困惑。最终通过干部群众共同努力，绥江县第一年东西劳务对口帮扶工作取得了较好的效果，集中输出工作也逐渐进入正轨。2018 年以来，绥江县常年在中山市务工人员 210 余人，双方制定了针对到中山市务工贫困人员的交通补助及稳岗补助政策。“你们板栗镇这次做得好，就是要穷尽一切办法将在家农村劳动力输送出去，让他们出去挣钱。”在 2017 年年底劳务输出欢送仪式会后，县政府分管就业的副县长周明对板栗镇就业工作给予了高度评价。

2018 年 5 月，许多农村劳动力已经纷纷外出就业，但桂花村 9 组吴昌贵却十分苦恼，因要照顾家庭的原因不能外出县外务工，但本地工作又不好找。在当地他是一名泥水匠师傅，也会木工，还有机动车 B 级驾照，空有一身本领无法施展。“请绍成书记统计一下，在我们桂花村还有多少这种劳动力。”当时分管住建工作的处级领导、桂花村脱贫攻坚总片区长杨杰了解到吴昌贵的情况后，立即安排摸清全村因照顾家庭不能外出务工劳动力情况。时值绥江兆佳坝易迁安置点建设如火如荼的阶段，杨杰在兆佳坝易迁安置点调剂出砌筑工、粉刷工、架子工、木工等大工岗位 15 个、小工 70 余个。“会建筑技能的你就去搭架子、砌墙、粉刷，没有技能的你就去和灰浆、搬砖，反正有你的事情干。”经过挂钩人员入户宣传动员，解决了 18 个像吴昌贵这样因照顾家庭而无法外出的劳动力县内就业。同样像桂花村一样，全县每个贫困村（社区）的挂钩单位、挂钩领导，他们是总片区长、片区长、挂钩小组长、一般挂钩人员，在劳动力就业上每个人都使出浑身解数，确保实现应就业尽就业。

“你好，严主任，后天农民工返岗专车乘车人员名单收齐了吗？”凌晨 1 点的板栗镇政府办公大楼灯火通明，今天大家忙碌的是 2 月 26 日农民工返岗专车意愿名单的收集与统计。工作人员打电话的打电话，收表的收表，忙得不可开交。从1月24日新冠肺炎疫情防控工作紧密部署以来，这已经是第30余天加班了，大家都毫无怨言。“你看今天的月亮好亮”“那不是月亮，是太阳在加班”，偶尔大家也会开个玩笑提提神。

按照县委、县政府的要求，绥江县人社局在各股室抽调了年轻骨干作为复工返岗专员，成立了疫情期间农民工返岗工作领导小组，有综合协调组、信息处理组、交通保障组、后勤保障组，并在每个镇安排一名局领导、一名业务人员挂镇指导，我被分配到了综合协调组，具体指导板栗镇。为了动员群众乘坐大巴车前往浙江、广东优质企业就业，实现农民工外出务工出家门上车门、下车门进厂门，工作人员忘记了白天黑夜，不停收集各村（社区）劳动力务工意愿，县、镇、村三级与时间赛跑，势必要打赢这场硬仗。

“曾同志，我已经在昭阳区找到工作了，主要是安装门窗，工资待遇还不错，我就不去浙江台华新材料了。”“辉哥，你想好去哪里打工了吗？我们从浙江、广东筛选了一批优质的企业岗位，如果你想去我可以跟你推荐。”“兵哥，今年我们县里政策好，到县外务工非卡户也有交通补助，到浙江、广东务工还有专门的大巴和高铁送你们过去，我看了一下浙江有家叫金三发的企业还不错，月工资在5000左右，要不要帮你报个名？”“发哥，你担心的因为疫情防控出去后需要隔离的事情，我们驻浙江杭州劳务输出工作站了解了，那边厂里隔离期间免费提供吃住。”这是务工的有关对话。

按照脱贫攻坚挂钩帮扶机制，我也有挂钩任务。我挂钩了桂花村12、13、14组共10户农户，其中有卡户7户、非卡户3户，共有劳动力25人。按照常规，每年有17人外出务工，有8人在当地依靠种养殖实现就业，我的首要挂钩任务就是把去年外出务工的17人在第一时间动员外出务工，然后再把其余8人尽可能地动员转移到县外就业。通过不停推荐岗位、宣传政策、解疑释惑，终于大家也纷纷报名外出务工。“曾同志，我打算到你推荐的那个厂去打工，你帮我报个名。”“小曾，我看了你发给我的企业岗位推荐表，金三发这家企业我觉得还不错，你帮我报个名吧。”每一个像我这样的扶贫挂钩人员都在夜以继日地做着宣传动员和联系对接工作。

2020年2月26日早上7：00，绥江县城森林公园广场中央竖起了充气彩虹门，上面醒目地喷绘了“云南绥江—广东中山·浙江　点对点农民工集中输出欢送仪式”的字样。数十辆大巴缓缓地从车站方向开来，整齐有序地停靠到森林公园前面，每辆大巴挡风玻璃下面都挂了横幅“云南绥江—广东中山农民工返岗专车”“云南绥江县—浙江嘉兴农民工返岗专车”，让人一眼就可以识别出是农民工复工返岗专车。大巴侧面车窗下也挂了喷绘“众志成城抗疫情，健康务工促脱贫”“抗疫复工两不误，云南绥江在行动”等标语。早上8：00，各镇村工作人员陆陆续续领着即将外出务工群众入场，在人社局工作人员的指挥下迅速站成了方队，并以镇为单位给方队编了号，外出务工群众站得整整齐齐，像是在等待“检阅”。方阵的第一排也竖起了一排标语“专车送我去打工—创造幸福记心中”。广场的外围，家住在周边的群众、赶集的群众纷纷接踵而来，好不热闹！县级四家领导班子也到场送行。“我们只有靠勤劳的双手，出去干、去找，才有机会。”县委杨松书记嘱咐祝愿着外出务工群众，“祝大家一路顺风，平安抵达。”书记话音刚落，场内场外响起了热烈掌声，掌声中饱含着人民群众对县委政府的感激和对县委政府决策部署的认可，掌声响起的那一刻，场内有感动、有激动、有期盼……特别是连续加班数十个日夜的人社干部，能得到群众的认可，瞬间感觉所有的付出与努力都是值得的。

“有好的政策，有好的领导，对我们有很好的帮助，今天我们终于出去了，还用专车送我们出去，真的感激不尽，感谢党和政府。我们一定要好好地奋斗，努力挣钱，一定不让绥江失望。”板栗镇双河村15组建档立卡劳动力黄顶术在接受媒体采访时说道。欢送仪式结束后，外出务工群众排队体检上车，在医护人员与人社干部随车陪同下踏上了一年的赚钱之旅。道路两边，县领导班子、工作人员、群众，纷纷朝着返岗专车招手告别。“路上慢点，一路顺风。”此次专车大巴共向浙江嘉兴、广东中山输出农村劳动力658名。

天下大事必作于细，天下难事必作于易。在整个脱贫攻坚历程中，绥江以“长抓产业，短抓劳务”的基本思路，通过“一办三站”（一办：技能培训劳务输出工作领导小组办公室。三站：驻中山市劳务输出工作站、驻杭州市劳务输出工作站、驻昆明市劳务输出工作站），恪守“精准就业，不落一人”的承诺，保障农村劳动力县外就业有门路、县内就业有保障，以促进原岗返岗、推荐就业、扶贫车间、公益性岗位等措施，全县5.5万名农村劳动力中，从2015年县外就业2万余人到2020年县外就业4万余人，从2015年组织输出100余人到2020年点对点输出劳动力10021人，绥江县劳务输出工作为脱贫攻坚完全胜利奠定了坚实基础。

（作者系绥江县就业局工作人员）

人社铁军撑起永善就业扶贫新天地

韩正慧

人社部门是联系群众最密切、服务群众最广泛的民生部门。2013 年 10 月，组织任命我为永善县人力资源和社会保障局局长，从那时起，我就知道自己身上的责任有多大，肩上的担子有多重，要把惠及全县 47.81 万人的社会保障、就业再就业、农民工工资、人事人才等好事办好、实事办实确实不易。

2015 年，全县脱贫攻坚大决战拉开序幕。就业是民生之本，解决群众的就业问题，就是解决民生的根本问题。市委、市政府将转移就业作为全市脱贫攻坚“四篇文章”之一来抓，县委、县政府多次专题研究安排，将就业扶贫作为解决贫困群众“两不愁、三保障”突出问题最现实、最快捷、最有效、最直接的措施放在首位。如何抓好就业扶贫工作，成为我不得不面对的问题。

针对永善县劳动力就业总量偏少、比例不高，外出方式以邻里介绍、亲友帮带为主，组织化程度不高等问题，我和同事们在到村入户开展劳动力调查、组织开展技能培训、收集县内外企业用工需求信息、开展集中统一转移就业、做好稳岗服务等工作中，探索出“342”就业扶贫措施，即“三个一批”抓就业（动员组织输出就业一批、县内岗位吸纳就业一批、开发公益岗位托底安置就业一批）、“四项机制”促就业（分片包保制度、动态管理日制度、“一月一核查、一月一通报”制度、鼓励激励机制）、“双重服务”稳就业（织牢就业服务网络、提高稳岗服务能力）。通过全县各级的共同努力，狠抓落实，永善县劳动力就业总量明显增加、质量明显提高，劳动力就业总数从2015年的12.33万人增加到2020年的18.66万人，就业率从57.72%提高到80.33%，国办系统显示，贫困群众工资性收入占家庭人均纯收入的67.5%。

就业扶贫工作是一项系统性工作，需要各级各部门协同作战、鼎力互助、倾力支持。作为人社部门，工作中我们努力当好县委、县政府的参谋助手，积极与县直各部门协调，与乡镇对接，构建了纵向到底、横向到边的就业服务网络，县、乡、村、组四级分别组建了就业扶贫领导机构和工作机构，落实了工作人员。县级成立由县长任组长的就业扶贫工作领导小组；乡级组建人力资源服务中心，明确1—2名工作人员专门负责就业扶贫工作；成立村级人力资源服务站159个，聘请155名村级就业扶贫业务员；明确2871个村民小组长兼任就业扶贫信息员，实现村民小组就业扶贫信息员全覆盖，为就业扶贫工作的开展提供了人员支撑。同时，县人社局建立“班子成员分片、股室联系乡镇、工作人员包村”的就业扶贫包保工作机制，由班子成员带队，组建15个就业扶贫工作小分队，每个股室联系1—3个乡镇，每名干部职工负责指导1—3个村的就业扶贫工作，确保人人肩上有担子，人人身上有责任。

要做好劳动力转移就业工作，首当其冲的就是要摸清底数。全县劳动力总数有多少？已转移就业的有多少？在外务工的在什么地方务工？工作是否稳定？工作不稳定的如何稳岗？工资报酬如何？联系电话是多少？在家劳动力有多少？在家劳动力中有多少愿意接受培训？等等。这些问题，成了做好就业扶贫工作的“拦路虎”，如果家底不清、情况不明，就业扶贫工作也无从谈起。为了扫除这些障碍，我将全局干部职工分成若干工作小组，领导班子成员亲自带队到乡进村入户，整合“三支队伍”、结对帮扶干部力量，以村为单元，按照“不漏一户、不落一人”的办法，白天采取入户、电话、短信、微信、座谈等方式，对全县所有劳动力特别是建档立卡劳动力、易迁劳动力进行网格化摸排，全面摸清劳动力就业状况。晚上，召集乡村两级共同研判白天摸排的劳动力信息、汇总数据、分析问题成因、研究解决办法。一个多星期下来，大家虽然身心疲惫，却也收获颇丰。

然而，这样的事情，我们每年都要做几次。因为劳动力信息是动态的，今天在外务工，明天可能返乡了；今天在浙江务工，明天可能在广东务工；今天在工地上班，明天可能进厂了。为了适时掌握劳动力动态信息，我又想了两个办法：一是建立动态管理日制度。将每月 25 日确定为全县就业扶贫信息动态管理日，按照“每个劳动力都有 1 名工作人员联系负责”的要求，由一线挂联人员和结对帮扶干部共同作为联系人，由村级就业扶贫业务员将有关信息及时录入人力资源信息系统，做到应统尽统，实时更新，确保“账账相符、账实相符”。二是实行“一月一核查、一月一通报”制度。坚持“村村见面”的原则，按照“贫困户 500 户及以上的村（社区）核查 3%，500 户以下的村（社区）核查 5% 的比例，每月 25 日至 30 日亲自带领人社干部到村入户，督查就业扶贫工作情况，形成问题清单，由县就业扶贫领导小组、县委督查室、县政府办适时通报发现问题，反馈乡镇和挂钩帮扶部门限期整改，由挂联乡镇的处级领导和督战队督促落实。

劳动力信息摸准了，有多少人需要什么区域的岗位，需要哪方面的岗位清楚了，但岗位从何而来，这又是刻不容缓需要解决的问题。为了源源不断地为务工人员提供岗位信息，我们主动加强与“长三角”“珠三角”地区人社部门交流合作，先后与广东、浙江、湖南、重庆等省市的 18 个县（市、区）签订劳务合作协议，建立劳务协作互访交流机制，倾力打造永善劳务品牌。同时，积极向县委、县政府汇报争取，在永善籍务工人员相对集中的地区设立驻外服务站，开展岗位收集、转移输出、稳岗服务、走访慰问、劳务维权等工作。县委、县政府按照“人员、经费、制度”三到位的要求，分别于 2018 年 3 月、6 月、7 月组建了永善县驻广东东莞 · 中山人力资源服务站、永善县驻云南昆明人力资源服务站、永善县驻浙江杭州人力资源服务站。服务站的同志们克服语言交流障碍和高温天气的炙烤等困难，在没有交通工具的情况下，往返于当地人社部门之间建立协作关系，穿梭于企业之间考察优质企业岗位，找寻永善籍务工人员，汗水湿透了衣服，脚上磨起了水泡，饿了就吃面包和泡面……经过不懈努力，一批批岗位需求信息很快传到了永善县人社局，然后通过 QQ 群、微信群、“永善人社”微信公众号进行发布，由“一线三支队伍”、结对帮扶干部、村级就业扶贫业务员、村民小组就业扶贫信息员推送到每个劳动力手中。

就业扶贫工作的关键是要围绕“应转尽转”“能转则转”目标，让更多劳动力获得务工收入，实现脱贫致富。因此，每年我们都要到乡到村举办招聘会。2020 年 1 月 5 日至 19 日，我带领相关企业到各乡镇、人口大村（社区）、易迁安置点举办“永善县转移就业百日行动暨东西部劳务协作专场招聘会”16 场，参加企业 123 家，提供岗位 33111 个，达成就业意向 2053 人。2015 年至 2020 年，共计到乡、村举办“春风行动”和“千场招聘进千村”招聘会 212 场次，许多劳动力通过招聘会选择到了满意的岗位，获得了务工收入。

眼看 2020 年春节到了，原本打算让干部职工上完腊月二十九日的班就放假，正月初三收假到岗上班，让辛苦了一年的同志们轮流休息 3 天。可一场突如其来的新冠疫情打乱了所有的计划与安排，也打破了职工与亲人团聚的美好愿望。1 月 23 日下午，县委、县政府召开疫情防控工作会议。散会后，我来不及吃饭，就安排办公室通知所有干部职工开会，部署由人社局负责的务工回流人员疫情监测排查等工作，散会时已经是大年三十凌晨 1 点过了，我才匆匆地吃了一盒方便面填填肚子。接下来的日子里，我同所有干部职工一样，每天要打 100 个以上电话，全面收集回流人员姓名、身份证号码、回流后居住地址、返回日期、回流前务工地点或者是否途经武汉（湖北）、健康状况等信息，宣传疫情排查防护知识，提高务工人员的自我保护意识和能力。

随着疫情防控稳定向好，大部分企业陆续复工复产，农民工要返岗，企业要复产，可因疫情防控需要，大部分地区交通还没有恢复，农民工外出受阻、出行不便，不返岗就返贫、不就业就不能脱贫，怎么办？于是，从2月13日输送第一批农民工返岗复工开始，一场劳动力转移就业的战争又悄然打响。我们抢抓广东、浙江等地企业复工复产免费包机、包专列、包专车等机遇，开展“出家门、上车门、进厂门”的“点对点”“一站式”输送，落实医护人员开展健康监测，安排护送人员全程跟车服务，免费发放防护用品和生活物品，全力保障农民工安全有序返岗。仅2月26日至3月10日，各级各部门协同配合，连续作战，13天之内组织5场大型的“点对点”输送工作，累计输送1.21万人。白天，我到乡到村组织动员、协调集中输送点的工作。晚上，我与同志们一道，核实统计统一输送人员名单，总结梳理统一输送情况，带头研究第二天集中输送方案，每天只休息4—5个小时，有时甚至通宵达旦开展工作，饿了就啃两个面包，困了就在办公室椅子上闭目养神。同志们看到我苍白的脸，担心我的身体，劝我回去休息，可是劳动力要外出务工，企业要复工复产，我们必须以等不起、慢不得的心态抢占先机，把劳动力送到岗位上去，帮助他们获得收入。

在“点对点”输送劳动力转移就业工作中，人社干部雷厉风行，冲锋在前，用各种方式诠释着人社铁军精神。在单位，他们是优秀的干部职工；在家庭，他们是不合格的父母和儿女。副局长李俊全因长期加班累倒在工作岗位上被同事送到医院治疗，还没康复就强烈要求出院，瞒着家人和同事以昂扬的精神状态回到了工作岗位上。年轻干部黄恋淇是两个孩子的妈妈，因为长期加班，6岁的女儿刚上小学一年级，她基本没时间接送，更没时间辅导女儿作业。1岁多的儿子会叫“爷爷”“奶奶”“婆婆”“公公”，却不会叫“妈妈”。杨仁伟是单位的业务骨干也是两个孩子的父亲，妻子是中医院的医生，因疫情防控需要被抽到集中留观点。父亲生病住院，他没有时间去照顾，每当深夜加班回家，看着已经在沙发上睡着了的小花猫一样的宝贝，他只能既心疼又愧疚地用热水轻轻地为孩子擦拭着小脸、小手。这就是我们可敬的人社干部。

青胜乡青胜社区的李瑞刚以前一直在昆明的一家饭店当厨师，因疫情影响餐饮行业还不能复工复产，李瑞刚急得如热锅上的蚂蚁。2月26日，李瑞刚在村干部的带领下来到了环城路集中输送点，坐上了免费专车，向目的地广东省中山市进发。目前，李瑞刚在广东日丰电缆股份有限公司上班，每月除了社保和生活费，到手工资6100元。

2020年3月10日，省政协常务副主席杨嘉武、省扶贫办副主任陈国宝、省自然资源厅副厅长王卫国、省政协委员联络委员会副主任陈俊骢、省能源局副局长乔国新、省人社厅职业介绍中心副主任黄杰、市政协副主席陶仁，县委书记戈昌武、县长傅再胜等领导出席“点对点”“一站式”输送欢送仪式。记者采访时，在上海市鑫山构件厂上班的溪洛渡镇双屯村外出务工人员刘永明流下了眼泪，他激动地告诉记者：“政府组织专车免费把我们送到务工地点，途中还为我们准备了矿泉水、面包等生活用品和口罩等防护用品，算下来为我们一家节省了2000多块钱，真真实实感受到政府的关爱，看到县、乡、村干部忙前忙后，我心里特别感动。”

为了激励贫困劳动力外出务工，我主动向县委、县政府汇报争取，并与东西部扶贫协作地——中山市小榄组团镇对接，协调两地制定外出务工奖补政策。2018年，出台“1233”激励措施（一帮：帮助找工作。二补：交通补贴和稳岗补贴。三包：包吃包住包车费。三保：保工资、保权益、保服务）。2019年、2020年，分别结合县情实际和疫情防控需要，对激励措施进行了调整。2020年，在中山市稳岗3个月以上贫困劳动力，每人每年最高可获得1000元交通补贴、15000元稳岗补贴、1500元的一次性奖励等。2018年以来，累计兑现交通补贴15136人777.76万元、稳岗补贴3140人2163.56万元，莲峰镇南林村李关云户领取交通补贴、稳岗补贴5.8万元。

对无法外出务工的贫困劳动力，我们积极收集县内企业、产业基地、重点工程项目建设等岗位需求信息，加大县内企业岗位开发力度，积极创建就业扶贫车间，千方百计增加县内岗位供给总量，吸纳他们就近就地就业，共安排贫困劳动力县内就业2.84万人。对“一有两无”家庭劳动力，加大护林员、护河员、护路员、保洁员、民政助理员、就业扶贫信息员等公共服务岗位开发力度，托底安置贫困劳动力 0.65 万人就业，实现“零就业”家庭动态清零。

通过采取各种有力措施，2015 年至 2020 年，全县累计完成劳动力转移就业 98.76 万人次（建档立卡贫困劳动力转移就业 43.74 万人次）。其中，2020 年完成农村劳动力转移就业 18.66 万人，就业率达 80.33%；贫困劳动力转移就业 8.79 人，就业率达 86.12%；易迁劳动力转移就业 2.65 万人，就业率达 92.22%。劳动力转移就业为全县脱贫摘帽立下了汗马功劳。

（作者时任永善县委组织副部长，人社局党组书记、局长）

身心下沉 用心用情服务易迁群众

周连冰

2018年4月，我被选派到鲁甸县卯家湾安置区从事易地扶贫搬迁就业服务工作。老实说，由于长期在基层一线工作，我对农村、农民有着特别深厚的感情，也深知贫困群众的疾苦。接手易迁就业服务工作后，面对易地扶贫搬迁群众劳动技能整体偏低、老弱病残占比大等特点，我认真吃透省、市、县脱贫攻坚及易地扶贫搬迁相关精神，以“让有就业意愿的搬迁群众充分就业”为目标，充分发挥自己有一定基层工作经验的优势，兢兢业业开展就业帮扶，勤勤恳恳扎实为民服务，全心全意做好劳动力就业培训和转移安置相关工作。

一、不畏艰难抓就业登记，着力做好惠民实事

鲁甸县卯家湾安置区是全国第二大跨县易地扶贫搬迁安置区，共承接鲁甸、巧家、彝良、盐津、永善五县9098户39096名易迁群众（其中，建档立卡贫困户8346户35858人，同步搬迁752户3238人），共有劳动力20299人（其中，建档立卡贫困劳动力18378人，同步搬迁劳动力1921

人）。面对搬迁对象多，情况复杂，加之时间紧、任务重、要求高、工作难度大的实际，我们没有退缩的余地，而只能勇敢地面对困难、克服困难，按照群众就业状况和就业意愿，多途径、重细节地将摸底工作做实做细。

2018 年 11 月中旬，我右手无名指受伤缝了 3 针。当时正值 561 户 2726 人集中搬迁之时，为了获得更加直接、更加精准的就业信息，我强忍书写时手指的疼痛，在群众来领取钥匙时一户一户详细了解登记群众就业信息，建立了比较完善的就业台账。虽然我知道这样做可能会严重影响伤口愈合，但更清楚分发钥匙时是人员最集中的时候，错过这个时段要详细登记人员就业情况就要花费更多的精力和时间。

2019 年 11 月 20 日，来自鲁甸、巧家、彝良、盐津、永善五县的 8322 户 35585 人将分房摇号，12 月即将搬迁入住。为了在首批群众入住前有一套完整的台账，我从 11 月 8 日开始数据收集，仅用 11 天时间就完成了 8322 户 35585 人的易迁群众就业信息电子台账建立。在这 11 天中，我们积极与搬迁县工作组、安置区党工委以及易迁群众原所在地的人社、乡镇、村（居）委会、村民小组联系，准确核实搬迁群众的个人信息、就业状况、技能培训、创业就业能力等信息。在这 10 多天里，我们没有午休，天天加班至深夜，苦熬苦战在分房摇号前完成了台账建立。分房摇号结束后又及时将房号与人员进行匹配，并按楼栋进行分类，便利了后续跟踪服务管理。

二、循循善诱促政策落实，着力破解就业难题

“你是否愿意到外地工作？”“你打算找什么工作？”“你文化程度是什么？”“有没有参加过什么技能培训？”……不论是面对面与群众交谈还是群众电话咨询，我都是一边亲切而详尽地询问，一边快速而准确地记录在登记表上。面对一些群众在被问及参加过什么技能培训时因对技能培训这

一专业词语不了解，随口就说没参加过或是不知道的情况，就只能不厌其烦地加以引导说："比如学习电工操作、焊工、扎钢筋、果木蔬菜种植、牛羊养殖等技术……"这样一说群众就听明白了，就能真实地回答技能培训情况。这样的情节，在安置区里随时可见。可以说来到安置区里后，我从来不把自己当成客人，而是以安置区为家，起早贪黑、任劳任怨、不惜放弃午休时间，很快就适应了环境，熟悉了业务，积极投入到工作中，并且探索出很多适用的方法。

三、耐心细致作就业讲解，着力为群众释疑解惑

"我们搬来之后生活来源怎么办？""在小区附近能不能找到工作？"……这是搬迁群众在即将搬迁和刚搬来时经常问的问题，也是他们最担忧的问题。面对老百姓的这些提问，我们耐心地宣传解释："你们搬来之后可到附近企业上班，也可外出务工，还可以自主创业。为了解决你们的就业问题，在安置区建立了扶贫车间，还在周边建立了食用菌基地、蔬菜基地、苹果基地等，你们搬来后可根据自身技能特长选择适合自己的工作。如果是到外地就业可享受交通补助和务工奖补等优惠政策，要自主创业政府将给予贴息贷款支持。如果是家里有重残、大病人员要照顾无法外出就业的可申请公益性岗位。"这样的宣传解说一天之内可能会说很多遍。有时晚上10点多了还有群众打电话来咨询，我会同样给他们详细讲解，通过耐心细致的解说，群众终于服下了定心丸。

四、尽心竭力为民办实事，着力把搬迁群众当亲人

一些搬迁群众初来乍到，对鲁甸县城周边环境不熟，很难找到用工地点，因此错过了许多面试商谈的机会。我得知这一情况后，每次有人要去公司面试商谈就先问问他熟不熟悉周边环境。如果不熟悉，我要么开车送群众到用工企业，等到面试商谈完成又把他们送回来，要么与企业对接请企业直接到安置区进行面试商谈。

在实地调查走访中，我发现一些未就业的人员属于年龄偏大而又无技能或者是患病、有残疾的。针对这些情况，我及时与单位领导反映。在单位领导的带领下，积极与用工单位协调，优先解决他们的就业问题。58 岁的李顺贵来自乐红镇乐红村，之前只会种庄稼，尚有一个儿子在上初中。为了解决他的就业问题，我用自己的私车拉着他到各企业面试，最终民洁公司录用了他。经公司一个多月的带薪培训，最终成为公司内的街道清洗工。44 岁的罗燊，因在建筑工地上受伤割除了脾脏，干不了重活、累活，一个儿子在上高中，另一个儿子在上小学。为了解决他的就业问题，我又多次与用工单位对接，最终理世公司录用他为保安人员。在大家的共同努力下，像李顺贵、罗燊这样年龄偏大而又无技能或者是患病、有残疾的难就业群众都找到了合适的工作。

2019 年 3 月底，受工作压力影响，我血压大幅上升，经常性流鼻血并难以止住。经医院诊断为高血压三级风险并住院治疗。在住院期间，我也难以停下来，时刻关注企业用工需求，用心接听群众电话，了解群众就业需求。在病房里，经常是一边输液一边与企业和群众双向联系，帮助群众找工作，为这事还经常受到医生批评。

2020 年 2 月 23 日下午临近下班时，易迁群众张天兵来到工作站希望能够乘坐 2 月 24 日接送务工人员的免费大巴车到浙江务工。当时受新冠疫情影响，外出人员需健康证明才能通行，而且第二天前往浙江的车辆已无空

位。当我得知他急需外出就业时，急忙与卫生院联系请负责办理健康证明的同志延缓下班。因张天兵刚搬来，对安置区地形不熟，担心他找不到卫生院耽误开具健康证明，我一边带领张天兵前往卫生院，一边与负责车辆座位安排的人员联系，说明情况请他们帮忙解决座位问题。经再三联系，终于得知有 1 人临时家中有事去不了，可将座位留给张天兵。24 日下午，张天兵乘上了前往浙江的免费大巴车。在 2020 年 2 月至 3 月的 7 次易迁劳动力组织转移中，我多次帮助像张天兵这样临时急需外出务工人员办理相关手续并联系到车辆。有一位群众在前往务工地的途中从微信上这样说："感谢祖国、感谢党，感谢为我们奔波一天的小哥哥、小姐姐，为了我们出行，你们辛苦了好几天……"

作为服务易地搬迁群众就业工作的一名普通工作者，从群众的就业咨询到稳岗就业再到工资支付情况，我都始终做到急群众所急、想群众所想，把群众的事当成自己的事。看到一个一个的搬迁群众落实了就业，解决了问题，我从内心里也感到很高兴，这正是自己的价值所在。

（作者时任鲁甸县卯家湾就业创业服务站负责人）

迁出大山感党恩　就业铺就致富路

黄恋淇

永善县红光安置点占地650.62亩，规划住房102栋（含5栋回迁安置房）3612套，面积302888.73平方米，总投资17.7亿元。2019年11月25日至31日，来自溪洛渡、团结、桧溪、马楠、细沙、水竹、黄华、莲峰、码口、青胜、墨翰、大兴、茂林13个乡镇的3542户14672人全部搬迁入住，创造了“一周搬迁上万人”的永善速度。老百姓离开了自给自足的土地，没有稳定的收入，是很难“稳得住、能致富”的。为了让来自不同乡村的3542户14672人在红光这块土地上安居乐业，一场轰轰烈烈的就业扶贫战役拉开了序幕。而我，有幸成为这场战役的一名战士。

初涉行业扶贫　我是一名新人

2019年4月的一天下午7点左右，社保局刘仁宪局长电话通知我明天到就业扶贫办找杨仁伟（就业局副局长，主持就业局工作）报到。原来，经人社局党组会议研究决定，在全局抽调连我在内的6名同志充实就业扶贫办，为打赢脱贫攻坚就业扶贫补充新鲜血液。从此，我成了一名人社行业扶贫工作专干人员。

当时，我认为这只不过是一次普通的岗位调整，都是人社工作，对我来说应该能够胜任。然而，第一天我就被难住了。“恋淇，请你按这份文件的要求抓好工作落实。”这是杨局长给我安排的第一份工作，我原本信心满满，干劲十足。读过文件后，瞬间如坠冰窟，激情褪去，满面愁容。我不会——这是脑神经反馈给我的最直接的信息。这项工作该怎么入手？如何做？完全没有思路。这对我是个不小的打击。此前在社保局任副局长兼会计工作，社保各项工作不说精通却也勉力能够胜任，可到了就业局，我成了门外汉，之前引以为傲的专业知识并不能帮我解决当前的问题。遇到问题，就得想办法解决，既然不会，那我就从头学起。首先了解熟悉就业工作，然后学习新的思考方式、工作方法，学习新技能，学习数据比对、公式运用，等等。幸好人不算太笨，又得杨局长倾囊相授，不出一个月，我已基本具备一名就业扶贫专干人员的工作素养，工作能力有了明显的提高。后来，我常与杨局长说，感谢局党组，感谢你让我从一棵小树苗茁壮地成长为一棵大树。

2019 年 6 月，在就业扶贫专题会议上，明确我的工作重心主要是做好易地扶贫搬迁劳动力转移就业服务。2019 年 7 月，永善县易地扶贫搬迁桐堡安置点启动搬迁，我和朱富美同志被派往桐堡安置点配合易迁后服务中心做就业服务等相关工作。桐堡安置点共搬迁 378 户 1678 人，搬迁人口全是建档立卡贫困人口，有易迁劳动力 987 人。因为桐堡易迁安置点服务对象数量相对较小，开展工作相对比较容易，与易迁群众建立了深厚的感情基础，让我有更多的精力去思考较好、较有效的工作方式，为之后我在万人易迁安置点——红光安置点的工作积累了丰富的工作经验。

感党恩跟党走　他们自力更生

2019 年 9 月 13 日，永善县人力资源和社会保障局局长韩正慧到我办公室说：“恋淇，在红光安置点设立就业创业服务站，既是服务易迁劳动力就业的需要，也是各级党委政府和上级人社部门的要求，我们虽然谋划了很久，但设立就业服务站是一个系统的工作，还有许多事情要做，眼看县委、县政府确定的搬迁时间就要到了，明天早上 9 点，我们和周副局长、张主任、仁伟一起去红光安置点，把办公地点的选择、相关制度的建立、工作人员的抽调等设站事宜明确下来。”10 月 23 日，永善县红光安置点就业创业服务站正式挂牌成立，县人社局抽调的 11 名工作人员搬入办公。

2019 年 11 月 24 日，红光安置点正式启动搬迁前一天，县人社局召开红光易迁点就业工作专题会议，决定在搬迁期间，由副局长周俊杰带队，以红光安置点就业创业服务站人员为主，局属各股室抽调人员为辅，在进入易迁点的主要交通路口和人群集中区域设立 4 个“永善县人社局政策宣传暨岗位推荐处”，在帮助群众搬运物资的同时，宣传人社政策和外出务工激励措施、推荐优质岗位动员外出务工、介绍就业创业服务站的位置和职责。搬迁期间，易迁劳动力通过“永善县人社局政策宣传暨岗位推荐处”意向选择就业岗位 800 余人。

“你好，我叫龙民中，我想找份工作……”2019 年 11 月 26 日早上 10 点左右，龙民中拄着双拐来到就业创业服务站寻求帮助。龙民中 40 多岁，一家三口，上有 70 多岁的老父亲，下有读初中的女儿，昨天刚搬迁入住，因为双脚不便，无法外出务工，想在附近找份工作，可以进行简单的读写。他说：“感谢共产党啊，我在老家哪有这么好的房子住，一辈子都不敢想有一天能在县城拥有一套自己的房子，少说得几十万元啊！党给了我住的房子，还享受低保，吃得饱，住得好！但我还要赡养父亲、供女儿读书，我要找工作赚钱养家。昨天搬家的时候听说你们这里在帮我们找工作，我今天一早就来了，要麻烦你们啦。”他一席话说得声泪俱下，把在场的韩局长和服务站的工作人员感动得热泪盈眶。“你放心，我一定给你找一个合适的工作，不辜负你对我们的信任。”局长哽咽着说道。他走后，局长立即和服务站的同志研究，根据现有岗位情况，结合龙民中能读会写、群众基础好等特点，决定开发公益性岗位，聘请龙民中为红光就业服务站就业专职服务员，负责为易迁群众做好岗位推荐和就业意愿登记工作。至今，他仍在红光就业服务站工作。

龙民中是第一个，却不是唯一一个。一连几天，希望找到工作而前来服务站寻求帮助的人络绎不绝。为更好地服务易迁群众，自易迁群众搬迁入住以来，各级党组织充分发挥政治优势和组织优势，秉持“稳就业就是稳民心、稳大局”的理念，把就业作为第一民生来抓，对照“有扶贫车间、有技能培训、有就业服务、有公益性岗位”的工作目标，立足实际、整合资源，在实现就业、稳定就业等方面积极作为。通过就地就业一批、开发岗位安置一批、转移输出带动一批、自主创业帮扶一批、扶贫车间覆盖一批的方式，为易迁群众就业创业当好后盾、搭好平台，实现了“能转尽转、能转必转、能转快转”的目标，推动易迁群众稳得住、能致富。截至 2020 年 10 月，红光安置点共有劳动力 8204 人，已转移就业 7826 人，就业率 95.39%，就业务工收入已成为易迁群众的主要收入渠道。

稳就业保收入　人社工作暖人心

“叮铃铃……”2019 年除夕夜晚上 9 点左右，我正在老家佛滩与家人吃年夜饭，电话铃声突然响了。“单位有事情了。”这是我脑子里冒出的第一个念头。果不其然。“幺妹，不好意思了。打扰你吃年夜饭了，有个紧急情况，请你马上来单位……”这是李俊全副局长打来的电话，大体意思是说根据疫情防控需要，县委、县政府安排县人社局对湖北省务工返乡人员进行排查，做好疫情防控应对工作。我立刻放下手中的碗筷，向家人告别，独自驱车 50 余分钟赶到单位。韩正慧局长和周俊杰、李俊全两位副局长及就业扶贫办的同事们早已投入离鄂返永务工人员的核实核查工作中。凌晨 12 点，满城烟花绚烂，人们还沉浸在除夕夜的喜悦里，却不知千里之外的武汉已是满城戒严，风声鹤唳。我们六七人围着韩局长站在4楼就业扶贫办的阳台上，就这样望着天空，看着那形态各异、色彩缤纷的花炮升腾，整个城市沉浸在节日的烟花爆竹声中，我的心中却五味杂陈。

2020年2月，县委、县政府决定在做好疫情防控工作的同时，集中输送滞留在家的劳动力外出务工。红光就业服务站的同志们为做到不漏一户、不漏一人，根据就业服务台账一一电话通知务工人员做好外出务工准备。“你好！请问你是红光新区易迁点杨邦友吗？我是永善县红光新区就业服务站工作人员，我昨天来你家回访时，听说你们夫妻想回浙江务工。现在政府即将包车免费送你们去浙江上班，请你做好准备，2月26日下午4点在环城路悦然庄广场坐车，到时候有车到红光新区接你们。”“好的。太好了，太感谢了，因受疫情的影响，正愁没有车。我一个残疾人，要是没有办法外出务工，我们家就断了收入来源了，这个怎么得了？太感谢政府、感谢你们了！”杨邦友家来自团结乡双河村，一家三口，夫妻二人和一个读初中的儿子，家庭收入来源全靠外出务工，这一振奋人心的消息给了他们极大的鼓舞，也解决了他们一家的燃眉之急。疫情期间，服务站工作人员竭心尽力、竭诚服务，采取“白加黑”“5 + 2”的工作方法，对照就业台账信息，通过上门服务或电话通知的方式，确保易迁劳动力能够顺利搭乘政府免费直通车外出就业。据统计，红光新区有1562人搭乘“点对点、一站式”免费直通车外出就业。

这一桩桩，一件件，我们脚踏实地、埋头苦干。我们时刻以习总书记关于“就业是最大的民生工程、民心工程、根基工程”的重要论述为指引，围绕易迁群众“搬得出、稳得住、能致富”目标，同心同向同德、用心用情用力抓实易迁劳动力就业工作，让易迁群众能够“安居”“乐业”“幸福”。

（作者系永善县人社局就业扶贫办工作人员）

我要为你找出路

郑厚强

作为一名就业扶贫干部，既是易迁群众就业脱贫的领跑者，也是他们最贴心的服务员。如何帮他们解决就业问题，增强他们自身的“造血功能”是我的工作使命。同样出身农民，我的根就在农村，和贫困户有着更深的情结。在落实就业扶贫工作的过程当中，工作的辛劳当然不言而喻，每个扶贫干部都感同身受，然而对我而言更多的是内心的不忍和种种感动……

李全友是彝良县角奎镇马腹村阴山组村民，也是纳入易地扶贫搬迁到发界安置点的贫困户之一。李全友所在的马腹村，地形可谓“四沟两川”，交通及通信条件极为落后，正所谓：交通靠走，通信靠吼。土地也极其贫瘠，粮食作物只有玉米、红薯，经济作物只有少量魔芋，也因山高坡陡几乎可以忽略不计。因为种植难度大、种植成本高，这些作物一年难以给村民带来多少经济收益，也就基本自给罢了。若不是亲眼所见，我这个来自偏远地方的农村人也无法想象距离县城不足10公里的马腹村居然会是这么贫瘠的地方。这让我隐隐感觉到肩上的担子比想象中的还沉，如何让这里的村民外出就业，既是工作压力更是内心动力。由于地方偏僻，村民的受教育程度普遍较低，信息闭塞，导致他们想出去打工却找不到适合自己的岗位，更有黑心工头带他们干完重活却拿不到工钱，如此种种情形都在时时扎痛我的心。于是，带他们“走出去”，为他们找出路，解决就业，易地搬迁，对我而言不再是工作那么简单，这是我的使命，我要尽快去完成。

李全友家有两个孩子，老家的房子常年失修已垮塌，居住在原修铁路时留下来的工棚里。可谓是人在家中坐，祸从天上来，屋后是一条坡度极大的泥土公路，一辆货车承载过重侧翻从屋顶砸下，所幸未出现人员伤亡，导致原本破旧的房屋也无法居住了，只得用塑料布及玉米秆勉强遮挡风雨。到他家走访的时候，看到这样的家境我已经数度哽咽。回到单位我翻遍手里的所有就业岗位资料，决心要给这个物质上和精神上都支离破碎的家庭找到适合他们的岗位，我要为他们找到一条好好活下去的路。李全友及妻子吴学英年龄偏大，且妻子曾经在外地务工时头部受过重伤，外出务工这条路是走不通的，房子也无法再继续居住，只能暂时搬离等待易地搬迁。两个孩子初中毕业后在家务农，外出务工是最佳选择，可以通过政府组织外出到浙江省台州市务工，虽然工作辛苦一点、工作时间长一点，但是收入还不错。得知这个消息的姐弟俩喜出望外，他们说："政府帮忙找的工作，咱们放心。咱们有政府这么大的靠山，怕啥？"

两个孩子的就业问题算是解决了，接下来便是住房问题。原来的房子肯定不能再住了，于是我发动身边的朋友、同事帮他们在县城边上找到一间十几平方米的库房，房主之前用于堆放杂物，基本属于废弃屋那种，考虑到光线也不差而且是水泥平房，我与房主讨价还价，最终以 40 元钱一个月的租金成交。我从家里带了些基本生活用品给他们，把他们安顿好离开的时候，我看到的是妻子眼里的泪花和丈夫脸上幸福的笑容，那一刻，我感觉到就业扶贫的重要意义不言而喻。就这样，夫妻俩在县城捡拾塑料瓶和废纸壳，生活基本有了着落，但是条件依然艰苦。

2019 年 11 月 20 日，终于迎来了发界安置点搬迁新家的日子。为了节省开支，我让他家在浙江务工的两个孩子认真工作，这边有我在不必担心。搬进新家那天，妻子的眼泪又流下来了，嘴里念叨着："从来没有住过这么好的房子，感谢政府！"丈夫依然是满脸笑容。

原本以为他们家基本算稳定了，哪知一个巨大的危机正在悄悄袭来，那就是疫情暴发。过年，本该是团聚的日子，两个懂事的孩子为了多赚钱并不打算回来，然而春节期间因为疫情影响，企业不得不让他们返乡等待复工，这又给这个家庭出了一个巨大的难题，也让我的心一下子悬了起来，原因很简单：一家人要生活，打工挣的钱是支撑不了多久的，面前最大的问题依然是就业。

好在县内无大的疫情出现，紧张的时间也没有持续太久，县委、县政府很快出台了《疫情防控期间农民工返岗就业工作方案》，开展错峰返岗输送工作，确保农民工安全有序返岗就业，我悬着的心终于放了下来，姐弟俩又踏上了务工之路。考虑到受疫情的影响，外出务工工资会有所减少，我通过与安置点对接，就近就地安置李全友在扶贫车间打零工，让他一边有稳定的就业收入，一边还能照顾家人，这样一来，这个家庭终于算是没有被疫情打倒。有了新居，打零工的收入加上妻子继续捡拾废品，基本生活开支算是有了着落，两个孩子有了之前的务工经历，现在在工厂干得也算不错，虽然收入有稍许减少，但是他们并没有之前的生疏与无所适从，已经慢慢适应了务工生活，我心里也渐渐轻松了许多。

在漫漫就业扶贫路上，这样的家庭绝非个例，有因为文化程度低出门找不到工作的，有内生动力不足不想外出的，有因为身体原因过不了健康体检被用工单位拒之门外的。当然，也有因为一身恶习被用工单位遣返的。贫困户是平凡的，平凡的贫困之家的致贫原因多种多样，帮扶方式也必须对症下药，针对不同的就业需求对接不同的就业岗位，让易迁劳动力充分就业，因为多一个就业机会就会少一个贫困家庭。一路走来，看过太多期待的目光，听过太多感激的话语，也感受过太多的辛酸与无奈，同时也见证了无数家庭因脱贫攻坚而开启的全新生活。

（作者时任彝良县人社行业扶贫办综合组组长）

挪出穷窝迎朝阳　转移就业有保障

曾永贵

2019年6月28日，镇雄县鲁家院子搬迁点开始陆续接纳来自全县各个乡镇的建档立卡贫困户2272户10318人，他们的人生因为扶贫易地搬迁而发生了天翻地覆的变化。房前屋后不再是杂草丛生的庄稼果蔬，脚底踩下去不再是稀泥烂路。闲暇时光听见的不再是鸡叫狗咬，取而代之的是轻快的音乐和欢乐的广场舞。

“安居和乐业”是一对孪生兄弟，易地搬迁解决了他们的安居问题，而乐业何其难也。离开祖祖辈辈赖以生存的土地，他们不得不重新开始，另谋生路。易地搬迁扶贫政策给了他们优厚的制度保障。在鲁家院子搬迁点，搬迁群众除人均20平方米的住房外，还按每人5平方米的标准在安置点配建商铺，统一招租、统一运营，人均年增收可达1000元以上。通过实施技能培训优先、转移就业优先、创业服务优先和公益岗位开发行动，确保有劳动力的搬迁家庭至少有1人稳定就业。截至2020年10月，搬迁劳动力已转移就业4881人，占比91%，其中省外就业2826人，省内县外就业568人，县内就业1487人。县内就业人员中，自主创业78人，公益公服岗位安置133人。

在刚搬迁入住的过渡期，为了让安置户不至于缺粮断炊，驻站工作人员与施工单位云南建投集团认真对接协调，就近就地解决搬迁劳动力的务工问题，每天解决不少于 100 个岗位，130 元一天，当日结算，保障了搬迁群众的生活问题。

但是云南建投集团的岗位毕竟不多，而且是短期工作。要有持久稳定的收入，还需找到长效的岗位。我们不得不拓展更多长效稳定的岗位。搬迁群众来自信息相对闭塞的乡村，乡村的偏僻和信息的短缺，导致这部分人思想相对保守，不是对职业的期望值脱离实际、“高不成低不就”、务工无门，就是瞻前顾后、缩手缩脚不敢尝试，导致这部分人迟迟无法就业。为了让搬迁群众找到满意的岗位，安置点共举办 5 场招聘会，有 512 家企业参加招聘，共提供 12000 多个岗位，累计有 13500 余人参加招聘，岗位匹配成功 2974 人，成功签约上岗 2324 人。来自广东、浙江、安徽、湖北等地的企业招到了他们想要的人，而待业在家的劳动力找到了他们想要的岗位，我们为转移就业做出了应有的努力。搬迁户顾祥兴坦言：“自己这次应聘到的岗位非常满意，每月工资有 5500—6000 元左右，在老家种一年的庄稼都挣不到这么多钱，感谢政府的关心和帮助。”

中屯镇齐心村搬迁户冯登友，四十岁出头，因抚养孩子上学致贫。大儿子冯霄，长春工业大学本科毕业，现在昆明理工大学机械工程系读研究生；老二冯康，大学毕业后今年参加教师招聘考试顺利闯关，等待选岗；老三冯凯，楚雄医药高等专科学校在读时就参军，报效祖国。三个儿子三个不同的领域不同的事业，同样的青春不一样的风采。除了应付娃娃读书和家里最基本的开支，他根本没有余力考虑其他。在这个平凡的家庭里，冯登友两口子习惯了克勤克俭，平淡而知足的养家糊口却因子女就学的大笔支出屡屡捉襟见肘。今年年初，冯登友所在的企业因为疫情停工停产，无奈的他回到鲁家院子搬迁点的家，开始漫无目的地寻找工作。看着冯登友一家一筹莫展，工作站和社区支书赵高彦通过多方努力，在合心家园工地帮助他找到一份砌砖工作，每月工资 4000 元以上，同时把他媳妇纳入搬迁点消防人员，每月 1800 元，就近解决了他家的就业问题。冯登友一家总算又回到正常的生活轨迹。

从旧府街道松林湾村以头河麻塘小组搬来的赵高先年近六十，外出务工极不现实。搬迁进城，对于年近花甲的老赵来说是做梦都不敢想的事情，而今扶贫政策圆了他们的梦。进城没几天，老两口搬进新居的喜悦很快就消失在收入无门的困境里。人社就业服务工作人员联合社区党委班子迅速碰头，因人制宜给老赵解决了1500元每月的环卫工的岗位。通知老赵上班的第一天，憨厚淳朴的老赵喜极而泣："你们对我太好了，共产党真的太好了。"絮絮叨叨中，老赵道出了自己从老家到县城做梦一般的经历："以前我有'四难'，读书难、吃水难、种地难、就医难。那时候学校隔家远，娃娃读书天不亮起床，生活困难买不起手电筒，娃娃就打着亮槁（点燃竹竿拿着照亮）去读书。吃水要去老远的地方挑。种地自己是能手，可是山里土薄地贫不成块，投资在地里的化肥劳力无数，还要祈求老天爷风调雨顺才勉强有些收成。秋收时节，背着一背箩苞谷走在山路上，脚打战头冒汗，一点也不敢走神，害怕一不小心就叽里咕噜滚下山，那种日子想想都后怕。去个医院，走完好几公里山路才到村卫生室，碰上大病急病，也是山一程水一程到了公路边才能拦车进城。现在好了，我住进了政府修建的宽敞明亮的搬迁房，有了收入，不愁吃穿住用行，'四难'问题解决了，我要加倍努力工作回报党。"

俗话说"天干饿不死手艺人"。治病先治本，要提高就业收入，就得提升就业技能，需要对相关搬迁劳动力做大量的就业培训。鲁家院子安置点就业服务站共组织技能培训2324人，其中挖掘机培训245人，中草药种植培训240人，家政培训447人，引导性培训642人，电工培训150人，钢筋工培训150人，焊工培训150人，公共区域保洁培训两期共280人。鲁家院子安置点就业服务站一边做实摸底排查工作，详细了解每一户未就业人员的学历和兴趣特长，以及就业方面的优势和存在的短板等情况，一边与镇雄县人社局驻外工作站的同事加强联系，准确掌握各地企业招工信息，帮助培训后的劳动力找到心仪的工作。

来自木卓镇的方绍勇，一个阳光向上的小伙子。"父母在，不远行。"

因为家里年迈的父母需要人照顾，他无法外出，只能就近务工。小伙子为人和善，机灵肯干，做事麻利，是个不错的技术工苗子。经过我们组织的挖机培训，顺利实现上岗开挖机，基本保证4500—5000元每月。随着他驾驶挖机的工作经验和能力技巧的积累，工资稳步提升甚至上万指日可待。

对于家里有老人或者小孩需要照顾，不能外出的搬迁户，鲁家院子安置点就业服务站就帮助他们在旧府街道陈贝屯村板蓝根吊瓜基地务工，先后组织到陈贝屯板蓝根吊瓜基地务工7140人次，共计发放工资726090元。

转移就业，成了易地搬迁点稳脱贫的亮点工作。在两千多户易地搬迁到鲁家院子南苑社区的人中，冯登友、赵高先、方绍勇只不过是当中的几百分之一。解决了他们生活上的困境远远不够，从农村到城市、从闭塞到发达，他们身上需要改变的行为习惯还有很多。鲁家院子安置点就业服务站通过持续包保，实现搬迁劳动力就业无忧。众多的冯登友、赵高先、方绍勇们，通过就业服务站和社区三委的持续包保，他们身上发生的变化也是显而易见的。那种自立自强、实诚感恩、不向命运低头的精神，是众多搬迁户精神的真实写照。

人还是那些人，因为生活环境的改变，因为各种诚信感恩、自立自强、和谐包容知识的宣讲，因为物质和精神生活的充实，搬迁群众底气足了、眼界宽了，不再是过去的模样了。

（作者时任镇雄县人社局驻鲁家院子易地扶贫搬迁点就业服务专干）

红路馨居：把扶贫车间建在家门口

刘　悦

蔚蓝的天空下，矗立着一栋栋崭新的楼房，干净清爽的道路上随处可见的是一个个喜笑颜开的行人，在蓝天白云、绿叶红花的衬托之下，这里的一切似乎都更加让人赏心悦目。这里是昭阳区红路馨居。

整洁、舒适、漂亮的新房；出门就坐公交车；卫生室就在家门口；上学不用再翻山越岭……从穷山僻壤里搬迁到红路馨居的22330名大山乡亲们实现了“挪穷窝”，开始全新的“市民生活”。然而，让贫困乡亲们“挪穷窝”并不意味着政府扶贫工作的圆满完成，如何让他们“换穷业”才是扶贫工作的重中之重。昭阳区红路馨居把扶贫车间建在群众家门口，千方百计拓宽就业渠道，绝不让一户搬迁户返贫。

苗家绣扶贫车间

具有苗族特色的服饰是一群美丽的“姑娘”在苗家绣扶贫车间一针一线绣出来的。工作台前的妇女们低着头认真地缝绣着手中的服装，在忙碌的同时也经常冒出谈笑间爽朗的笑声，说说笑笑的她们仿佛又回到了自己二十多岁的青春模样。曾经在深山里过着条件艰苦的生活，每日面对的都是黄土与骄阳，喜爱的“女儿活”——刺绣，仿佛只有难能可贵的清闲时间才能拿出来做一做。现在，搬迁到红路馨居的“姑娘”们，不仅每日都可以做着喜爱的事情，还能获得一笔经济收入。“外出务工的话，家里的小孩和老人没人看管照顾，我又没有什么文化……”这是当地妇女较为普遍的状况。现在，在红路馨居苗家绣扶贫车间里，欢声笑语，互帮互助，正在让这种状况逐渐成为过去。

这就是针对进城安置搬迁户中存在的“无法外出、无业可扶、无力脱贫”人员，以及零就业家庭、大病重症户等特殊困难户，以人为本，采取就近创办扶贫车间的方式提供就业岗位，稳定其就业，既确保他们能够照顾家庭及克服自身的不足，又确保他们有事干，有收入。

服装扶贫车间

在就业站服装扶贫车间，邵功远高兴地说：“我自身没有什么文化，家里面还有老人需要照顾，又要在家带着孩子上学，况且自己身体也不好，没法外出工作，总不能闲着在家等着天上掉馅饼吧！现在好了，小区里为我们提供扶贫车间的工作岗位，我既能在家照看老人、孩子，又能工作挣钱，搬到这里真的特别幸福、开心！”

“嗒嗒嗒，嗒嗒嗒”的声音冲入耳朵，你争我赶的热火朝天景象，是制成一件件衣服的前奏，在就业站服装扶贫车间里，坐着一排排的男男女女，踩着缝纫机的踏板，熟练地移动着一块块布料，为每一件成衣奉上各自的心血。对于不能远出外地的搬迁劳动力，在这里找到了一份稳定的工作，谁说“男子只会扛杆背泥土”，男人踩缝纫机对于他们来说也是小菜一碟！

藤编扶贫车间

“年龄大了，也干不动体力活，走到哪里人家都会嫌，不用我这个劳动力。”这是大多数年龄稍大的搬迁劳动力的痛点和难点。但是，小区里的藤编扶贫车间，组织大家一起学习编制藤椅，在习得一手好手艺的同时，还能解决大家想要工作挣钱的问题。

扶贫车间总是能解决群众的烦恼及问题。藤编扶贫车间里，热心的陈朝珍时常耐心地为刚去车间的邻居指点编制桌椅。陈朝珍的女儿和女婿都外出务工，留下身体不好的老伴和自己在家，原来事事都要女儿、女婿掏钱。现在，她在扶贫车间编制藤椅终于可以为自己和老伴挣来生活费了。她说：“真的特别感谢国家的扶贫工作，让我住上了这么好的房子，现在我们又在小区的扶贫车间来挣点生活费用，从家里到工作的地方只需要 5 分钟，而且在这里工作风不吹雨不打的，太阳也晒不到，搬迁到红路馨居真的是太幸福啦！”

对于这些老乡们来说，从“只会种庄稼的农民”摇身一变成为有一手技能的“市民”，他们不用再到外面奔波就可以挣到钱，确实是一个大的飞跃。我们为搬迁群众教授知识，摆脱文盲无知；为搬迁群众提供技能培训，摆脱就业无门，本着“培训一人、就业一人，脱贫一户、稳定一家”的工作目的，开展多种多样的培训，老乡们可以根据自己的意愿参加培训，从而提升劳动技能，促进稳定就业。

第一扶贫车间

“在家照顾孩子跟老人，我之前每天坐在家里非常的无聊，后来报名来了小区的扶贫车间里工作，我不仅能挣点零花钱，还能在这里跟老乡、邻居们说说笑笑，一天过得真的很轻松、很愉快。”在生产耳机线的第一扶贫车间的老乡们脸上洋溢着愉悦的笑容，手上熟练地做着工作，大家坐在一起拉拉家常话，车间里充满了欢乐的氛围，好一派和谐的景象。

“留守儿童有陪伴、空巢老人有依靠、留守妇女有工作、扶贫产业有发展”，大大小小的“扶贫车间”如星火燎原，让更多老百姓实现了在“家门口”打工的梦想，也点燃了当地干部群众脱贫致富的希望。

工作时间相对比较宽松灵活，既可以照顾家人接送孩子，又可以利用空闲时间赚取一点生活费补贴家用，帮助不能外出务工的贫困劳动力就近就地就业，进一步拓宽了贫困劳动力的增收渠道，实现在家门口就业，这就是就业扶贫车间最大的意义所在。

但愿苍生俱温饱，不辞辛苦出山林。红路馨居的搬迁户已经不再是“靠着墙根晒太阳，等着别人送小康”的生活状况，而是依靠自己勤劳的双手，创造自己幸福的生活。红路馨居，向着小康生活进发！

（作者系昭阳区人社局工作人员）

创建就业扶贫车间　增强脱贫造血功能

童　宇

2019年以来，巧家县人力资源和社会保障局以就业扶贫为抓手，同县直相关职能部门一道积极引导企业、农民专业合作社创建就业扶贫车间，让贫困劳动力就地就近就业，挣钱顾家两不误，努力实现“就业一人，脱贫一户”的目标，使贫困地区逐渐实现了由外部“输血”式扶贫向内部“造血”式扶贫的转变。

立足实际，积极引导“建”。巧家地理条件复杂，分为干热河谷地带、二半山区、高二半山区三种地理状况，因此全县16个乡镇之间的地理条件、产业发展方向不一。针对巧家“一山分四季，十里不同天”的实际，县人力资源和社会保障局深入基层一线，调研各乡镇地理气候条件、产业发展布局、在家劳动力等基本情况，着眼实际，积极探索就业扶贫模式。经过积极努力，多方协调，分别在白鹤滩黎明新村建立了巧家县佰意佳食品有限公司，马树镇佳宜种植农民专业合作社、勤丰种植农民专业合作社、紫硕果种植农民专业合作社、恒祥养殖农民专业合作社，东坪镇植保农民专业合作社等16个就业扶贫车间，切实把就业扶贫摆在至关重要的位置。为引进企业提供优质的营商环境，积极探索了“工厂下乡、车间到村、岗位到人”工作模式，鼓励各乡镇结合当地实际，引导建设一批种养殖、农产品加工、手工业等就业扶贫车间，分类分批打造“精品车间”，树立“就业扶贫车间”示范典型，吸纳当地有转移就业意愿的贫困劳动力就业。各乡镇党委认真落实上级要求，按照“技术含量不高，劳动强度不大，身体素质和文化素质要求不高，入行门槛相对较低”的原则，主动对接企业，率先在贫困村引进就业扶贫车间。

贴近需求，强化培训“帮”。就业扶贫是实现贫困家庭劳动力“就业稳定、脱贫增收”的有效途径。扶贫车间作为就业扶贫的重要载体，不仅要为入驻企业创造经济效益，更要带动群众学会一技之长，才能持续发力，实现“双赢”。为帮助贫困群众在家门口就业创造条件，促进贫困群众轻松就业，在家门口实现增收，就要充分发挥扶贫车间在就业扶贫领域的社会效益及经济效益，助力脱贫攻坚有序开展。

2019年以来，针对引进企业、本土扶持企业、种养殖大户等的用工需求，县人力资源和社会保障局着眼实际，积极探索就业扶贫模式。强化技能培训，不断激发群众内生动力，对有条件的建档立卡贫困劳动力开展职业技能培训，共开展职业技能培训22679人次（其中培训贫困劳动力17445人次）。2019年10月18日，马树镇草莓实用技能培训班开班，邀请了昆明学院高级讲师宋知春为贫困劳动力授课，有针对性地培训草莓种植实用技能，带动了群众自己创业就业、增收脱贫，满足了“就业扶贫车间”用工需求。在管理上，充分发挥党建引领作用，采取乡镇党委统揽、村党支部参与的日常管理方式，建立员工档案。定期邀请工厂技术骨干对群众技术熟练度进行考核和评定，条件成熟1个立即推荐1个到工厂务工，不断激发就业务工热情。同时，充分考虑车间员工多为农村家庭妇女，需照顾小孩兼顾家务等因素，乡镇党委和村党支部积极对接企业，采用集中生产和分散生产相结合方式，计时、计件取酬，极大方便了员工就近就业、灵活就业，从而有效拓宽群众特别是贫困群众的增收渠道，带动周边贫困户增收脱贫。

注重实效，内生动力“足”。在白鹤滩镇黎明新村，巧家县佰意佳食品有限公司是一家集甘蔗种植、红糖加工销售于一体的综合性生产企业，于

2019年8月申请认定为我县就业扶贫车间，吸纳就业32人，其中贫困劳动力22人。贫困户张时奎等22人是该村贫困劳动力，具备生产、加工技术，均与该公司签订长期劳动合同，成为甘蔗种植、红糖生产加工工人，月工资3500—5000元，实现了在家门口就业挣钱的愿望。野鸭社区建档立卡户段天万开心地说："我熬糖熬了40年了，在就业扶贫车间熬糖熬了三年了，每月工资5000元，现在我家已经脱贫了……"

马树镇人多地少，主要家庭收入来源以青壮年外出务工为主，留在村里的大多是妇女、儿童、老人。马树镇马树社区的佳谊种植农民专业合作社、勤丰种植农民专业合作社、小河塘村紫硕果种植农民专业合作社及木桥村恒祥养殖农民专业合作社四家就业扶贫车间，采取"扶贫车间+农户"的模式，吸纳贫困劳动力就近就地就业，增加工资性收入，解决精准扶贫转移就业难题。扶贫车间可以说实现了他们在家门口就业创收的愿望，给他们带来一个全新的就业增收模式，同样是在土地上劳作每天有60—80元的收入，为推动整村脱贫摘帽打下了良好基础。马树镇的四个就业扶贫车间成立以来，吸纳当地村民就业542人，其中贫困劳动力167人，有效激发了贫困人口的内生动力。"真的很感谢党委政府，帮我实现了在家门口上班的愿望，使我有了固定收入，不再担忧返贫。"在马树镇小河塘村紫硕果种植农民专业合作社的贫困户胡兴科对县人社局工作人员激动地说。

就业扶贫车间不仅在白鹤滩镇、马树镇，在药山、东坪、老店、中寨等乡镇也都成为助推当地群众增收的重要平台，以其工作操作简单、计时计件领酬、时间灵活、场地不限等特点，为无法外出务工的农村剩余劳动力打开了新的就业大门。

"扶贫小车间，脱贫大作为。"如何让部分因照顾家庭不能外出务工，又渴望脱贫致富的劳动力就近就业，是县人社局班子倾力而为的大事。截至2020年10月，巧家县人社局会同相关部门认定就业扶贫车间16家（厂房式从事生产加工2家、基地式种养殖14家），已吸纳就业人数945人，其中吸纳贫困户劳动力463人，为扶贫车间发放一次性奖补资金36.3万元。就业扶贫车间成功帮助贫困劳动者实现灵活就业、居家就业，有效解决了务工增收及照顾家庭“两不误”难题，为巧家县的脱贫摘帽做出了贡献。

（作者系巧家县人社局工作人员）

扶贫大舞台上的公益小岗位

王　涛

2020年初夏的清晨，阳光如丝如缕般照耀着彝良县发界安置区。每日早上7点，是贫困户刘光军雷打不动的工作时间——对分配给自己的片区进行保洁工作。这份在外人看来又苦又累的工作，却让刘光军甘之如饴，因为每年7200元的稳定收入足以贴补全家里里外外的开销。

山高坡陡，地少路烂，是老家角奎镇马腹村留给刘光军最深刻的记忆印象。

今年46岁的刘光军，妻子罗显碧患有精神疾病，家中还有4个孩子需要抚养，一家6口人居住在破旧不堪的房屋中，全家人的生活就眼巴巴地指望着刘光军。不幸的是刘光军曾因在工地干活操作不当，导致手脚骨折，后续无钱医治落下左手脚轻度残疾。这突如其来的打击如同压垮骆驼的最后一根稻草，让这个本就脆弱不堪的家庭雪上加霜。

多次实地走访，召开会议，多方联系对接……刘光军一家人的现状时刻牵挂着当地党委政府领导的心，如何让刘光军一家脱贫致富，成为挂钩干部和驻村工作队的“心头病”。

解决人民群众“两不愁、三保障”是脱贫攻坚最基本的任务，可以汇聚脱贫攻坚的磅礴力量，确保小康路上不落一户、不掉一人。

2019年年底，刘光军一家人易迁到了发界安置区，居住在150平方米的房屋里，刘光军还被聘用为保洁员。

“觉得生活又有希望了，有奔头了……”说起当保洁员，刘光军的笑容绽放了。

像城里人一样按时上班按月领薪，公益性岗位兜底保障带来的稳定的就业和收入，点燃了无数个像刘光军一样的贫困家庭重获新生的希望。

“一人就业，全家脱贫，增加就业是最有效、最直接的脱贫方式，长期坚持还可以有效解决贫困代际传递问题。”这是习近平总书记对就业工作的深刻指示。

彝良，是劳务输出大县。农村绝大多数青壮年劳动力基本都已经在外稳定务工，剩余在村的由于缺乏技能、文化水平低、家庭拖累等各种原因，导致无法离乡、无业可就、无力脱贫，成为脱贫攻坚攻城拔寨战役中最难啃的硬骨头。

依托公益性岗位开发，有效解决就业困难群众增收难题，是彝良县推进脱贫攻坚和乡村振兴有效衔接的一项重要举措。

在脱贫攻坚工作中，彝良县将“一有两无”零就业家庭作为公益性岗位托底安置的重点人群，开发全县贫困劳动力就业管理系统，核准贫困劳动力基本信息，摸清贫困劳动力的就业意愿和培训意愿，跟进帮扶措施，实行动态更新，做到人员信息实、就业状况实、意愿需求实、帮扶措施实，为进行个性化公益性岗位兜底安置夯实基础。

随着脱贫攻坚进入决战决胜的关键阶段，全县脱贫攻坚的重心也在不断转移。2017 年年底，中央经济工作会强调，打好精准脱贫攻坚战。从“打赢”到“打好”的一字之差，传递出我国脱贫攻坚下一步努力的方向。做好，意味着对象要精准，方法要精准，成效也要精准，管理更要精准。

2018 年以来，彝良县就公益性岗位规范使用，对全县人民交出了一份满意的答卷。

彝良县人社部门充分履职，从实际出发，以服务“三农”、建设美丽彝良为立足点，有效整合各类资源，按照“因事设岗、以岗定人、应岗尽岗”

的原则，为群众量身定制开发了乡村保洁员、护路员、河道清理员、乡村调解员、就业信息员等岗位，并明确岗位职责，以过渡性就业、灵活性就业、临时性就业、阶段性就业等多种方式，对就业困难劳动力或暂时不能外出就业的劳动力实行公益性岗位托底安置就业，有效解决了就业困难群众的就业增收难题。

截至 2020 年 10 月，全县共设置 7418 个公益性岗位，贫困劳动力实现稳定就业，极大地满足了贫困群众在家门口就业的需求。公益性岗位怎样安置才能实现以点带面、以少帮多的倍增效应，实现扶贫效果最大化？怎样才能确保公益性岗位安置对象明确、录用程序公平、考核管理明确、资金使用得当？

彝良县以制度强化监督，让公益性岗位在阳光下运行。强化监督检查，建立责任追究制度，进一步明确公益性岗位安置贫困劳动力聘用、考核等管理细则，严格管理公益性岗位开发。

在岗位对象上，以“一有两无”零就业家庭、易迁劳动力、特殊困难群体为重点对象，紧扣“持续增加贫困人口收入”目标，多措并举，扎实开展扶贫公益性岗位开发与管理工作，让困难群众就近就业，实现稳定增收。

在岗位管理上，完善公益岗位的选聘、培训、考核、监管和评估的长效管理机制。按照“谁出资、谁使用、谁负责”的原则，明确各乡镇是公益性岗位安置贫困劳动力管理主体，各乡镇劳动保障所协助做好公益性岗位安置贫困劳动力日常管理工作。

在监督管理上，成立公益性岗位检查专班，开展不定时专项检查工作。采取随机抽查、走访贫困户等方式对公益性岗位安置、岗位补贴发放等情况进行全面监管，杜绝弄虚作假、空岗、挂岗等行为发生，对发现的问题要求及时进行整改，做到不合格人员及时清退。截至 2020 年 10 月，先后从公益性岗位清退 164 人。

在资金管理上，彝良县不断提升岗位含金量，增强岗位保障性。在县财政紧张的情况下，每月按时发放公益性岗位工资，积极破解贫困劳动力上岗热情不高的难题。2020 年，公益性岗位标准提高为每人每月 800 元，全县已拨付资金 1097.33 万元，用于公益性岗位兜底保障贫困劳动力就业。

一个个公益性岗位，已然成为就业困难群众小康路上的幸福“加油站”。

2018 年以来，彝良公益性岗位兜底保障人数直线上升，500 个、4373 个、7418 个。2018 年拨付资金 278.27 万元，2020 年拨付资金 1097.33 万元……每一个跳动的数字，都彰显出脱贫攻坚取得的重大进展。

“人民对美好生活的向往，就是我们的奋斗目标。”习近平总书记在党的十八大中外记者见面会上，面对 13 亿中国人民做出庄严承诺。这份美好生活有着更好的教育、更稳定的工作、更满意的收入、更可靠的社会保障……公益性岗位兜底保障正是承载这些重要使命的一个环节。

角奎大河村、树林管坝村、海子大坪村、牛街三合村……彝良地图上这一块块被贴了多年贫困标签的区域，正在以“明知山有虎偏向虎山行”的奋斗姿态向贫困告别，向着全面建成小康社会目标阔步迈进。

（作者系彝良县人社局工作人员）

开发公益岗位　促进充分就业

高　孟

脱贫攻坚是第一民生工程，也是当前最大的政治任务。为“确保有劳动力的贫困家庭每户至少有 1 人稳定就业，夯实脱贫出列收入基础”。镇雄县就业扶贫工作肩负重要使命。要完成这一使命难题不少，其中之一就是要有劳动能力，解决无法离乡、无业可扶、无力脱贫即“一有三无”贫困劳动力的就业问题。

镇雄县究竟如何在“一有三无”贫困劳动力就业问题上破题破局，促进贫困劳动力充分就业？

合理开发岗位，凝聚就业扶贫工作合力

2019 年上半年，镇雄县组织全部 30 个乡镇（街道），对机关后勤、就业扶贫信息岗位空缺情况和“一有三无”贫困劳动力就业需求进行全面调查，按照“上下结合，供需对接，侧重需求”的原则，科学拟定了乡村公益性岗位开发计划，制定乡村公益专岗管理办法，为拓宽贫困劳动力就业渠道、提升就业扶贫质量积极做好基础工作。

2019年7月，镇雄县人社局召开就业扶贫工作推进会，通过乡镇（街道）研判上报，将283个城镇公益性岗位（就业扶贫信息员）和2875个乡村公益性岗位开发需求目标下达到各镇（街道）。各用人单位主动作为，经招聘、公示、申报、录用等程序，一个月内完成了2875名贫困劳动力安置工作并签订劳务协议。

2019年8月，镇雄县扶贫开发领导小组召开脱贫人口困难问题县级研判会，各乡镇（街道）报送需新增安置贫困劳动力乡村公益性岗位674名。10月，县委、县政府召开“镇雄县10月脱贫攻坚困难问题研判解决会议”，乡镇（街道）报送需新增公益性岗位201人。

2020年3月，乡镇（街道）研判上报县脱贫摘帽指挥部未脱贫卡户劳动力41091人中需新增乡村公益性岗位安置1883人。4月，乡镇（街道）研判上报指挥部需新增乡村公益性岗位安置贫困劳动力824人。5月，《5月各乡镇（街道）脱贫攻坚研判提请行业部门解决问题清单》需新增乡村公益性岗位45人。6月，《6月各乡镇（街道）脱贫攻坚研判提请行业部门解决问题清单》需新增乡村公益性岗位14人。7月，花朗乡研判，因受疫情影响，建档立卡4户工作不稳定，家庭收入受影响，需新增乡村公益性岗位4人。

通过采取系列举措不断推进，不仅有效解决了一部分贫困劳动力稳定就业难题，也为各用人单位缓解了人手不足困难，凝聚了全县就业扶贫工作合力。

按需开发，帮助就业困难群体就业

2018年，镇雄县认真落实就业扶贫公益岗位开发工作，全县开发城镇公益性岗位615人。在此基础上，2019年为进一步发挥公益岗位安置贫困劳动力就业的作用，镇雄县结合推进“美丽乡村建设”和实施劳务输出“增收年”行动，经过招聘、公示等环节，累计开发机关后勤、就业扶贫信息员等城镇公益性岗位安置1356人。开发乡村公益性岗位（环境保洁员、河道治理员、治安巡逻员），安置贫困劳动力3921人，每月给予500元岗位补贴。到2020年，全县累计开发城镇公益性岗位1578人、乡村公益性岗位5850人，每人每年可增收6000—14160元。

至此，在全县254个贫困行政村实现了乡村公益性岗位全覆盖。

强化管理，提升就业扶贫综合效能

为了加强对就业扶贫公益性岗位的管理，镇雄县相继制定出台了《镇雄县人力资源和社会保障局关于印发〈镇雄县公益性岗位管理暂行办法〉的通知》《镇雄县扶贫开发领导小组关于印发〈镇雄县乡村公益性岗位管理办法〉的通知》等系列政策文件，规范公益性岗位管理。各乡镇（街道）制定了就业扶贫公益性岗位工作、考勤、考核等制度，规范签订劳动合同（协议），严肃工作纪律，强化对公益岗位人员的管理和使用。

2018年以来，无论在机关单位公益性岗上还是乡村公益性岗上，都涌现出了一批先进典型，在他们身上体现了吃苦耐劳、不甘落后的拼劲和不向贫困低头的韧劲。

罗坎镇公益性岗位人员文昌仁，年龄26岁，大专学历。2019年3月被聘用到麻地村担任就业扶贫信息员工作，通过虚心学习，全面掌握了本村就业扶贫工作情况，经常主动到各户宣讲政策，节假日加班毫无怨言，认真仔细整理村上的就业扶贫档案，用真心回报社会。

碗厂镇碗厂村就业扶贫信息员王义，年龄36岁，初中学历。2019年4月进入就业扶贫信息员岗位，既履行好本职工作，还肩负了农村危房改造、危旧房拆除、人口普查、户档案整理、不动产登记等工作，同时还包组包片，履行小组长和片干部职责。由于其工作表现良好，拟推为村委会后备干部。

花山乡就业扶贫信息员刘汉伟，年龄35岁，初中学历，2019年4月被聘为花山乡小米地就业扶贫信息员，主要负责劳务输出、务工证明收集、住房保障、饮水保障查缺补漏、疑似辍学学生的排查及辍学学生劝返、人居环境提升等相关工作。他说："这个岗位让我有机会学习到很多，实现自我人生价值，离家也近，能照顾老人孩子。单位给了我一个好的平台，我希望可以通过自己的努力帮助更多卡户家庭增收致富，稳定脱贫。"

果珠乡就业扶贫信息员胡顺飞，高中学历，年龄37岁，果珠村建档立卡贫困户，2019年7月被聘为果珠乡社会保障服务中心就业扶贫信息员，主要从事就业扶贫工作，自参加工作以来按时按点完成领导安排的每一项工作，他说："只要能为家乡的贫困群众多办一点实事，只要能多组织几个劳动力出去打工，只要能让老百姓多增加点收入，只要能看见他们的生活一天天变好，再苦再累都是值得的。"

母享镇就业扶贫信息员刘泽军，大专学历，年龄37岁。2019年10月被聘用为穿洞村就业扶贫信息员以来，兢兢业业、任劳任怨，村上的累活重活争着干，常常到贫困户家中耐心宣传脱贫攻坚政策，统计全村劳动力就业情况，疫情防控期间连续40多天，带病坚持奋战在疫情防控和脱贫攻坚一线，组织本村劳动力转移就业，殚精竭虑，无怨无悔，用自己的实际行动践行着一名返乡大学生为家乡发展做贡献的初心和使命。2020年3月7日，《昭通日报》第二版以《青春无悔写忠诚》为题，报道了该同志的事迹。

就业扶贫公益性岗位的开发利用，既满足了"一有三无"贫困劳动力就地就近稳定就业的现实需求，同时也帮助他们实现了自我价值，锻炼提升了能力素质，有效激发了贫困劳动力自主脱贫的内生动力和创造力。

（作者时任镇雄县劳动就业服务局副局长）

绥江县乡村公益岗位开发纪实

杨　琳

51 岁的赵继银是绥江县南岸镇胜利村的一名建档立卡贫困人员，家里有个 79 岁且多病的老母亲。因自身发展动力不足，整天游手好闲，不务正业，家里邋邋遢遢不讲卫生，地里杂草丛生不愿打理，一直单身，没有人愿意嫁他。

2018 年 5 月，绥江县开发了农村公益岗位，村里将他聘为河道清洁员，每月工资 700 元。通过培训，赵继银正式上岗，负责管理家门前小溪沟的河道卫生。最初，赵继银由于拖沓懒散，管理河道的卫生不达标，村委会要求赵继银必须立马整改，从自家卫生搞起，否则不再继续聘用他为河道清洁员。赵继银一听自己的"铁饭碗"要丢了，意识到再这样懒散下去自己的工作真的不保了。自此赵继银紧张起来，每天一早便到自己管辖的河道巡视清理垃圾，挨家挨户宣传河道卫生，不能将生产生活垃圾倒入河道。几个月后，赵继银所管辖河道评为卫生清洁河段。

自此，赵继银逐渐变得勤快起来，自家的环境卫生状况也有了很大的改变，房前屋后整理得干净卫生，地里的庄稼也打理得长势喜人。由于赵继银的转变，2019 年，通过媒人介绍，赵继银找到了幸福的伴侣。像赵继银一样通过公益岗位而改变了自身贫困状况的例子，在绥江县还有很多。

绥江县自 2018 年以来，通过强化组织领导、强化岗位设置、强化监督管理“三个强化”开发乡村公益性岗位，为一些建档立卡特殊困难群众解决了增收难的问题，让他们摆脱困境过上新生活提供了必要条件。在全县33个贫困村、1个非贫困社区、1个易迁安置点继续使用和开发公益性岗位800个，安排800个建档立卡贫困劳动力上岗，实现就近就地就业，稳定增收675.2万元。

一是强化组织领导。绥江县紧扣持续增加贫困群众收入这一核心，坚持“转移就业一人、带动脱贫一家”的原则，扎实开展乡村扶贫公益性岗位开发工作。由县人社局拟写实施方案经县扶贫开发领导组讨论后通过，下发各乡镇和涉及部门，县人社局积极与各乡镇人民政府和涉及部门对接，做好督促和政策解答工作，协同推进公益性岗位开发各项工作。

二是强化岗位设置。绥江县结合当前脱贫攻坚、乡村振兴等工作，以“针对性准、实用性高、可行性强”为原则，因地制宜地开发了环境保洁员、河道清洁管护员、水资源管理员、乡村道路维护员、生态护林员、塌岸库区观察员、福兴社区卫生清洁员等7个方面的乡村扶贫公益性岗位。为有效推进人居环境整治，提升乡村人居环境水平，努力塑造乡村建设环境整洁、秩序井然、乡风文明的农村新风貌，开发了336个环境保洁员公益性岗位。为保护好生态环境，减少森林资源的违规开发，加快实现“生态补偿脱贫一批”的扶贫目标任务，开发了80个生态护林员岗位。为确保因地质地貌特殊、道路交通常因暴雨等恶劣天气出现小塌方等影响通行，开发了187个乡村道路维护员岗位。为加强对本区域人畜饮水状况的巡查和上报，保障群众实现安全饮水的目标，开发了7个水资源管理员岗位。为保护长江流域生态环境，开发了118个河道清洁管护员公益岗位。为保障库区安全，向家坝水电站库区涉及绥江县4个镇，开发了32个塌岸库区观察员公益岗位。为保障易地搬迁安置点福兴社区的环境卫生和解决部分易迁户的就业问题，开发了40个社区卫生清洁员。这些乡村扶贫公益性岗位的开发，为自身条件不同的贫困劳动力提供了适合自己从事的工作岗位，激发了贫困群众的内生动力，形成勤劳致富的良好风气，为巩固全县脱贫成果发挥了重要作用。

三是强化监督管理。自开展乡村扶贫公益性岗位开发工作以来，绥江县不断完善各项工作机制，制定相关工作内容、选人用人、岗前培训、组织上岗、补贴发放、人员解聘换聘等一系列程序及考核制度，建立了各个岗位的工作职责和岗位管理机制。为避免公益岗位“出工不出力”，对在岗人员一日一考勤、一月一督查，对缺工缺勤、工作不达标等情况进行台账管理和分值管控，年底实施动态调整。同时，采取精准管理模式，确定各部门的具体职责，对于岗位的管理实行三级管理，即“村级用人——乡镇管理——县级（人社、财政、扶贫）监督”的模式，建立了监督管理的长效机制，切实发挥乡村扶贫公益性岗位服务基层、服务群众、服务农村的作用，确保真设岗、真选用、真扶贫、扶真贫。

（作者系绥江县就业局工作人员）

镇雄芜湖一家亲　劳务协作显真情

李立东

为进一步夯实安徽芜湖—云南镇雄东西部劳务协作基础，突出问题导向，强化政策供给，扎实推进两地就业扶贫协作“政企联心、家人放心、员工安心、企业舒心”的劳务输出“四心”品牌打造，拓展劳务输出工作的广度和深度，实现两地劳务供需合作共赢，助力镇雄脱贫攻坚，镇雄县以拓展定向输出、维权服务、稳定务工为目的，建立了镇雄驻芜湖劳务输出工作站。

牵线搭桥，务工求学齐保障

2019年4月27日，镇雄县人社局在安徽新芜经济开发区成立了驻芜湖劳务输出工作站，并抽调3名基层经验丰富、责任心强、群众基础扎实的在职在编工作人员驻点芜湖县开展稳岗就业服务工作。在两地的共同努力下，2019年11月正式签订劳务合作协议，进一步建立了镇雄“宣传、组织、输送”、芜湖“管理、服务、稳岗”的劳务协作关系。近年来，共有5100余人次镇雄籍务工人员到安徽芜湖就业，其中稳定就业3个月以上的3200余人。

在充分考虑芜湖对技术工人的需求及务工人员稳定就业的基础上，两地政府进一步深化了合作模式，由芜湖技师学院开设“镇雄班”，定向招收镇雄籍初、高中毕业生，并从学院“机电一体化、汽车修理、数控、护理”等优质专业抽调优秀管理人员及教学骨干，配齐师资力量，提供优质教育。学生在校期间，所有生活费用全免（含生活费、体检费、保险费、校服费、床上用品、生活用品、水电费及首次到校交通费等），卡户家庭学生和非卡户家庭学生每年分别可享受7600元、3200元的国家补助。不仅如此，学生毕业后还可通过双向选择到中汇瑞德、卧龙电器、德力西电器、飞科电器等优质企业就业，实现从入学到就业“一条龙”服务。这些举措，实实在在地为务工人员减轻了家庭经济负担，解决了与子女长期两地分离的状态，还为当地培养了许多技术人才。2019年以来，共有581名镇雄籍学生到安徽芜湖技师学院就读，其中，卡户学生453名，占78%。

多措并举，倾情稳岗暖人心

“工作站服务模式要有创新，要积极协调务工人员及当地部门，要做好档案收集，要用心、用情、用力、用智慧多为务工人员服务！”镇雄县领导多次到芜湖考察时强调。

针对镇雄人民抱团意识强、吃苦耐劳精神足的特点，工作站主动作为，通过多次多方对接协调，在芜湖盾安中元有限公司组织镇雄县罗坎镇务工人员探索建设了一条“镇雄生产线”，委托罗坎镇人王贤刚负责生产和生活管理，以“镇雄人管理镇雄人”的务工新模式，帮助老乡稳定就业、持续增收。短短几个月时间，吸引了200多名罗坎老乡到镇雄生产线工作，生产线员工月平均工资6000元以上。在此基础上，我们工作站还把芜湖盾安公司“镇雄生产线”作为劳务输出样板进行大力宣传和推广，中汇瑞德的镇雄车间、飞科生产线、盾安生产线、卧龙生产线应运而生，促进了更多镇雄籍务工人员到安徽芜湖实现稳定就业。目前，在镇雄生产线上的务工人员共有 530 人，其中卡户 263 人，月平均工资 5000 元左右。

每逢佳节倍思亲。为缓解务工群众思乡之情，我们每年都会在端午、中秋等节日组织镇雄籍务工人员开展联谊活动。工作站还通过定期开展走访、座谈和不定期电话、微信等方式与工人交心谈心，详细了解他们的工作、生活情况，及时协调解决存在问题，进一步拉近与务工人员间的距离，让他们能感受到家的温暖，安心在外工作。除此之外，还积极引导务工群众在芜湖自主创业，开镇雄餐馆、卖镇雄小吃，从镇雄带来了厨师和红豆酸菜、臭豆腐等家乡味道，炒出家乡味，留住家乡人，真正让务工群众在异地他乡也能安居乐业、脱贫致富。

精准服务，稳定就业促增收

陈祖碧是镇雄县林口乡人，通过镇雄当地政府组织输送到芜湖务工，外出买烟时找不到回宿舍的路，走失了。在一时难以找到的情况下，工作站工作人员立即报案，并通过张贴寻人启事，组织发动 100 多名老乡到处寻找，5 天后在隔壁县城（宣城）找到。原来，陈祖碧为人老实本分，不识字，也不会使用手机，在走失时，自己也不知道该怎样寻求帮助。为此，作为工作站站长的我，极为不放心，给他买了两套新衣服、新鞋子及一部手机，并手把手教他使用，教他过马路如何看红绿灯、如何乘坐电梯、如何入住旅馆等生活常识，并根据他的实际情况为他找了一份稳定的工作。

郎启万是来自镇雄县塘房镇的一名残疾人，生病送往医院检查后，为多减免点医药费，减轻他的经济负担，我把他送回镇雄治疗，等他病情稳定后又接回芜湖上班，过段时间病情复发，又把他送往医院救治，并安排了专人进行照护，另外还帮他解决了 4000 元的困难补贴。在他住院期间，我总是一趟一趟、毫无怨言地奔波于医院和工作站之间，对于我们工作站来讲，这是应有的责任和义务。

在安徽芜湖，像陈祖碧、郎启万这样在政府引导帮助下，依靠“镇雄生产线”用自己双手摆脱困境的群众还有很多。他们虽然大多数无学历、无技能，思想也不稳定，但工作站的同志仍不放弃，主动与芜湖县招工办、当地企业深度对接，专门收集没有学历、年龄、技能要求且月工资收入在 4000 元以上的岗位推荐给镇雄务工人员就业。3 名同志不分白天深夜用实际行动教育他们、感化他们、转变他们，共同努力让这些老乡转变思想，靠自己的双手来发家致富。

通过一年多的努力，越来越多老乡思想得到转变，越来越多的老乡愿意来芜湖务工，越来越多的老乡被芜湖的企业接受及肯定。镇雄和芜湖两地始终坚持以务工群众所需为工作的出发点，以促进充分稳定就业为工作的落脚点，建立了稳固的劳务合作关系，工作站也不断发挥“驻地兵”的模范作用，创新探索升华合作模式，继续书写两地劳务合作新篇章！

（作者时任镇雄县泼机镇副镇长）

你在中山务工　我是你的港湾

钟子俊

"对接中山人社部门和企业，收集用工信息，帮助解决在中山务工人员的困难。"这是我们绥江县驻广东省中山市劳务输出站的主要任务。话语很简单，任务很明确。提起近两年的驻站工作，作为劳务输出工作站的站长，我深切地体会到，驻站工作挺辛苦，也很复杂，但当你帮助我们的务工人员解决一个个的困难和问题后，看到他们满意的笑容，心里就充满了激情与成就感。

在脱贫攻坚工作中，为推动农村劳动力转移就业，2018 年 3 月，绥江县选择了绥江籍务工人员相对较多的广东省中山市、浙江省杭州市和我省昆明市这三个地方设立劳务输出服务工作站。按照《广东省东莞市、中山市·云南省昭通市扶贫协作框架协议》，2018 年 4 月 10 日，绥江县驻中山市东区劳务输出服务工作站在中山市人力资源和社会保障局东区分局挂牌成立，主要承担绥江县贫困劳动力异地就业劳务协调、联络、输出及社会保障等服务工作。

为了帮助我们的劳动者找到合适的工作，向他们提供优质的工作岗位，工作站一般采取两种方式收集用工岗位信息；一是向当地人社部门索取筛选出符合绥江劳动者的岗位信息，二是通过中介公司直接提供与绥江劳动者对口的岗位信息。针对筛选出来的公司岗位信息，工作站仔细查阅公司资料，核查公司资质，然后对企业进行实地考察，耐心负责地走访企业的生产车间、职工食堂、职工宿舍、企业周边环境等，确保公司的合法性、岗位的真实性。工作站在每月 25 日向绥江县技能扶贫小组报送中山市及周边地区的优质岗位信息，推送的岗位信息通过挂钩人员入户、电话、网络等方式向全县劳动力进行宣传，满足外出务工人员需求。同时，有意向的人员还可以直接与工作站取得联系，做到人岗匹配精准。两年来，中山站累计向全县精准提供用工岗位 9789 个。

2019 年 5 月的一天，绥江一个小伙子需要外出打工，小伙子的姐姐通过绥江人社微信公众平台了解到驻站联系电话，于是便打电话向工作站询问最近是否有合适的岗位可以招收其弟弟。通过交流，工作站了解了小伙子的基本情况之后，便着手岗位精准匹配，及时联系中山市东区人事分局和中山市香山衡器有限公司，最终人岗相匹配，工作站 2 位同志带领着小伙子拉着行李，去公司办理入职手续，安顿好住宿，小伙子顺利入职。

劳务输出的服务宗旨就是解决后顾之忧，做好务工群众的后勤保障工作，帮助务工群众协调工作生活等相关问题。

2020 年 3 月初，工作站接到务工群众杨某的电话：“领导，我们在中山东菱威力电器有限公司吃不饱。”当听到这句话时，我们都感到很突然、很意外。我告诉杨某：“大家不用担心，我们会及时帮大家解决，你们先安心上班。”放下电话后，驻站工作人员及时赶到中山东菱威力电器有限公司了解原因。经过了解，原来是绥江的老乡吃习惯了川味（麻辣味），可广东的生活习惯是粤味（清淡）为主，跟老家差异较大，再加上疫情特殊时期，川味食堂没开放，所有职工都统一在大食堂分时分点用餐，用餐限时，很多人不习惯卡点卡时吃饭，感觉时间紧，口味又不一样，所以务工群众说吃不饱。我们耐心细致地向务工群众做思想工作，同时与中山东菱威力电器有限公司代表商谈，最终找到了一条双方都接受的共同点——提高餐补。从开始的每餐补助 2.5 元，增加到每餐补助 6 元。

2020 年 4 月，顺利入职一个月的务工群众周某夫妇，夫妻俩分别住在男女宿舍，很多时候不方便，于是向工作站反映了这一情况。工作站得到消息后，及时帮助夫妇俩申请夫妻租房补助。通过与中山志合公司洽谈，最终为他们争取到每人每月补助100元，共计补助3个月600元租房补助。

维护务工人员合法权益，做到劳有所得，薪资明晰，也是我们的职责所在。2020年5月，在TCL公司上班的务工人员刘某对公司测算的工资薪金有疑问，与自己测算的工资薪金存在差异。工作站得知此事后，便及时联系，TCL厂方耐心细致地向务工人员解释工资的测算方式、组成情况，分析说明差异原因，解决了务工人员的疑惑，让他们更加安心踏实地上班。2020年5月，奥马公司绥江籍职工王某因在卫生间洗浴，不小心滑倒摔伤。担心受伤丢了工作，王某便偷偷在宿舍休息，不敢出门。工作站人员在走访的时候，点名差人，同车间的老乡才说起此事。得知情况后，我们及时到职工宿舍了解真实情况，并联系南头人社分局，向厂方申请工伤待遇，最后厂方同意按工伤待遇处理，王某带薪养伤1个月有余。

今年年初，新冠肺炎疫情暴发，许多工程、工厂停工停产，就业形势严峻。在疫情得到有效控制后，为保障农村群众收入来源，巩固脱贫成果，绥江县想尽千方百计，全面启动了劳动力转移就业工作，组织专车专列护送农村劳动力外出务工。我们驻站人员承担护送任务，首批28人于2020年2月17日夜晚由中山工作站2名同志送至水富火车站乘坐专列前往浙江海宁务工，第二批42人于2020年2月19日上午送至县客运站乘坐大巴专车送往广东省中山市务工……疫情期间，中山工作站共护送返岗务工人员5批次575人，推荐用工岗位3255个，解决务工人员大小事务50余件。

“欢迎云南老乡到中山返岗复工就业”，在266名绥江务工人员乘坐的5辆大巴车抵达中山市南头镇时，南头镇党委政府打出这一条温暖标语并举行欢迎仪式，中山市志合人力资源公司还为返岗复工人员每人提供一套被子。2020年3月5日晚，第五批次绥江返岗务工人员194人到达广州时，中山市派到绥江县挂职的县委常委、副县长谢力生带领工作站、志合人力资源公司人员冒风顶雨到南站迎接，让老乡们深受感动。

作务工者最坚实的后盾，是我们中山工作站成立的初心，也是中山工作站坚持的使命。从工作站成立之日起至今，驻站工作人员一直秉持不对务工者说“NO”的理念，务工人员居住房间的空调、厕所坏了，生病、工资保障、工作时长等问题，无论大小，我们都力所能及地向他们提供帮助。

中山工作站就是一个家，给在中山务工的绥江人一份安心和归属。

你在中山务工，我便是你的港湾——中山工作站。

（作者时任绥江县国有林场副场长）

与我同行

郑厚强

就业是贫困劳动力脱贫增收最直接、最有效、成本最低、风险最小的方式之一。从2018年开始，扶贫工作进入攻坚阶段，收入问题是一个核心问题。如何才能破解这个难题，经过若干的调研和判断，要解决收入问题，首先要解决就业问题，特别是对于一部分长期没有外出经验但是收入又有问题的建档立卡贫困户，集中输出务工势在必行。彝良县多次开展有组织输出农村劳动力就业工作，主要输往长三角和珠三角地区，选派工作责任心强、作风正派的干部统筹开展稳岗工作。稳岗干部从务工人员出发到上岗全程陪同，工作的辛劳当然不言而喻，每个稳岗干部都感同身受，然而让我感受最深的是稳岗干部的大爱精神和责任担当。

出发：兵马未动，粮草先行

2018年8月25日中午，除了穿梭在人群中忙来忙去的工作人员和正在等候出发的外出务工人员以外，就是桌子上、地上堆满的快餐盒和矿泉水，这些都是为外出务工人员准备的盒饭，因为他们早上从乡镇上出发，有的没有吃饭，也许连早点都没有吃。

这些没有外出务工经验的人们，首先是思想问题，其次是见识问题，导致一些人听说是政府组织外出的，出门连换洗衣服都不带，空着两手就出门！因此，在组织集中输出务工人员时，我们都把出行前、出行中以及到达后的生活保障工作作为一个重要问题来考虑、来准备。胡绍鸿局长还叮嘱我们要买些面包和矿泉水放在大巴车上，万一长时间到不了吃饭点，给他们先垫一下！

从这一次开始，凡是组织务工人员集中外出务工，我们都要事先准备盒饭、矿泉水、应急药品、面包等，同时还联系吃饭点，保证出行途中大家不挨饿。考虑到路上可能出现意外情况，除了稳岗人员以外，还专门安排了交警和医生一起出行，协助解决遇到的问题。

途中：一个都不能少

下午 5 点多，我们还在彝岔二级路上，其中一辆大巴车老是掉队跟不上，经电话联系才知道，原来是车上一名务工人员出现了疑似晕车状态，我们就把车队停下来等候这辆掉队的大巴车。过了大概 5 分钟，大巴车跟上了车队并靠边停了下来，随车的稳岗干部急忙从车上下来说："有一个务工妇女晕过去了！"大家立即紧张起来！随车医生指挥着大家把她从车上抱下来，然后开展急救和服药！罗正美副局长立即联系县人民医院安排医生等候！过了几分钟，病人心跳终于恢复正常！大家齐心协力把她抱上警车，安排和她一起的亲属随警车返回照顾，警车风驰电掣般赶回彝良县人民医院。

还好有惊无险，病人回到医院经过急诊治疗，到了晚上基本痊愈！

这样的事情我们遇到过不少，有的在车上突发羊癫疯，有的到了目的地感冒发烧，有的害羞不敢叫驾驶员停车上厕所把大便拉在车上，有的醉卧车内过道。但由于事先准备充分、预判准确，我们都把务工人员一个不少地安全送达目的地。

在一次次的大规模出行中，大家也摸索出了经验。“下车叮嘱，上车点名”是通常做法，随车稳岗干部把每辆车上的务工人员进行编组，指定小组长，负责中途停车吃饭或者休息后上车的人员清点工作。

到达：无缝对接

不论是输送到江苏、浙江宁波，还是广东东莞，最长的需要 38 个小时，最短的也要 26 个小时，长途行车，对于务工人员来说就是“上车睡觉、下车如厕”，但是对于我们参与输送的干部来说，还要做好相关工作对接，确保人员抵达以后能够按照程序顺利上岗。

还记得 2018 年 8 月 27 日上午，有一批务工人员刚到东台，一下车，我们都还没有搞清情况，就被厂方的车间主管接去上班了！

到下班的时候，结果当然大家都不满意，厂方抱怨说员工不熟练，次品多，务工人员说一下车晕头转向就开始干活扛不住，参与输送的干部说没有经过培训就上岗肯定不行。

这一天，是麻烦最多的一天，有搭车到了马上要离开的，有说村干部告诉他只要到了就可以回家的，有说适应不了天气要跑路的，甚至有的连招呼都不打直接走人的。然后我们到处找人，层出不穷的问题和 40℃的潮湿天气把大家压得喘不过气来。整整一天，胡绍鸿局长、毛兴文主任和大家一起跑厂区、跑宿舍，解决培训、上岗、住宿、吃饭等问题。

大家忙得都顾不上吃东西，当天吃晚饭已经是晚上 11 点多了！吃完饭，然后开会解决问题直到凌晨 2 点半，6 点半又起床重复昨天的故事！

罗正美副局长强调：“我们的干部每天必须早上 6 点半起床，7 点钟就赶到务工人员的宿舍，叫他们起床，然后送他们上车，跟进车间。对于有些不会做的，我们的干部还要亲自教他们。下班以后，我们的干部要到宿舍跟他们沟通、交流，了解他们的思想动向。有什么困难，有什么问题，需要我们解决什么，我们及时地解决，及时地处理。”

培训一直贯穿于整个输出就业工作始终。第一次输往东台时，我们听了培训公司的一堂课，结果培训师给务工人员讲团队精神、讲西格玛课程、讲马斯洛需求层次。培训结束以后，我们与培训公司对接时说：“这个是培训高管的，我们集中输出的务工人员，文化层次较低，有相当一部分人之前没有出过远门，针对他们，首先要培训如何上厕所、如何过马路、哪些地方不能抽烟喝酒、如何刷卡进车间等这些常识。”

就这样，我们边工作边总结，形成了一套有效的对接方案：首先是根据厂方和劳务中介提供的岗位，按照输出人员的年龄结构、文化水平、动手能力进行初始匹配；到了以后妥善安排食宿，然后根据厂方要求开展培训、体检、签订合同等入职手续，一次次的工作磨合，一次次的改进工作方法，实现了三方的无缝对接。

稳岗：责任与关爱

2018 年 9 月 7 日上午，我接到一位在科森科技有限公司上班的务工人员的电话。“感冒了，但是没有钱，要借钱买药。”我立即赶往工人宿舍找到这位务工人员，带着他到楼下的村卫生室买药，掏钱帮他们付了钱。卫生室的两位医生连连称赞道：“你们这边的政府真好，要把他们带出来打工，领导还帮他们付钱！”

龙海镇的雷文清夫妇，有两个孩子在广东东莞读书，经济压力比较大。来到东台以后，夫妇俩希望能够一起住、一起上班。稳岗干部罗才富就帮他们在外面租房，同时协调厂方调岗、调车间，最后终于满足了雷文清夫妇的愿望，两人就安心地在东台务工。由于夫妇俩工作努力，第一个月两人的工资都在 5000 元左右，远远高于务工宣传时的工资水平。当时雷文清夫妇表示：如果工资满意，打算长期干下去。

2019 年 2 月，输送务工人员到浙江宁波。当时我们 540 名务工人员和 31 名稳岗干部到达奥克斯空调股份有限公司以后，面对恶劣的沿海气候极不适应，在公司的体育场上等候分宿舍和乘车前往其他厂区，站了 3 个多小时，冷得直发抖。到了第二天，大部分人都因为感冒病倒了。接下来的一个多星期，所有稳岗干部陆续感冒，31 个稳岗干部只有一人坚持住，差不多“全军覆没”，有的长达两个月才治好！在宁波期间，大家边吃药、边做好稳岗工作！

杨成兵、张杰是角奎镇杉林村的两位年轻人，两人之前也在外面打工，但是到了 2019 年 8 月两人都还没有找到合适的岗位，当杉林村驻村工作队队员告知两人政府将组织集中输出到东莞就业这一消息以后，他们喜出望外。从离开彝良起，参与稳岗的干部时刻就把他们挂在心上，担心他们走丢、吃不着饭，到了务工地以后，又带着他们体检、填写表格、协调分车间等。

面对脱贫攻坚的巨大压力，外出务工作为提高收入的主要途径，必须奋力抓！而面对一部分思想有惰性、外出务工有畏难情绪的建档立卡贫困户，只有通过这样的政府行为，帮助他们找出路，拓宽他们的眼界，改变他们的思想！“官逼民富”，逼着他们改变思想，让他们从精神上脱贫，生活上才能实现脱贫！

（作者时任彝良县人社局行业扶贫办综合组组长）

幸福可期

苏忠武　牟玉梅

小李是永善县青胜乡青胜社区的一个小伙子，说小其实老大不小了，称呼他小李是因为他单身。小李中等个子，浓眉大眼，高鼻梁，国字脸，长得帅帅的，人也聪明伶俐。小时候，家境非常困难，常常饭都吃不饱，父亲却从一大家人的牙缝里省出钱来，决心砸锅卖铁也要供他读书，可他偏偏不争气，不管父亲怎么引导，怎么管教，就不好好读书，初中还没毕业就辍学了，把父亲气得几天吃不下饭。

16 岁那年，小李离开家乡到外面闯荡，不认命、不服输，总想闯出点名堂。起初他在酒店厨房打杂，因为聪明好学，讨得厨师们喜欢，厨师们就带他学厨艺。后来，昆明的多家酒店、餐馆他都去上过班，有工作的时候月收入 6000 元左右。然而，他每家待的时间都不长，经常换工作，加上后来父亲去世了，母亲长期生病，他经常要请假回家照顾母亲，看起来高工资的他，稀里糊涂过了 20 多年依然负债累累，家里连间安全住房都没有，更别说讨媳妇了。2014 年，经过精准识别，他家进入建档立卡贫困户。2018 年，母亲去世，依然单身的他，搬进了桐堡易地扶贫搬迁安置点 20 平方米的房里。2019 年，他又辗转于昆明和缅甸之间做厨师工作，一年下来还是所剩无几。

2020 年春节，突如其来的新冠疫情打乱了小李的计划，往年过完春节就要去昆明上班，今年都正月二十了，餐饮行业还不能复工复产，已经身无分文的小李急得如热锅上的蚂蚁。这时，他接到了陌生号码打来的电话，对方自我介绍是县人社局工作人员牟玉梅，受单位安排为他提供就业服务，问他是不是还没有出去务工，是回原来的单位还是要重新找工作？

“原来的单位还没复工，新的工作也不好找。”他在电话里说。

“今年餐饮业不好找工作，要不你去中山务工吧，我们有专车免费送你们到厂里，那边还有服务站，工作不合适服务站可以帮你换岗，遇到什么困难都可以寻求他们的帮助。因为东西部扶贫劳务协作，你们卡户只要做满三个月以上，除了工资外，至少还可领到6500元以上的补贴。要不你加我微信，我把今年的补贴政策发给你，我的微信号就是这个手机号……”对方态度热情，语气亲切。小李虽然不想去厂里上班，但还是加了她的微信。

“你之前是不是经常换岗位？”牟玉梅问。

“是的，母亲在世时经常生病，一年要回家几次，耽搁的时间多了，人家都要重新招人。”小李回答。

“那你母亲去世后你的工作应该稳定了吧？”牟玉梅问。

“也没有，在餐馆工作流动性太大，很难稳定。”小李回答。

“既然这样，我建议你暂时先改行去中山进厂上班，虽然工作时间长点，工资也能拿到5000元以上，收入稳定，开支少，相信你坚持做就能攒下钱。”牟玉梅说。

没等小李回复，牟玉梅又发出了一段信息：“如果在厂里做习惯了就做到退休也不错，我在中山驻站的时候就了解到，有很多人在一家厂一直工作了一二十年甚至到退休的，还有的人在中山买房买车。你就相信我一次，我帮你介绍一家好厂，用一年的时间试试，看能不能比你做厨师强。”

“其实我干了20多年厨师也干腻了，不想干了。行吧，你帮我介绍一个岗位吧。”小李说出了自己的真实想法，感觉对方态度中肯，可以信赖，不好意思拒绝，便半推半就地答应了。

过一会儿牟玉梅又发来信息：“我已经帮你联系了广东日丰电缆股份有

限公司，那里的人事经理跟我很熟，我告诉他你是我表弟，让他给你安排一个能学到技术的岗位，他同意了。”

“是，表姐！”小李本来还有些犹豫，看到牟玉梅把自己当亲人一样对待，内心温暖，不再犹豫，认定了这个“表姐”，决定去试一试。

“你先去社区登记，做好健康体检，收拾好行李，26 号坐政府组织的免费专车进厂上班，可以吗？”

“好，我一定会好好做，不给表姐丢脸！”小李回道，露出了个调皮的表情。

2 月 26 日，小李收拾好行李，说来心酸，打了那么多年工什么也没攒下，小小的行李箱里几件日常换洗衣服就是全部家当。小李拎着行李箱跟着桐堡社区的其他务工人员一起，在社区干部的带领下，来到县城环城路上。有个戴着“工作证”的人将他们带到一块写着“广东”的牌子那里，那里已经整整齐齐排了很多人，地上画着一个个“十”字，他们每个人站在一个“十”字上排好队，与其他人保持距离。

小李也不是没出过门的人，可现在的场面还是让他有些蒙，他跟没出过门的人一样好奇地东张西望，宽阔的街道上站满了人，放眼望去竟望不到头，一排排大巴车整齐排列着，车上贴着“永善县务工人员返岗专用车”“抗疫复工两手抓，昭通永善在行动”“吃苦务工是硬汉，在家受穷是懒汉”等大红标语，也是望不到头，他在心里惊叹——这得有多少人、多少车啊？

许多戴着“工作证”或者穿着印有“志愿者”字样衣服的人，有的捧着口罩，有的抱着矿泉水，有的拎着面包，有的提着帽子，在人群中来回穿梭，将生活物品和防护物资分发到每一辆车上。小李莫名地有些激动，开始在人群里搜寻那个从未见面、在微信上跟他聊天的“表姐”，可每一个人对农民工都那么亲切、那么热情，都像是她。

这时，有一队人来到他们中间，有人介绍：“我们县委书记戈昌武和县长傅再胜同志来看大家了。”因为是疫情期间，大家都保持 1 米的距离排着队，县委书记没有跟大家握手，而是挥手向大家致意。他来到小李面前问：

“你叫什么名字？以前出去过没有？是返岗复工还是新员工？”

“我叫小李，以前都在昆明，今年受疫情影响不知道什么时候才能复工，听说中山对口帮扶我们，对我们卡户有很多优惠政策，所以想去中山找份工作。”小李没想到，自己还能这么近距离跟县委书记对话。

“出去要注意安全，戴好口罩，跟别人保持安全距离，做好个人防护，进厂后要服从管理，好好干，学好技术，攒点钱回来支持家乡发展……”县委书记平易近人。大家觉得书记像邻居大叔一样和蔼可亲，都围了过来与他交谈。

小李突然觉得鼻子酸酸的、心里暖暖的，一种从未有过的幸福感涌进心里，泪水莫名涌上眼眶。他情不自禁地说着：“感谢党！感谢政府！”

“现在，请大家在工作人员的指引下有序上车。”“到中山的，请到这边上车。”离他们不远处，有人拿着喇叭高喊着，小李跟着大家排着队走了过去。“到嘉善的，嘉善的跟我过来。”“到广州的、到东莞的、到深圳的……”“请让带老人和孩子的先上车，一家人尽量坐一辆车！”喇叭声此起彼伏，人们也根据自己的目的地寻着喊声跟过去，环城路渐渐变得空旷。

车队在交通警察的开道下，有序地驶出环城路，向目的地进发。车上，政府安排的护送人员一会儿发口罩、一会儿发面包、一会儿发矿泉水，每天为外出务工人员测量两次体温，在服务区的时候看看人上齐没有……忙得不亦乐乎。看到随车护送人员忙忙碌碌，非常辛苦，小李赶紧上前帮忙，在工作人员的指导下完成各项工作，还尽量帮助有困难的乡亲，他都不知道自己什么时候变得这么热心了。

近30个小时的旅途原本是漫长难熬的，但这次外出，小李没有以前那种焦躁，反而觉得很开心、很充实。

到中山的时候是深夜，“永善县驻中山·东莞人力资源服务站”的牌子映入眼帘，门口站着很多人，小李不知道都是些什么人。这时有个讲永善方言的女同志走过来把他们迎进了服务站，为他们端茶倒水，还为他们准备了热腾腾的盒饭。“大家一路辛苦了，一天多没吃到饭了，先吃饭吧！”她说："我们是永善派驻中山·东莞人力资源服务站的工作人员，我是人社局的廖芳，她是水务局的刘仕琴，这个是人社局的李晋，请大家加入微信群，以后我们就是你们的'娘家人'，不管遇到什么困难问题都可以找我们，我们会竭尽所能帮你们解决！"说着拿着二维码逐个让他们扫码进群。

吃完饭，服务站的同志安排他们跟随各自选择的企业代表到了企业，那里已经为他们准备好了床，他们到了后量了体温，然后洗漱休息。

第二天一早，有人带他们去办理入职手续，然后就开始培训、上班。这家厂受疫情影响不是很大，今年的订单很多，每天上班忙碌而充实。小李觉得很辛苦，加上还不太适应当地的生活习惯和企业工作制度管束，这时他会找服务站的工作人员聊聊，牢骚发过了，郁闷的情绪纾解了，他又继续工作。就像工作人员说的，前两个月有点难熬，本来身上就没钱，第一个月什么也不会，工资也低，还要等到第二个月才能领第一个月的工资，如果没人鼓励着，真难坚持下来，可到了第三个月就好了，工资高了很多，生活也习惯了。对小李来说，最幸福的要数第四个月，扣了社保和生活费，到手工资还有6100多元，他迫不及待地把这个消息告诉了"表姐"。

"表姐，我这个月领了6000多元，服务站的廖芳她们在收集资料了，估计我们的稳岗补贴和一次性奖补的钱也快到了。"小李兴奋地说。想着收入开始源源不断，小李顿时觉得呼吸都轻松了，处处充满了阳光。

"今天不流的汗水，必将化作明天的泪水，现在不想吃苦，将来就得加倍吃苦！""表姐"的话在他心里萦绕。他想，幸好遇到了人社局和服务站的"表姐"们，现在努力还不迟，幸福日子尚可期！

（作者苏忠武时任永善县人社局办公室主任，牟玉梅系永善县人社局办公室工作人员）

转移就业谋出路　稳岗稳心助脱贫

周泽仙

2018年7月的杭州，正是高温多雨的季节，永善县驻杭州人力资源服务站站长王登玉和同事谭华琳来到浙江省杭州市拱墅区，正式开启了全新的驻站工作。

初来乍到，环境不熟悉，人员不熟悉，如何在异地他乡开展好工作，才能为外出务工群众做好服务，不辜负家乡父老的期盼和组织的重托。两位同志深感压力巨大，常常夜不能寐。

“搭建联络平台，畅通信息渠道，紧扣工作重点和难点，逐一进行突破。”在经过认真思考和冷静分析后，她们敲定了工作思路，明确了工作步骤。于是，一边通过就业扶贫信息系统全面梳理在长三角地区务工的永善籍人员分布情况，进行上墙管理，挂图作战。一边建立“永善人在浙江”“永善老乡就业”“永善大学生求职”等微信群，定期推送岗位需求、就业扶贫政策等信息，远程受理务工人员的各项咨询，解答各种疑问。在两位同志的积极努力以及各方的协调配合下，很快工作站各项工作就走上了正轨，还迎来了一对年轻的永善籍大学毕业生夫妇志愿者，充实了工作站人员力量，协助做好驻站工作，为永善外出务工老乡服务。

“听说你们是从老家那边过来专门服务我们这些在外头打工的人？”

“是的，在工作和生活中遇到什么困难和问题，您可以及时向我们反映，我们会尽全力帮助解决和协调，我们的目的就是让你们安心上班，钱袋子越来越鼓，你们可以记一下我的电话号码，138871……”

这些场景，在工作站建立之初，每天都在上演着。在杭州、嘉兴等地务工的永善老乡奔走相告，有人打来了电话，有人甚至找到了工作站进行咨询，越来越多的人了解和认识了工作站的各位同志，也有越来越多的人在工作站的服务和帮助下，工作稳定了下来，钱袋子鼓了起来。

为了让更多的贫困劳动力走出大山，转移到长三角地区务工，真正实现就业促脱贫。王登玉站长带领同志们到浙江、上海、江苏各省市考察优质用工企业，收集岗位信息，利用微信群、朋友圈进行推送，并定期将收集到的岗位信息反馈回单位，由昭通市县人社部门多渠道进行推送，及时将岗位信息送到劳动力手中。

出门在外，没有公务用车，大家就挤地铁、坐公交、乘高铁。为了不耽误考察企业的生产时间和节省开支，大家就调好闹钟，天不亮就从杭州出发，在企业和部门上班前就已赶到百公里外的嘉兴等地开展工作。

一路奔波劳累，困了，公交车上打个盹；饿了，路边便利店里买个面包就着矿泉水对付一下。谁也没有想过退缩，谁也没有一句怨言，因为大家知道，家乡的父老乡亲们正眼巴巴地等着他们找到岗位实现就业，家乡的领导们还期待他们在转移就业、转岗稳岗中发挥重要作用。建站以来，工作站先后考察企业 400 余家，发布岗位信息 200 余期，推荐优质岗位 20 余万个，开展转岗稳岗 5100 余人次。

为帮助外出务工人员稳定工作岗位，引导他们积极进取，爱岗敬业，工作站成立以来，多次向云南娘家人工作站、永善县总工会、永善县妇联、永善县统战部等部门协调争取各种帮扶资金，用于帮扶救助残疾人、妇女以及少数民族务工人员，并在端午节、中秋节对贫困务工人员开展走访慰问，进行心理疏导，举办文化体育活动。同时，还依托浙江嘉兴南埜智汇企业咨询管理有限公司成立永善县驻杭州人力资源服务站嘉兴分站，组建“永善之家”，对云南籍、昭通籍务工人员进行就业指导、技能培训、法律咨询以及困难救助，在稳定工作岗位的同时丰富广大务工人员的业余生活，让他们稳岗稳心。目前，工作站累计走访慰问贫困务工人员300余人次，帮助务工人员争取帮扶慰问资金20余万元，化解各种劳务纠纷40余次，工伤维权30余人次，帮助务工人员讨薪70余万元。

“输得出，稳得住，逐步能致富”是工作站的工作任务。在长三角地区广泛开辟就业渠道，开展劳务协作，建立长效联络机制，近距离服务外出务工人员，为全县稳就业助增收、坚决打赢脱贫攻坚战发挥应有作用。同时，也在紧张忙碌的稳岗就业服务工作中锤炼了一支能吃苦、勇担当、善作为的坚强队伍。

（作者时任中共永善县委办公室督查专员、派驻永善县驻杭州人力资源服务站工作人员）

劳务输出政策好　党和人民心连心

吴　靖

我叫吴靖，今年51岁，到2020年8月，就是我来安徽省新芜经济开发区飞科责任有限公司工作的第3个年头了。自从到了芜湖之后，我没有再去过其他地方打工，我自己也没有想过在芜湖能够待上这么久，当然，我能来这里都是因为政府劳务输出政策好。

我家住泼机镇大院子村，十多年前妻子离开了我们这个家，我一个人拉扯两个子女，还要负责我母亲的生活起居等。本人又没有技术，只能留在家里靠做一些苦力活维持基本生活，受尽生活的沧桑和周围邻居的白眼，当时的我真的觉得生活无望，特别无助。2018年4月，我听说政府要组织人员前往安徽芜湖务工，我心中便有了一丝念头，心想与其在家天天待着过穷日子，还不如出去闯闯，看看外面的世界。在得到家人的支持后，我便自己前去村委会咨询，了解了情况之后，对工作倒是非常满意，但是因为自己本身年龄的原因，再加之家中母亲身体不好，对是不是要出去，我便一直犹豫不决。临近出发的前两天，村委会的片区负责人和镇上干部到了我家，又一次给我详细讲述了公司的情况，还告诉我放心地去务工，家中的事情交给政府。谁知就是这一去，彻底改变了我的生活。

出发前的嘱托

出发前，镇上把我们外出的人员全部召集起来做了专门的培训。党委书记邓兴和镇长胡培文两位领导给我们300多位老乡讲了很多道理，殷切嘱托，到了安徽芜湖之后一定要勤勤恳恳，好好上班，美好生活是奋斗出来的，不要以为自己没有花一分钱坐车去，就胡乱跑，不要三天打鱼、两天晒网的……讲得入情入理，让我们很受启发。其他的领导又分别从文明礼仪、法律法规、劳动维权、感恩教育、励志教育、心理健康，给我们做了全方位的讲解。而后还开展了军训，书记、镇长亲自主持，带领我们站军姿、走齐步，让我们树立遵守纪律、吃苦耐劳的精神。一系列培训结束后，我们便乘坐政府组织到安徽芜湖务工的专车到了新芜开发区飞科责任有限公司上班了。

不一样的异域生活

刚到安徽芜湖的时候，这边饮食过于清淡，对于一个长期吃惯川菜的我来说，即使每顿吃得再多，两三个小时就饿了，根本不习惯。同时，这边气温较高，早上天亮得早，本地人总是很早起来工作。记得刚上班的第三天，恰逢周末，公司说放假一天，让我们自由支配时间，我心想，终于可以放心睡上一觉了。但是，早上8点的时候，同房间的本地人纷纷起床，收拾打扮，准备去江边玩耍。这时我才反应过来，我现在在的地方，人家普遍收入较高，生活过得比我们潇洒。

初次体验高工资的喜悦

新芜开发区飞科责任有限公司是一个现代化电子厂，我们做的是生产线，每天标准的12个小时（1.5个小时的吃饭时间），由于在老家长期自由散漫惯了，突然的规律性很强，我们一时难以适应，但是我们镇雄来的宋站长一直告诉我们“只有吃得苦中苦，方能成为人上人”，叫我们再坚持一下，咬咬牙就过来了。为了不辜负宋站长的一片好心，我们几个老乡就一起商量着，一起坚持几个月看看。谁知做了两个月之后，月均纯工资不低于4900元，前三个月务工地政府还发放了1200元的生活补贴，现在我的存款都有4万余元，这是我想都不敢想的事。因为以我这样的家庭，只要能把生活改善一些就好了，别说存钱了。真的是政府给了我希望。

老家来了“熟人”

2018年的端午节，泼机镇党委书记邓兴千里迢迢地赶来芜湖看望我们。书记他们给我们带来了家乡特制的腊肉、石灰豆腐、酸菜和“老干妈”等家乡食材，让我们感受到了家乡的味道。他们逐一了解我们的工作情况、生活情况、工资待遇情况，与我们交心谈心，共度佳节。到了10月，我们的镇长胡培文，再一次来到安徽芜湖，用了同样的方式，给我们带来了家乡的味道，让我们再一次感受到政府的无微不至的关怀。

感谢党的恩情

2018 年 8 月的时候，由于天气原因，家中屋顶被大风掀开，家中老人和子女陷入无法居住的困境。政府知道后，立即组织人力，第一时间帮我家翻盖房子，并打电话叫我安心在外务工，不要想着回来，家中的事情已经处理好了。正是政府的帮助，解决了我的后顾之忧，才让我能踏踏实实在外安心务工，我会继续用踏踏实实的工作来回报政府，感谢党恩。

企业的馈赠

因我勤劳肯干，再加上家中情况特殊，深受班组长的关心和企业的关注。2018 年 9 月，由务工地县委、县政府提议，泼机镇政府组织，飞科企业的经理亲自到我家中慰问，除了给我家中的母亲买了礼品外，还给了我母亲 2000 元的生活补助，这样的照顾让我无以言表。

由“打工者”变“引路人”

2020 年 8 月，由于长时间在外务工，十分想念家中的母亲，我便向公司请了两个星期的假，回了一趟老家。邻居们看到了我的变化，感到十分惊奇，好几个邻居直接叫我带他们去安徽，帮他们找工作，我也积极宣传政策，详细告诉他们我在芜湖的点点滴滴以及所受政府的恩情。2020 年 8 月 24 日，我带周围 7 个邻居参加了泼机政府组织的秋季招聘会，芜湖 12 家优质用工企业，提供岗位 1500 余个，他们都与自己心仪的企业达成了协议，准备与我一同前往安徽务工。

总之，政府优质的服务和企业较好的待遇，让我有信心继续在芜湖打几年工，我要做泼机劳务输出的政策宣传者，我要将更多像我这样的人带出去，让他们通过自己的双手辛勤劳动，改变自己的生活。是政府带我奔向了小康，就算到现在，我每次领工资都不由自主地打电话给宋站长表达我心中所想：感谢党委、政府，50 年来，我终于过上了幸福而又有尊严的生活！

陈义军　整理

（整理者时任镇雄县泼机镇社会保障服务中心主任）

踏上开往致富道路的大巴车

李　成

“请各位老乡不要挤，拿好你们的健康体检表和外出务工申请表到我这里来复印。”大汗淋漓的社保中心工作人员小肖忙着把一份份复印好的健康体检表和外出务工申请表交到一个个外出务工者手中。

今年年初，一场突如其来的新冠肺炎疫情打乱了外出务工者的出行计划，更打乱了社保中心年前的工作计划。我们原本计划在大年初四召开全乡的外出务工交流座谈会，然后各村根据各村的实际召开村级招聘会。然而，一切都取消了，老百姓只能居家隔离。转移就业是促进群众增收，助力打赢脱贫攻坚战的重要途径。像我们这种没有太多就业岗位支撑的县，转移就业显得更加重要。这可把各级领导急坏了。

在严格落实疫情防控的网格化管理后，疫情逐渐平稳下来，各级各部门及时研究制订了各种切实可行的复工复产方案。为了鼓励劳动力及时外出务工就业，我乡在县人社局的统筹指导下，全体乡村人员紧急动员起来，加班加点到村到户宣传，在人员密集地发放用工宣传册，张贴用工宣传海报，利用互联网、微信、手机平台等渠道，大力推送就业信息和深入解读促进群众就业创业的各项优惠政策，收集有关劳动力情况，做好供需平台服务对接，特别重点加大了“点对点”输出的宣传力度。

通过上下共同努力，老百姓终于可坐上由政府组织的大巴车务工了。

2020年2月24日，是巧家县苞谷垴乡组织的第一批“点对点”输出到广州务工的出发时间。天刚蒙蒙亮，乡社保中心工作人员在分管领导的带领下就开始有条不紊地做准备工作了，大家忙着把办公室打扫干净，把水烧开，去党政综合办公室把发给老百姓的口罩领出来。这时乘车的老百姓三三两两地就来了，我们便忙着把他们在卫生院开具的健康体检表和在村上开具的外出务工申请书复印存档。为了减少在途中集聚就餐，我们还为他们准备了途中所需的干粮和矿泉水，把口罩和干粮一一分发给他们后，再一次次告知他们所乘的车辆信息，然后合影，做完了这些，接他们的客车也缓缓驶来了。在领导们的千叮咛万嘱咐下，人人脸上洋溢着笑容，怀揣着对未来的憧憬和期望踏上开往广州的班车。

回到办公室终于可以松一口气了，我才发现今天是周末，食堂不做饭，只好到宿舍煮碗面条对付一下。躺在沙发上翻着手机上的照片，虽然戴着口罩，但从他们坚毅的眼神中可以看出每个人都充满了对未来的期望。

3月1日，我们又迎来了第二批“点对点”输出到广东务工的人员。有了第一次组织的经验，这一次不再手忙脚乱，一切都那么的井然有序。这一次县上要求组织超过20人的乡镇要派一名工作人员陪同务工者前往务工地，我有幸跟着大巴车前往广州。在两个白天一个夜晚的旅途中我和务工者交谈甚欢，一名务工者说：“工厂的老板打电话催了几次了，叫我早点来上班，可是所有的客车都停运了，我急得团团转，不知道要怎么办才好，当听说你们政府可以组织车辆送我们来务工而且还免费，我真的很惊喜，非常感谢党和政府，不但你们亲自送我们来，还配有医生和公安局的同志保障我们一路的安全。”从他脸上洋溢出来的笑容和他笨拙但朴实纯真的语言中，我深深感受到祖国的强大给我们带来的安全感和自豪感。

今年疫情期间，我乡共组织了119名务工者，分4次通过“点对点”方式奔赴务工地务工。我们感到很高兴。

（作者系巧家县苞谷垴乡社会服务中心工作人员）

用心用情服务每一位务工人员

胡　涛

从“打工者”向“服务者”的转变

2018年春节，我从广东回到老家过年，当时我们村的副主任找到我，问我：“独自在外务工有啥子感受？”我仔细想了想这几年独自在外务工的经历，我回答道：“由于我文化水平不高，进不了好的企业，经常因为与企业之间信息不对称而频繁更换工作，如果能有机构提供企业招工信息并且能保障我们在外务工者的权益就好了。”接下来他就问我，现在我们村就缺一个就业扶贫信息员，就是负责为群众提供企业招工信息并且保障在外务工权益的，问我愿不愿意做。

就这样，2019年4月，我成为镇雄县泼机镇长松林村的就业扶贫信息员，实现了从“打工者”向“服务者”的转变。

宣传就业扶贫政策　引导转变就业观念

2019年，是全县劳务输出“增收年”，各种政策向就业扶贫倾斜。但如何让老百姓了解政策、相信政策，配合工作，是全村迫切需要解决的问题。

长松林村统筹力量，通过乡村小喇叭、群众会、院坝会等广泛宣传外出务工就业的各项优惠政策，营造外出务工良好氛围。邀请务工能人参加，以他们的在外务工亲身经历向群众宣传，只有外出务工才能脱贫致富。为了更好地服务群众，及时了解他们的困难和需要，我们以村民组为单位建立了外出务工人员微信群，我定期在群里给他们打“预防针”，要求他们遵纪守法、遵守厂规，重点灌输“吃得苦中苦、方为人上人”等思想，甚至用“钱在白岩，不苦不来”“走千家不如坐一户”等方言俗语，引导他们明白基本道理，树立吃苦耐劳的思想。2019 年，全村共输出劳动力 2996 人，卡户 915 人，实现务工收入 6000 万元（卡户 1100 万元）。

用心用情做事　做好转移服务

2020 年春节，长松林村共有返乡劳动力 1300 余人，年初突然爆发的新冠病毒疫情，让如何输送这批人外出复工成为大难题。面对这种情况，在镇党委政府的统一安排下，我们一边抓疫情防控，一边抓复工复产，白天干疫情防控，晚上加班干劳务输出的相关工作。在抓外出务工方面，对一些重点人员，我们可说是下足了功夫。例如罗欢，这个 28 岁的年轻人，常年在外不务正业，一天恨不得赚 3 块花 5 块，一有了钱就去喝酒潇洒，外出几年，从来没有给家中的母亲寄回过 3 分钱。见此状况，今年 2 月，我和村上干部入户走访，给他推荐了安徽芜湖的企业，告诉他只要保证出勤率，月工资拿到 5000 元以上不是问题。起初，他还有点犹豫，通过反反复复的入户以及家人的劝说后，他终于心动，于 2020 年 2 月 15 日跟随第一批到安徽芜湖的专车，到达了芜湖。但是，因为他身上有文身，面试多家企业后，仍然没有录用。我了解到这个情况后，联系了我镇分管劳务输出的副镇长，请他协调用工企业，想方设法帮他安排一家企业，最后通过多方协调，政企联动，罗欢找到了工作，现在仍然稳岗在安徽。现在，他偶尔会给我打个电话，讲述他的工作情况以及一些表示感谢的话语。截至 2020 年 9 月，长松林村累计转移输出劳动力 3526 人（其中卡户 1176 人），“点对点”“一站式”输出劳动力到东莞、深圳、中山、永康、芜湖等地 160 余人，全村的劳务输出不但没有受到疫情影响，还比去年有大幅度提升。

统筹安排　做好资金兑付

“卡户务工有好处，寄回证明领补助。”这是泼机镇 2019 年家家户户门上都张贴有的挂历，为了让务工人员获得更大的实惠，我们组织“四支队伍”走村入户，宣传政策，确保应报尽报。例如家住长松林龙潭坡组的胡然，家庭人口 7 人，他一人在外务工，妻子在家照顾 5 个孩子。2019 年 12 月，他从浙江购买了高铁二等座返乡回家过年，在听说可以报账后，到家的第二天就将车票交到村委会，但是因为他去年车票仅仅只是购票说明，没有实名制车票原件不符合报账要求，后来我立即打电话咨询，在得知以勒高铁站可以换实名制车票时，叫他立即出发去高铁站换车票，最终用他换回来的车票给他报了 500 元的车费。2019 年，长松林村累计发放外出务工交通补贴、稳岗补贴 1.1 万元。

核实更新系统　做到账账相符

扶贫信息员公益专岗的设置，就是要做好这些工作：全面核实核准辖区内劳动力就业情况并及时更新信息系统，特别是省、市人力资源系统中的卡户劳动力就业信息，做到与国办系统一致，确保数据闭环。“点对点”“一站式”外输人员、“扶贫车间”或“乡村公益性岗位”就业人员、已培训劳动力定期在系统精准标注，及时按要求全面完善村级档案，确保数据账账相符、账实相符，等等。

把“实事办实、好事办好”是我们分内的工作。在公益岗位设置和使用方面，长松林村健全“按需设岗、以岗聘任、在岗领补、退岗有序”的动态管理和退出机制，确保公益性岗位人员精准，责任明确，确保“专岗专用”，促进“公益专岗促脱贫”。全村共开发公益性岗位 47 人，其中人社局乡村公益性岗位安置就业 13 人、城镇公益性岗位安置就业 1 人、农业农村局乡村保洁员安置就业 21 人、林业林草局生态护林员安置就业 12 人。

脱贫攻坚没有旁观者，更没有局外人，我们都是参与者、奋斗者。我觉得，在我们国家全面建成小康社会中也有我们的一份功劳，也记下了我们的人生一页，真是有幸。

陈义军　整理

（整理者时任镇雄县泼机镇社会保障服务中心主任）

小扳手扳动致富梦

胡　爽

2007年，家住镇雄县五德镇干沟村沙坝小组的田华，因为交不起200块钱的学费而辍学，跟随村里的长辈外出打工，13年摸爬滚打的务工生涯，13年孜孜不倦的技能养成之路，如今的他，举家搬迁到镇雄县呢噜坪安置点文德苑社区，事业爱情双丰收，而立之年，新婚宴尔，在汽修行业站稳立足，靠着一个小扳手，一步步实现了致富梦。

打工自学，技能之门透出致富之光

昭通市是全国贫困人口最多的地级市，所辖镇雄县是全国贫困人口最多的贫困县，脱贫攻坚事关大局，镇雄胜则昭通胜，昭通胜则云南胜。田华所在的五德镇干沟村，曾是一个贫困的小村庄，因地势陡峭、交通不便、土地贫瘠，一代代的村民只能靠天吃饭。因为缺乏产业支撑，缺乏技术，村民们不得不外出务工为家里谋得一点经济来源。出生于1990年的田华，2007年未继续读书后，像村里其他的年轻人一样，除了外出务工没有更好的选择。那时候的田华，心里只有一个念头：“一定要走出大山！”因为那里除了毒辣的太阳，就只有贫瘠的土地，根本养不活一个十七八岁男娃儿的梦想。

外出务工后，由于年纪轻，没手艺，田华辗转甘肃、浙江、四川等地务工，可谓尝尽人间苦楚。

田华回忆说："当学徒的时候，跟着老板干了一年，每个月就是 100 块钱，现在想想都不知道怎么活下来的。"那时候，从天亮干到天黑，汽修店就是他的家，等解决完顾客的事情，自己还要摸黑去捣鼓各种器件，直到熟悉为止，因为他害怕出了汽修店的大门去睡大街。

穷人的孩子早当家。他自 2007 年踏出校门的那一刻，就意味着未来的道路不管多苦多难都要自己去扛。他说："既然选择了汽修这条路，即使是爬着、跪着也要走完。但汽修这条路上的人，谁不是爬着跪着的呢？"

13 年前的学徒经历让他一生难忘，因为汽修，改变了他的生活，也让他找到了自己的人生坐标。此后的日子里，他先后到过多家汽车修理厂去学习，他自己知道，只有自己掌握了核心技术，才能拿到高工资，有个好收入，自然才能过上好日子。一个人不能决定自己的出身，但是可以通过自己的双手去创造属于自己想要的生活。

培训深造，独具匠心潜心专研

在决战脱贫攻坚的路上，党中央施行了一系列的好政策帮助广大贫困人口摆脱贫困。为进一步落实"以培促增"工程，有效推进农村贫困劳动力就业培训，着力提升劳动者技能水平，全面提高劳动力技能素质，根据国家和省、市、县就业培训相关政策，2020 年 5 月 23 日，由镇雄县人力资源和社会保障局主办、昭通市德汉职业培训站承办的 2020 年镇雄县农村贫困劳动力转移培训"汽车维修工"培训班在田华易地搬迁后所在的南台街道文德苑社区开班。田华看准了这是“转正”的机会，积极报名参加了培训。在为期15天的培训中，他仔细耐心地听老师讲解，有什么疑问及时向老师请教。培训班把生活中常见的汽车故障搬到课堂上，生动形象地讲解，真正做到在“动中学，学中动”，避免了以往枯燥无味的培训，在培训合格后还能拿到由人社部门颁发的汽车维修工证书。

田华不放过任何学习的机会，不骄不躁地虚心参加培训会。他说：“感谢政府让我搬到新区，走出大山，才有这样的机会参加汽车维修工培训，实现技术脱贫。一个人掌握一技之长是多么的重要，天干饿不死手艺人。”

“另外，技术不是培训出来的，而是历练出来的。对很多人来说，本来没有基础，参加一次培训会算是入了门，真正维持走下去的是好奇心和恒心。”田华对培训有自己的见解，当初那个十七八岁的自己，没有任何人的指导，横冲直闯进入汽修行业，后来才发现这个行业的世界如此精彩，他曾为了解决一个问题耗时一个多星期。

田华本身对器械敏感，总是爱问为什么？这个习惯一直保持着，所以他在学汽修的三个月，师傅就能把发动机交给他学习组装。每天下班后，他都会把遇到的问题梳理一遍，解决不了的问题想方设法解决，努力地做一个合格的汽修工人。

让田华感到骄傲的是来自顾客的认可，每次当客户把车送到修理厂，他不仅把现有的问题解决了，还会顺带着给汽车来个“大体检”，因为他看到过很多司机因为没有及时查看车况而出事，导致家破人亡。血淋淋的教训告诉他，一个小小的刹车片可能导致一场事故，伴随着的伤痛是无法挽回的。

正因为有了这份责任心，有了对自身从事职业的热爱，在为期15天的培训中，田华更加系统地了解了汽修知识。他说：“以前很多问题自己知道怎么去解决，但要深究其中的原理还不是很清楚，这次培训让自己少走了很多弯路。”

技术路靠人扶，幸福路靠己修

俗话说：“师傅领进门，修行靠个人。”对田华来说，从被迫离乡漂泊，“误入”汽修行业，到找到自己喜欢的事业，他已经坚持了13年。这坚持的13年也是在和贫困作斗争的13年，从当初的少年到如今三十而立之年，田华手上留下的一道道裂痕，是13年来从事汽修最好的证明，他用自己的双手“修”出了自己的幸福。

2020年8月11日，而立之年的田华迎来了人生中最美好的时刻，步入婚姻殿堂的他，爱情事业双丰收。在和田华闲聊时，他说，本村同龄的几个伙伴，在20岁就结婚生小孩了，在农村不能接受优质的教育，我们这代人就是吃了没读书的苦，所以要让自己的孩子享受优质的教育。

现在，田华回到家乡镇雄，与亲戚朋友一起在当地经营一家汽车维修店。曾经摸爬滚打的13年，算是有了一些收获。他感慨地说：“13年转瞬即逝，现在自己成家了，身上的担子也更重了，在以后的日子里，自己要更加努力，多渠道发展自己。”

学习技能的过程就像一场修行，还需精益求精，不断进步。在全社会大力提倡“技能光荣、技能成才”的大环境下，党和政府始终坚持以市场需求和产业发展为导向，建立校企合作、产教融合等办学模式，不拘一格地培养技能人才，为更多劳动者铺筑学技能、练技能的技能成才之路，就是希望广大的技能劳动者能够学有所成，成就自己的美好人生，成为社会的有用之才。

像田华这样的农村孩子，就是通过技能改变了人生，实现了自身的价值。在田华学习汽修的13年里，从最开始只是为了“混饭吃”到现在发展为独立经营的技能工匠，这一段漫长的技能成才之路，有辛酸、有血泪，有师傅的传帮带、有政府的技能培训，但最重要的，是他自身对技能的潜心钻研，对生活的辛劳付出。最终，随着少年的不断奔跑、逐渐成长，随着脱贫攻坚工作的深入开展，贫困的阴影渐渐褪去。我们去找田华的那天，阳光普照，田师傅正弓腰在一个车轮子上熟练地把弄着手中的扳手，看见我们过来，他抬起头，脸上露出和阳光一般灿烂的笑容。

（作者时任镇雄县劳动就业服务局副局长）

提升培训针对性　开通培训就业“直通车”

罗选恩

2020年7月2日，悬挂着“政府埋单、免费培训，一技在手、就业无忧”鲜红标语的接送专车又送了100名挖掘机学员来到昭通市皖滇机械职业培训学校培训基地。

一个月后，100名学员全部通过考核，拿到了挖掘机驾驶、起重装卸机械操作特种专业双证，一群“大孩子”高兴地唱起了挖掘机谣：“挖掘机力量大，山高坡陡都不怕，若是能够驾驶它，一准挖出金娃娃……”

为使更多贫困群众通过技能培训增收脱贫，2015年以来，鲁甸县人社局依托云南省贫困地区劳动力转移培训、东西部协作资金培训、职业技能提升行动等项目支撑，整合培训资金2600余万元，开展农村劳动力职业技能培训562期3.37万人次，其中培训建档立卡贫困劳动力2.4万人次，培训获证率达98%以上。

摸清底数，照单“请客”

“我们的工作就是管理本村劳动力的信息数据，村里每个劳动力是否就业？在哪里就业？收入怎么样？是否需要参加职业技能培训？这些信息都要摸清楚。白天我们一户一户地走访，动员劳动力外出务工，开展政策宣传、岗位推荐等，晚上电话回访输出的劳动力，搞跟踪服务，更新劳动信息系统数据。虽然很辛苦，但每当看到老乡们钱袋子鼓鼓地回来过节，一家人开心地上街买新衣服、办年货，每当看到年迈的大娘拿着儿子务工挣来的赡养费，满脸幸福，我们就有使不完的力气，就不会觉得累。”桃园回族乡就业扶贫信息员阮俊峰说。

为提高劳动力就业培训的针对性，鲁甸在加强与用工企业对接，了解用工需求的同时，整合就业扶贫信息员、驻村工作队、挂钩帮扶干部等工作力量，开展全方位、多层次的摸底和政策宣传，及时摸清劳动力文化层次、年龄结构、就业意愿、培训需求等基本信息。本着“缺什么、补什么，需要什么、培训什么”的原则，因人而异、量身定制、按需培训，有针对性地开展技能培训，努力实现每个贫困家庭劳动力至少掌握一门增收致富技能。

对就业意愿不强的，开展扶志引导性培训，通过组织参观农业示范园、家庭农场、手工艺品加工车间、就业扶贫车间、孵化基地等，普及就业知识，激发创业就业斗志。对缺乏就业技能的，结合就业意愿组织开展针对性的技能培训，培训类别涉及种植养殖、生产制造、民族工艺等门类，培训工种涵盖了特色产业、果蔬种植，肉牛、生猪养殖，砌筑、电工、汽车修理，藤编、缝纫、电子装配，家政、保安、餐饮服务，计算机操作员、农村经纪人、挖掘机驾驶员等近 30 个。

为了能够让搬迁群众“搬得出、稳得住、能致富”，按需培训是第一步。“上星期我免费学习了安全用电、如何使用马桶、坐电梯、文明礼仪等知识，这些城市化的东西，以前都搞不清楚咋个用，现在终于搞清楚了。”搬迁到卯家湾安置区的巧家县东坪乡道角村月亮田社 50 岁村民谢有芝激动地说道：“今天，楼栋长又喊我来电子加工厂学拉磁环，老师讲得很好，我还怕学不会，没想到一早上就学会了，培训完了就能在安置区找到工作。因为疫情，儿子儿媳都还没出去打工，改天我把他们也叫过来一起学，要是三个人都能到厂里来上班，就太好了。”

打造培训品牌，确保培训实效

为使没有技能的劳动者具备一技之长，让有技能的劳动者能找到心仪的工作岗位，让用人单位能找到需要的技能劳动者，鲁甸坚持聚焦培训质量、培训实效和技能的适用性，引进品牌培训机构，重点开展挖掘机操作、中式烹调师、电工等就业前景好的工种培训，采取集中授课、专题讲座、参观学习、讨论交流与现场实训相结合的方式，培训后通过考核合格的学员发放《专项职业能力证书》《国家职业资格证书》，确保贫困劳动力参加培训后实现就业。截至 2020 年 10 月，鲁甸共投入资金 262.6 万元，组织挖掘机操作特种专业培训 11 期，539 名卡户劳动力参加了培训，考核通过率达 100%，就业率达 80% 以上。

“罗家娃儿出息了。”“是啊，听说还是厂里的领导嘞。”屋檐下两个老人正拉着家常。他们口中的罗家娃儿是鲁甸县龙树镇塘房村的卡户劳动力罗兴尧，他高中毕业后先后到过广州、福建、安徽等地务工，苦于没有技术，求职难，择业难，工资低，每月挣的钱只够一个人生活。2019 年，罗兴尧回乡参加了“挖掘机操作”特种专业培训，经过一个月的勤学苦练，成绩优异，被培训学校留用。随后因表现突出又被外派到培训学校在盐津县新创办的粤滇竹木文化有限公司工作，通过自己的努力，短短一年时间，从一名务工者成长为一名企业项目负责人，成了公司的中层管理干部，月收入达到 7000 元以上。

培训是打基础，就业才是目的

为进一步深化巩固职业技能提升行动工作成效，实现“培训一人、就业一人、脱贫一户”的目标，鲁甸坚持“一手抓培训，一手抓就业”，在持续加大职业技能培训力度、增强群众的“造血”功能的同时，聚焦劳动者就业创业需要和企业用工需求，主动与本地企业和对口帮扶东西部人社部门及用工企业洽谈对接，搭建起与用工企业之间的稳固桥梁平台，引进匹配度较高的用工企业到卯家湾易地扶贫搬迁安置点及12个乡镇村（社区）举办东西部劳务协作专场“春风行动”“千场招聘会进千村”“职业技能提升行动暨劳动力转移就业”等巡回招聘会，将大量优质就业岗位推送到广大求职者家门口，使劳动力技能培训和转移输出有机结合。

2020年9月19日，“鲁甸职业技能提升行动暨秋季农村劳动力转移就业专场招聘会”在卯家湾安置区召开，来自省内外的22家企业提供了电子机械、针织服装、家政服务和加工销售等行业的就业岗位2400余个，来自卯家湾安置区、文屏镇、茨院乡和周边乡镇的1000余名群众进场选岗。现场人潮涌动，热闹非凡，每个用人单位展台前咨询人员络绎不绝。“老板，我拿到电工证的，工资多少？我能到你们厂里上班吗？”“老板，我刚刚取得挖掘机驾驶、起重装卸机械操作双证，有适合我的岗位吗？”找工作的底气十足，招聘经理们也乐了。疫情之下，招人难、就业难的问题迎刃而解。

“一技在手，吃穿不愁”，掌握一技之长是脱贫致富的关键。为此，鲁甸县将继续加大职业技能培训力度，紧盯群众需求，坚持扶志与扶智相结合，打造“培训+产业+转移就业”为一体的转移就业新模式，有效提升培训的针对性，真正实现“培训一人、就业一人、脱贫一户”。

（作者系鲁甸县人社局工作人员）

以技能培训促进转移就业脱贫

李国斌

自脱贫攻坚以来，巧家县人力资源和社会保障局紧紧围绕省、市、县脱贫攻坚战略行动，以“培训一人、就业一人，致富一户、带动一片”为目标，坚持培训与就业相结合，增强培训的针对性与实效性，实现精准扶贫从“授人以鱼”到“授人以渔”的转变，农村劳动力技能培训工作取得明显成效。

巧家县贫困面大、贫困程度深，是国家级深度贫困县，2019年实现了整县脱贫出列目标任务。当时，按照2019年国务院扶贫开发工作管理系统中主要致贫原因为“缺技术”的建档立卡贫困户有23536户。通过镇、村核实，全县2019年职业技能培训工作共需培训5700人，其中按照市扶贫办、市人社局要求，培训易地扶贫搬迁到鲁甸县卯家湾的建档立卡贫困劳动力2546人，投入资金570万元。其中，县人社局450万元，县妇联120万元。为此，我们制定印发《巧家县2019年农村实用技术和职业技能培训实施方案》，明确职责，各司其职，抓实培训工作。

因地制宜选定工种抓培训，增强培训的适用性。我们以建档立卡农村贫困劳动力、农村富余劳动力、易地扶贫搬迁劳动力为重点，采取以村为单位、辐射周边、驻村培训的模式，在各乡镇、村举办多期农村贫困劳动力职业技能培训班，主要开设电焊、果树种植、家畜饲养、中草药种植与加工等实用性培训课程，培训合格2152人，提升农村贫困劳动力发展产业技能。开设乡村电动车、摩托车修理，家电维修培训课程，培训合格360人，提升群众就近创业技能。局领导通过多方协调，2019年10月18日，马树镇草莓实用技能培训班开班，邀请了昆明学院高级讲师宋知春为贫困劳动力授课，培训达到了预期目的。同年在白鹤滩镇开展魔芋种植，在小河镇开展花椒、核桃种植等有针对性、即学即用的技能培训，提高了群众实用技术技能，促进了群众自己创业、增收脱贫。

突出重点用工领域抓培训，确保培训的针对性。为积极支持配合国家重点水电工程白鹤滩电站建设、格巧高速、都香高速、昭巧高速、棚改等建设项目的建设，针对建筑类技能劳动力用工需求量大的实际，以开展电焊工、砌筑工、钢筋工、家政服务、育婴员等职业工种培训，效果明显。据统计，目前有800多名培训结业学员在巧家白鹤滩移民安置建设工地上实现了就近务工。

按照东西部扶贫协作工作要求，加强人才培育，积极开展贫困劳动力技能培训。2019年使用东西部协作资金50万元，对125名建档立卡贫困户劳动力进行挖掘机培训，收到良好反响。

严字当头抓监管服务，促培训质量提升。为确保培训质量、项目资金高效使用，我们始终坚持规范培训、安全培训第一原则，从工种选定、审核、备案、开班、抽检、鉴定、报账、发证，全部工作流程严字当头抓实监管服务。实行质量验收和绩效考核，定期、不定期地对参训学员按照不低于10%的比例进行抽查，强化培训后跟踪服务。工作纪律上严禁吃拿卡要，拖诿扯皮。

培训与招聘相结合促转移就业。早在2018年5月，我们首次牵头与县农行、广东东莞驻巧招工企业组团到金塘镇梨树村、白鹤滩镇回龙村开展送技术、送金融服务、送招工信息活动，受到群众欢迎。县人社局将职业技能培训延伸到全县各个乡镇、村，聘请专业教师，将设备搬进乡村，开展电工、焊工、砌筑工、钢筋工等初级工种的培训，对结业学员及时进行鉴定，颁发职业资格证书，实现送技能下乡进村入户，提升群众脱贫致富技能。为方便群众，实现足不出户办理银行业务，县农行积极开展“农行伴您行，幸福人生路”服务活动，将农行巧家县支行外出务工人员现场金融服务点直接搬到村委会，为将要外出务工人员现场办理银行卡、细心教群众使用手机农行移动支付，宣传惠民贷款政策，服务群众 200 余人次。东莞驻巧招工企业、广东心连心惠众人力资源集团将招工信息、外出务工政策、劳动者保障权益保护等法规逐一为群众耐心讲解，鼓励动员群众走出大山到东莞、中山务工增加收入。通过宣传动员，初步达成外出务工意向群众 30 余人。

2020 年上半年，巧家县脱贫攻坚工作先后顺利通过省第三方、国务院扶贫办抽检，成绩来之不易。“雄关漫道真如铁，而今迈步从头越。”面对当前全球新冠疫情蔓延难控、全球主要经济体萎缩、中国外贸企业难、群众就业难的严峻形势，我们将继续发扬能吃苦、敢打敢拼的精神，千方百计抓实职业技能培训工作，为全县脱贫成果巩固、白鹤滩电站几万移民劳动力培训、转移就业提供基础性保障。

（作者时任巧家县就业局局长）

抓实就业技能培训　踏上脱贫致富“快车道”

李燕伶

“李老师，我是6月焊工班的学员，请问我的资格证拿下来了吗？我等着拿它去涨工资呢！”从2018年年底负责培训工作开始，几乎每一天，我们都会接到类似的电话，不断增进我们对技能培训工作重要性的认知，也让我们感到，要让贫困群众增收致富，技能培训势在必行。

党政主导强推动　技能培训很重要

绥江属于典型的山区县，随着“打工经济”的兴起，许多农村劳动力走出家门，融入全国各地的务工大军之中，务工收入成为大多数农村家庭的主要收入来源。

“我想把‘半边红’李子做大做强，但不知道从什么地方下手？”“我在工地上做了好几年了，一直都是杂工，很不甘心”……在下乡走访时，我们经常听到这类声音。

事实也是如此。很多农村劳动力因为缺技术、缺经验，大多都是季节性零工，就业路子不宽而且很不稳定。同时，完全靠劳力挣的钱也不多。

在脱贫攻坚工作中，绥江县委、县政府抓住提升农村劳动力就业技能这个“牛鼻子”，以抓培训、育载体、促创业、保增收为主线，在实践中走出了一条“党政主导＋技能技术培训＋定向就业”的技能扶贫之路，全方位推进劳务产业发展。

为强力推进劳动力培训工作，绥江成立了技能培训劳务输出领导小组，落实专人负责抓技能培训和劳务输出。同时，各镇成立工作机构，村级设置相应岗位，细化目标、压实责任，层层抓实建档立卡劳动力培训工作。

让农村劳动力至少掌握一门赖以致富的技能，是绥江县确定的技能培训目标。为此，县里每月召开培训和转移就业工作例会，对全县农村劳动力尤其是建档立卡劳动力就业人数、就业走向、从事工种、务工收入、培训意愿等动态情况进行综合分析研判，做到底数清、情况明，并及时调度解决工作中存在的困难和问题，科学设置培训项目，丰富培训内容，采取短训、长训与素质教育相结合的方式开展不同类型、各具特色的技能培训。2020 年以来，全县共组织 2298 名建档立卡劳动力参加国家职业资格证培训，504 名建档立卡劳动力参加行业合格证培训，1200 名来自各乡镇、各行业的就业困难人员和职工参加了职业技能提升行动培训。

培训要有针对性　形式内容要精准

本着“干什么学什么、缺什么补什么、愿学什么培训什么”的原则，绥江坚持把培训与就业相结合、把市场需求和劳动者意愿相结合、把劳动力技能培训与产业需求相结合，精准对接培训工种、培训内容、培训时限与培训对象，实施分类培训。对建档立卡贫困劳动力开展电工、焊工、钢筋工、砌筑工、架子工、中式烹调等技能培训，对幼儿园职工开展保育员培训，对物管、保安人员开展服务礼仪、安保服务培训，对服务行业人员开展家政服务、酒店客房服务等职业培训，对易迁安置点人员开展保洁、园林绿化等培训，对农村在家劳动力着重开展‘半边红’李子、花椒、蘑芋、茶叶种植等实用技术培训，对有学历和一定阅历、接受能力强的年轻学员，开展网络创业培训，对有创业意愿的就业困难人员，村干部和农村劳动力针对性开展SYB创业培训、农村致富带头人培训等。

在培训方式上，注重从实际出发，结合群众生产生活、就业创业需求等特点，在定点开班培训的基础上，还采取“送班下乡”的方式，将培训课堂开到实际工作环境中去。分别在县城、镇、村甚至田间地头开展各类培训，在农特产基地讲解种植技术方法，在培训课堂讲解政策法规和技能要领。一方面让学员在家门口就能参加学习培训，极大地调动了参训学员学习技能的积极性；另一方面引导学员边学习边操作，促进了理论和实践相结合。

在培训内容上，力求内容丰富，形式多样，易于接受。培训前，针对报名学员文化素养、年龄结构不一致等实际进行课程调整，确保因地制宜、因需施教，做到有效实用。课堂上，利用观看多媒体、互动模拟、抽查提问、现场演示等教学手段，激发参训学员学习技能的主动性和积极性。课间时，通过各种小游戏和才艺表演，让学员相互交流，提升学习的趣味性。同时，落实“扶贫扶智”方针，将培训与政策宣传相结合，充分利用培训开班和结业的时机，普及创建文明城市和人居环境提升政策，宣传与学员息息相关的就业技能培训、就业扶助等扶持政策。

围绕劳动力就业需求，不断创新工作方式，有针对性地开展后续服务。对要求较高的国家职业资格证类的培训，实施了“五包”政策，即包学技术、包食宿交通、包实习耗材、包技能鉴定、包推荐就业，让建档立卡劳动力免费学习技能，增收路上行稳致远。对外出务工的学员，通过在中山、杭州、昆明三地设立的劳务输出工作站加强与企业的沟通联系，建立稳定的输转就业渠道，为参训学员提供就业服务。对有意愿创业的创业培训合格学员，提供小额担保贷款服务，开展创业指导工作，助推其低风险创业，持续增收致富。

因为学得会、用得上，培训学员的积极性也很高。2020 年 8 月 30 日，从下午 6 点开始，绥江县板栗镇开始出现了强降雨，多处路面出现损毁，给出行带来了极大的困难。那段时间，正值板栗镇农村致富带头人培训班如火如荼地开展，大家都以为第二天的课程会有很多学员请假，没想到学员们学习的劲头十足，在微信群里互相提醒路况，没有一个人说要请假，一群人冒雨从四面八方赶到了培训现场！

扶贫扶志得民心　技能培训初见效

每次培训班结业时，都能感受到学员们的熊熊斗志，听到最多的就是感谢国家的好政策，我们欣喜地看到他们每一个人身上的改变。

沈盼盼是给我印象最深刻的学员之一，她是河南人，嫁到绥江县新滩镇。不到一周的培训时间，我见证了她从一说话就会脸红得低下头，到最后培训结束时勇敢站上台主持结业典礼的蜕变，甚至成了“绥江好声音”比赛的十二强。我和她互加了微信，了解到现在的她正在做婚庆主持人，她说：“没有这次培训，从来不知道自己还有无限的可能。”不止如此，她还为丈夫、父亲、兄弟报名，全家人一起来参加培训学习，共同进步。

“7 天的培训让我感觉又重新回到了学生时代，每天都在学习新的知识，离开学校后还是第一次有机会坐下来学习，真的感受到政府给我们的关心和温暖，所以我们都很珍惜这样的机会，让我们学到了许多关于企业经营管理方面的知识，我一定会好好经营，争取带动更多人就业，帮助更多家庭。”这是来自会仪镇柑平 3 组的农村致富带头人沈富财的心声。

参加了育婴员培训的唐任琴告诉我们：“这次培训让我清楚了自己想做啥子、能做啥子。以前自己总是做什么都做不长久，不喜欢，工资也不高，觉得自己很无用。通过这次培训，我找到了我喜欢的职业，我从小就喜欢孩子，却没想到帮人带孩子可以作为一个职业，现在学了技术，要走这条路，心里既高兴又有底气！”

参加过创业培训的李锦转现在已经有了自己的小店：“如果没有这么好的政策，我们哪有这么好的机会来参加这么好的培训，真的是要感谢政府、感谢组织我们参加培训的工作人员！我一定要好好经营好我的商店，争取做大做强！”

当问到特色果蔬种植培训班的学员有什么收获时，铜厂村的曹志贵黑黑的脸上带着腼腆而纯朴的笑容：“真是太实用了，种了这么多年的李子才晓得不能随便打药，以前浪费了不少的买药钱呢！”

一技在手，致富不愁。如今，参加过技能培训的学员要么在原岗位上干得越来越出色、工资也越来越高，要么重新找到了适合自己的工作，实现了更加稳定、更加有质量的就业，还有的自己当起了老板，不仅自己赚钱致富，还带动其他群众就业。

一期期培训，从培训机构招投标、组织动员、培训全程监管到培训后的就业指导，我们有很多基层干部每天辛苦奔忙，就是为了让每一个有培训意愿的农村劳动力都能享受至少 1 次培训。每当看到培训学员一个个都过上了更好的生活，我们由衷地感到，这一切辛苦都很值得！

（作者时任绥江县就业局副局长）

立足需求抓培训　提升技能促就业

毛玫春

近年来，水富市坚持以劳务市场需求和农村产业发展为导向，以促进就业创业和增加务工人员工资性收入为目标，按照“政府引导、分级负责、自愿参与、群众受益”的原则，通过采取靶向施策、精准滴灌的方式，大力组织开展农村种养殖、育婴员、保育员、家政服务、厨师、旅游服务、创业培训、手绣制作、企业在岗员工安全常识等多项职业技能培训，着力让广大城乡劳动力接受多层次、多形式的职业技能培训，全面提升就业和创业能力，促进城乡劳动力由“劳力型”向“技能型”转变，为全市经济社会发展提供技能人才支持。2015 年以来，全市累计开展各类职业技能培训 26045 人次，其中培训贫困劳动力 6076 人次。

及早筹划，强化宣传，营造氛围

为确保这项民生工程惠及更多城乡劳动力，水富市人社局早谋划、早部署、早行动。每年年初，召集相关成员单位召开联席会议，专门研究部署，统筹安排，分解下达本年度培训目标工作任务，制订工作方案和考核办法，层层召开动员部署会，层层落实目标责任制管理。

公开招标认定机构。按照“条件公开、自愿申请、公平竞争、科学评估、择优选定”的原则，根据规定，采取竞争性磋商、公开招标等方式择优选择培训实力强、培训质量高的培训机构承担培训任务。如2019年，选取了昆明立新培训学校、云南劳服实业总公司、昭通云海职业培训学校、云南威鑫职业培训学校等4家培训机构，具体负责2019年职业技能培训、贫困劳动力转移培训以及2019—2021年职业技能提升行动培训等项目的实施。工作中，我们充分发挥各职业培训机构的积极作用，提高培训的针对性、实用性和培训质量，使广大的农村劳动力真正学到知识，不断提高全市的劳动力就业创业率。

报名宣传同步开展。为让更多的城乡劳动力了解培训工作，参与到培训中来，水富市人社局积极编制职业技能培训工种目录清单，通过云南北大门网、微信公众号、政务平台等多种渠道进行公布。同时以挂包帮转走访、劳务宣传、现场招聘、就业援助等工作为契机，深入农村、深入基层、深入群众，面对面地进行就业培训政策宣传，在全市上下形成了多形式、多渠道、全方位的就业技能培训宣传声势。宣传的同时，培训报名工作同步启动，有培训意愿的群众均可到水富市人社局各镇（街道）社保中心或者各村（社区）进行报名，每项工种人数报满即可开班培训。

按需“点单”，强化服务，增强实效

按需培训，确定项目。为使培训工作真正达到精准、实效的目的，我们采取自下而上的方式，征求广大群众意见，根据群众意见和建议，紧紧围绕技能劳动力市场需求和农村产业发展确定培训项目，安排培训课程，有针对性地组织群众开展各类职业技能培训，尤其将农村转移就业劳动力、贫困劳动力、易地扶贫搬迁对象、农村“两后生”五类就业困难人员作为重点培训群体，使其掌握1—2门技能技术，增强其转移就业能力，有效助力脱贫攻坚。同时，积极开展“五清”工作，逐户摸清劳动力就业状况、就业意愿、技能状况和培训需求，按照“缺什么、补什么，需要什么、培训什么”的原则，精准确定培训项目、培训内容、培训对象。加强与用工企业的沟通交流，了解用工企业和市场的技能需求，有针对性地开展实用技术和技能培训，提高就业率。

源头防控，抓实管理。水富市人社局切实加强对培训工作的全程监督，确保培训质量和培训效果。督导指导贯穿培训全过程，做到事前有规划、事中有监管、事后有考核。培训前，做好地点选择和宣传工作。培训中，对项目的实施进行全程跟踪监管，严格执行开班申请、过程检查、结业审核。监管人员严格对培训对象进行审查，培训机构要认真填写相关表册，按规定标准发放培训补助。培训后，由专人对培训档案资料进行再复查，并采取进村入户、走访座谈、查阅台账、电话询问等方式，对培训对象、培训质量进行检查，确保培训真实，农民受益。按照资金管理办法，严格培训资金管理，实行专户管理、专款专用。培训补贴的申领，由培训机构提出申请，经市人社局审核培训资料并进行公示后，按规定将职业培训补贴拨付到位。

授人以渔，扶智扶技，输血变造血

授人以鱼，不如授人以渔。近年来，水富市人社部门将“扶智”与“扶技”相结合，把技能培训作为推动精准扶贫、精准脱贫工作的有力抓手，将群众需求与农产业发展、企业需求、劳务市场需求相结合，打好“产业技能＋创业技能＋就业技能”培训组合拳，分批次免费培训就业创业技能，强化扶智扶技，变“输血式”扶贫为“造血式”扶贫，着力实现“一技傍身、稳定就业、脱贫致富”的技能扶贫目标。

产业引领，技能提升促增收。产业发展是脱贫的治本之策，紧紧围绕全市产业发展规划，水富市人社局按照“培训跟着产业走，技能提升促增收”的思路，加大技能培训力度。2020 年以来，水富市人社局在太平镇组织开展果树管理培训班 5 期，培训以“理论 + 实操”的方式进行，针对培训农户关心的如何修枝、拉枝、疏果、施肥及病虫害防治等问题，培训老师叶勇把学员带到果园进行现场教学。培训学员一边听老师讲，一边亲自动手操作。参训学员李永江说：“叶老师是我们的老朋友了，从我们家选苗开始就跟随叶老师学习果树的栽培管理，直到果子采摘，叶老师都自始至终进行指导，让我们理论与实践相结合。”叶老师也自豪地说：“实践出真知，每一期果树管理培训班结束都会带出许多果树栽培方面的能手。”

“现在党的政策真是好，每年都为我们请来经验丰富又专业的老师，手把手教会群众果树栽培管理技术，让群众学以致用，把自家产业发展得很好，”太平村党总支书记李绍英如是说，“今年村民刘义兵家的 13 亩枇杷，共卖出 4 吨多，收入 6 万多元；油桃 10 亩，卖出 4 吨，收入 5 万元。”

换脑革心，敲开创业之门。“我今年能收入 50 多万元，现在不想外出打工了，国家扶持政策好，就想在家搞产业创业。”魏亨均说着这些话时，洋溢着难掩的喜悦和幸福之情。

魏亨均是太平镇复兴村村民，据他介绍，前些年，他常年在外务工，去过昆明、浙江、大理等地，主要从事建筑工地的工作，常常做完工拿不到工资。2018 年，魏亨均厌倦了辗转漂泊没有保障的打工生活，毅然踏上回乡路。一次偶然的机会，他参加了由太平镇党委政府组织的外出贵州、长宁等地考察学习，主要学习食用菌栽培技术。外出考察学习归来，他又积极参加了村上组织开展的食用菌栽培与管理实用技术培训，并与同时参训的彭国均、黄家田 2 人合伙试种大球盖姑 0.2 亩和竹荪 3 亩，获经济收益 9.7 万余元。这让他们对食用菌产业发展充满信心，在总结前期种植经验和多方考察学习的基础上，结合复兴村产业发展计划，2019年，水富市人社局进一步在复兴村开展食用菌栽培技术培训，魏亨均再次积极报名参训。这一年，他把种植规模扩大至40余亩，由于规模扩大，人手不够，在下种、收获季节或者平时管理都会雇请10多个劳动力帮忙，使得当地农民不必千里迢迢外出打工，在家乡就能挣钱，还免费学到了一门实用的食用菌种植技术。如此一来，他不但实现了自己的创业梦想，还带动了当地富余劳动力就业，增加了农民收入。2020年4月，在魏亨均的带动下，成立水富富均农民种养殖专业合作社，吸纳会员20余人，并带动周边群众80多户发展种植食用菌、苦丁茶等产业。

授人以渔，拓宽就业路子。8月14日，在育婴员培训现场，授课老师正在给来自水富市各民办幼儿园的60余名参训学员授课。学员们学习热情高涨，听课认真，笔记工整，有的还打开手机录制重点步骤，学员们时不时地向老师提出疑问，现场一派热火朝天的学习场景。学员们纷纷表示，培训内容针对性、实用性强，提高了自身的职业技能素质，为今后再就业打下了良好基础。

“我这是第二次来参加人社局组织的培训了，太感谢你们了，去年我参加了你们组织的培训，回去后工作干得好，单位给我都涨工资了，干起工作来更有劲了，”来自云天化幼儿园的冯君高兴地说，“这次听说市人社局开展育婴员培训，我就立即来报名参加。”

授人以鱼不如授人以渔，提高劳动技能、增加群众收入、加快致富步伐，既是当前脱贫攻坚的需要，也是未来乡村振兴的需要。技能培训必将继续大展身手，为乡土人才的培养服务。

（作者系水富市人社局工作人员）

第六编　乡村旅游展新姿

发展红色旅游　助力脱贫攻坚

范云徽

昭通是红色革命老区，是一块具有光荣革命历史的“红土地”，是云南省红色旅游“滇东北乌蒙高原红色旅游片区”的重要组成部分。2020 年 1 月，习近平总书记考察云南时指出：“扎西会议改组党中央的领导特别是军事领导，推动中国革命走向胜利新阶段”，充分肯定了扎西会议的重要历史地位。这里大山大水大峡谷，山区半山区占国土面积的 97%，贫困面大、贫困程度深、生产生活条件差，脱贫攻坚任务非常艰巨，是全国脱贫攻坚任务最重、贫困人口最多的地级市。我们在决胜脱贫攻坚战中，以“红色扎西・胜利起点”为品牌，以长征精神为纽带，以精准扶贫为目标，发扬红色传统、传承红色基因，激活干部群众的奋斗意识和拼搏精神，提升群众的获得感和幸福感，积极探索旅游扶贫的路子，取得了初步成效。

我们把发展红色旅游作为旅游扶贫的重要举措，积极争取把全市红色旅游重要资源节点纳入国家《乌蒙山片区旅游发展规划》和《云南省红色旅游发展规划》，突破区域界限把全市红色旅游景点接入毗邻的遵义、赤水河“红色旅游经济圈”，让更多的贫困群众吃上红色旅游饭，受益红色旅游发展，走上脱贫致富路。资源开发科的饶定泽同志全程参与了《乌蒙山片区旅游发展规划》昭通片区（威信、彝良、镇雄）的实地调研考察及材料准备上报等相关工作，他在工作中认真细致、尽心尽责，作为一名曾任过乡镇小学校长的同志，对革命老区、农村、农民有着深厚的感情。他抓紧考察行程中的点滴时间，既当联络员又是宣传员、讲解员，向同车的专家们汇报了昭通发展红色旅游对带动一批旅游景点、扶持一批旅游企业、培养一批旅游人才、打赢脱贫攻坚战的决心与信心。通过边看边听的方式让专家们从多个角度对昭通的红色旅游资源有了全面细致的了解，得到了专家组的认可，圆满地完成了工作。苟文武同志在扎西会议会址 3A 景区创建的过程中，多次赴威信现场，从停车场、公共厕所、旅游交通、游客中心、引导标识、讲解员、公共休息设施、旅游安全、旅游卫生等方面开展深入细致的调研，提出了许多切实可行的改造建设意见。主动对接省上，完善各种申报手续，圆满完成扎西会议会址 3A 级景区的创建工作。

我和同事们积极向领导汇报，加强对上协调和对下指导，先后完成了《威信县红色旅游产业发展规划（2013—2022）》《威信县旅游发展规划》《昭通市威信县水田镇湾子苗寨旅游发展规划》《威信县水田镇花房子会议会址红色旅游景区规划》《昭通市威信县红色旅游产品专项策划》等规划，开展了《扎西镇大山村》《干河村荒田红军苗寨》《水田镇河坝村》等七个点的乡村旅游规划编制工作。将威信县水田镇水田村成功创建为云南省旅游扶贫示范村，将威信县扎西老街、水田镇水田村成功创建为云南省旅游名村。

我们争取省厅支持，开展红色旅游扶贫的培训工作，采用课堂教学和现场教学相结合的形式，重点培训了来自镇、彝、威革命老区的乡村旅游扶贫重点村“两委”干部、所在乡镇干部、乡村旅游带头人、乡村旅游经营户和乡村旅游管理人员，将扶贫与扶志、扶智紧密结合，全面提升深度贫困地区乡村旅游从业人员素质和专业技能，增强产业发展、就业致富的本领。

我们还积极指导威信县文旅局与扎西干部学院加强沟通联系，充分用好红色阵地，传承好红色基因，发扬好红军长征精神，完成水田镇龙洞村、扎西镇荒田村和双河乡偏岩村三个党性教育现场教学基地的建设工作，推出以红色文化培训教育实践为主旨以重走长征路为主题的红色线路产品，有效地发挥了红色旅游的带动作用，促进周边乡村旅游业的大发展。

就拿水田镇龙洞村来说，党性教育现场基地的建设，极大地带动了当地的经济发展和群众素质的普遍提高。2019 年 3 月 23 日，当我再次走进威信县水田镇龙洞村，一幢幢白墙红边的房屋鳞次栉比，休闲文化广场中间的红星显得格外闪耀。这里山花烂漫、游人如织，有穿着苗家服饰漂亮的阿妹，有身着红军军装帅气的阿哥，大家都是来赶“三花节”的。水田镇镇长张梅热情地介绍道：三花节，是我们水田欢庆春天来到的节日，为什么叫三花节呢？是因为我们这里可以赏三花（油菜花、桃花、李花），游三花（花房子、花视界、花果山）。借助重走长征路的红色旅游东风，我们大力发展乡村旅游、生态旅游，让群众走上了旅游致富的快车道。2017 年，我们发展了 1400 多亩的油菜花，成立了油菜专业合作社，建成了榨油厂，举办了首届油菜花节，促进群众增收达 210 多万元。为什么现在我们不叫油菜花节了，因为我们致富花、幸福花开得更多了，在红色旅游的带动下激活了群众干事、创业、谋发展的热情，两年来我们发展了 600 余亩“半边红”李子，300 余亩的桃子，覆盖了 850 户农户，包括贫困户 90 户，促进群众增收达 90 多万元。为更好地带领群众走产业强村、旅游富民的发展道路，我们保护好花房子，打造好花果山，引进花视界公司发展餐饮、住宿、花卉种植等产业，并且优先满足龙洞村的建档立卡户在公司就业，实现了群众在家门口务工增收。

走进村民郑尧的农家小院，两层的楼房干净整洁，一楼供自家人日常起居，二楼 6 间房全是军旅式风格，提供给来龙洞接受党性教育的学员或游客使用。郑尧介绍，通过党性教育基地的打造，他经营农家乐，不仅增加了收入，还开阔了视野，农家乐一年收入也能达到上万元，自己还种地养猪，日子越来越红火。他说：“来这里学习的领导干部和我们老百姓接触，不仅增加了双方的相互了解，使党群关系更加和谐，大家相互交流，我们也增长了知识，村民的思想观念也在不断地变化，我们农村的生活环境也越来越好。”

谈起油菜花的种植，村民杨传堂兴奋地介绍道："现在种油菜效益好，今年我家又多种了 2 亩。我们这里的油菜籽早就收完了，还从别的地方买了一些来加工。合作社成立不到半个月，榨出的油就卖了 5000 多斤，很多四川、贵州的都跑这里来买我们的菜籽油。"

看到发展红色旅游和建设党性教育基地给乡亲们带来的幸福生活，我们感到由衷的高兴。据统计，威信县发展红色旅游覆盖的扎西镇、双河乡、三桃乡、水田镇 4 个乡镇 38 个贫困村，共带动 13800 余人就业，9000 多名贫困人口脱贫致富，为威信县的脱贫摘帽做出了贡献。

（作者时任昭通市文化和旅游局资源开发科科长）

农家乐　乐农家

夏凤云

农家乐是一种新兴的休闲旅游方式，它的雏形主要来源于国外的“乡村旅游”，是一种农民向城市人提供的通过亲近大自然、感受农家风物来放松身心、愉悦自我的休闲旅游方式。由于提供的服务和产品价格实惠，加之农家乐将特有的乡村景观、民风民俗等融为一体，因而具有鲜明的乡土烙印，再加现代旅游需求的多样化、闲暇时间不断增多、生活水平逐渐提高和“文明病”“城市病”加剧，因此农家乐受到很多城市人的欢迎，也是旅游产品从观光层次向较高的度假休闲层次转化的典型例子。

昭通的农家乐发展较晚，基本以个体经营为主。据昭通市文化和旅游局普查统计显示，目前全市正常营业农家乐实体 180 余家，主要以餐饮、住宿、垂钓、采摘等粗放型经济形态为主。在 30 余年的发展过程中，昭通农家乐发展始终是昭通旅游业发展的一个缩影，特别是在全市决战脱贫攻坚、决胜全面小康的关键时期，克服了众多困难，取得了一些成绩，尤其是在产业就业扶贫方面，做出了一定贡献。

以鲁甸茨院回族乡田园庄园的发展为例，在一定程度上体现了昭通农家乐发展历程的坚守与机遇，浓缩了昭通农家乐发展助推旅游产业扶贫的点滴。

从昭阳城区出发，沿着昭鲁快捷通道一路向南，大约 20 分钟车程就来到了地处鲁甸茨院乡的农家乐——田园庄园。

一路繁花一路景，沿着昭鲁河两岸的青葱叠翠，哼唱着儿时的童谣“昭通坝子宽又宽，咕噜团转都是山，中间有只金凤凰，山头山尾路弯弯……”，在夕阳的余晖里，感慨着昭鲁坝子醉人的秋意，不觉已临近茨院乡田园庄园。走进庄园，一条干净整洁的青石板小路连接着庄园，让人如同走进了陶渊明笔下的桃花源。错落有致、别具特色的亭台、竹楼掩映在碧水绿树中，脚下是长长的栈道，身旁是伸手可及的奇花异果，田园风光、农家小吃、农耕文化，在这里交相辉映，焕发出勃勃生机。田园庄园的总经理张泽荣告诉我，庄园由鲁甸县竹园农庄有限公司运营，于2015年7月筹建，2016年4月开业，在鲁甸县委政府、茨院乡党委政府的大力支持关心下，在昭通市文化和旅游局的精心指导下,公司在昭鲁快捷通道旁集中流转土地1300亩，规划打造乡村旅游，盘活农村劳动力，推动乡村旅游健康发展，以农业为主，融合第一、第三产业，精心打造了田园综合体项目——田园庄园。截至2020年8月，庄园已建成三个大区若干小区的格局，分为果蔬种植采摘区、休闲娱乐区、餐饮综合服务区，又细分建设了沟渠鱼池28000立方米，种植了樱花、红叶石楠、垂丝海棠、桂花、紫薇、银杏等植物，建成观景湖、奇花异果园、无土栽培观光园展示区、特色长廊种植区、多种搭配花木种植区等，有露地种植蔬菜700多亩、葡萄标准园200多亩、观光工厂化育苗大棚40亩、蔬菜生产温室大棚200亩。庄园内餐饮服务区设回族、汉族餐厅。本着“绿色、环保、生态、可持续发展”的经营理念，庄园以生态农业为轴心，餐饮服务为主线，主要开展果蔬种植、水产养殖、垂钓、餐饮住宿、休闲娱乐、会议会展、商务接待、农业观光旅游、农业技术开发、培训展示推广等项目。

徜徉在无尽的田园风光中，仔细倾听着张泽荣总经理的庄园介绍和创业故事，我仿佛经历了一场属于乡村旅游创新发展的革命洗礼。在历时4年多的发展过程中，公司巧妙运用现代庄园的环境布局，依托庄园内的各个功能分区，采取正规的公司化运作模式，逐步探索融合了“观光农业＋农家乐＋餐饮＋合作社”的发展路径，把庄园构建成了一个相互依存、相互转化、互为资源的循环系统。同时，庄园采取土地流转的方式，把土地流转农户劳动力和建档立卡贫困户劳动力吸收到庄园务工，每年为当地提供就业岗位 100 余个，人均年收入在 20000 元左右，为决战决胜脱贫攻坚发挥了积极作用，实现了生态效益、经济效益和社会效益的统一。另外，庄园消费定位也较为合理，无门票限制，主要以普通老百姓和工薪阶层为主，每年接待游客 30 万人次左右，营业收入在 1900 万元以上。优美的环境，贴心的服务，极具特色的地方美食，再加上独特的区位优势和便利的交通条件，给庄园带来了极高的人气，特别是园内人气爆棚的奇花异果园，更成为昭通市内著名的网红打卡胜地，每到盛果期游客络绎不绝，热闹非凡。

一路走一路看，已是初秋傍晚的田园庄园，炊烟袅袅，硕果飘香，汇聚了众多前来就餐的游客。据张泽荣总经理介绍，田园农庄自开业至今，虽取得了一些成绩，但要达到发展目标，构建智慧旅游与农家园林深度融合的发展新模式，还需不断加强学习，不断创新管理方式，接下来的路还很漫长。田园农庄今天取得的成绩离不开各级党委政府的支持鼓励，特别是作为主管部门的市文化和旅游局的关心帮助。的确，过去数年，市文化和旅游局在加快乡村旅游发展方面，不断创新市级管理方式，积极履行主管部门的职能职责，既加强管理又深度引导，先后组织了全市乡村旅游业主和业务骨干赴四川、广东等地考察学习，多次举办乡村旅游扶贫培训和农家乐业主管理技能培训，对诸如田园农庄这样的乡村旅游实体，在规划建设、市场管理、宣传推广等方面，都作为重点提供了技术指导。

踏上归程，一路回想一路思索。在旅游业发达的云南，昭通旅游业似乎难以和其他州市相比，历史欠账太多，要想迎头赶超其他兄弟州市，何不大力发展农家乐旅游呢？昭通旅游资源丰富，以昆水线为依托的高峡平湖旅游线，以镇彝威革命老区为依托的红色旅游线等，众多的旅游线路，构成了昭通旅游点多面广的格局，恰好给农家乐提供了广阔的发展空间。而且，昭通大力发展农家乐旅游拥有众多优势，一是昭通历史文化资源丰富且厚重，气候凉爽，生态宜居，良好的自然环境和众多的历史文化资源，可开发利用节点众多，为农家乐发展提供了坚实的基础；二是昭通农家乐的发展可为农村劳动力提供新的就业渠道和增加就业岗位，提高农民的收入水平，同时也为农业资源更好利用提供了新的经济增长方式，为昭通乡村振兴提供产业支撑；三是对于文化和旅游融合发展来说，农家乐的发展，可以在一定程度上探索农村文化和旅游业的深度融合，推进农家风光，农耕文化、农家美食形成合力，助推乡村振兴取得实效。四是对于旅游业来说，农家乐可作为大中型景区景点发展的补充，也是一种旅游业新的发展方向，无疑优化了旅游业内部的产业结构，提供了多样性的旅游供给，满足了社会个性化的旅游需求，也促进了社会资源的利用程度。总之，农家乐的发展对于昭通旅游产业来说，优势众多，不止以上几个方面，在此就不再赘述。

农家乐的发展是坚守与机遇的碰撞，和整个旅游产业的发展一脉相承。坚守是因旅游业是一个综合性较强的产业，涉及道路、规划、营销等方方面面，只有具备一定的综合能力，懂得坚守的乐趣，才能在风云变幻中守得云开见月明。昭通历来是中原文化进入云南的交通要道，云南文化三大发源地之一，可惜在过去几十年的岁月中，错失了众多交通建设的重要节点，造成了如今的尴尬局面。还是那条不变的真理“要致富先修路”，就像昭鲁快捷道路的建设变迁，为农家乐旅游发展提供了先决条件，创造了发展农家乐的机遇，一条路可以促民生，更可以促产业。不单单是田园农庄，如今的昭鲁快捷通道不断涌现出竹园山庄、草莓庄园、秋甸园、万亩荷塘等以农家乐为主要形式的乡村旅游，就是这一发展机遇最大的证明。

农家乐，农家笑意由此开，乐农家，致富小康在农家。相信在不久的将来，随着昭通全面打赢脱贫攻坚战，决战决胜全面小康，奋力推进综合交通建设发展，构建两小时经济圈，昭通农家乐发展在市委、市政府的正确领导下，其时以至，其势已成，必将迎来崭新的未来，为推动昭通加快实现“滇东北崛起”贡献更大的力量。

（作者系昭通市文化和旅游局市场管理科工作人员）

发展智慧旅游　构建文旅脱贫

郝泽娟

拔掉穷根子，实现稳定脱贫，产业扶贫是根本之策。我们看到昭通“智慧旅游”就是一个发展文旅产业助脱贫的有益探索。自云南省启动“一部手机游云南”工作以来，我市以此为契机，加快推动昭通文旅产业智慧化发展，整合文旅资源，打造高品质文旅产品，助力脱贫攻坚。

在我没来“一机办”工作前，从相关资料了解到“一部手机游云南”是省委、省政府从顶层设计抓起，立足“世界一流、中国领先”的定位，围绕云南旅游转型升级“国际化、高端化、特色化、智慧化”的要求，与腾讯公司联合打造的全域旅游智慧平台。全域旅游时代，给旅游插上智慧的翅膀，给我们落后的文旅产业发展带来了千载难逢的机遇。市委、市政府高度重视“一部手机游云南”工作，及时成立“一部手机游云南”工作领导小组办公室，专门负责此项工作。市委、市政府主要领导还多次召开专题会议研究，要求立足资源禀赋，夯实顶层设计，打牢基础工作，助力脱贫攻坚和乡村振兴。

2018 年 10 月我有幸被抽调到“一机办”工作，2 年的亲身经历，让我深刻感受到智慧化发展给文旅产业带来了巨大变化，构建了文旅产业助脱贫新价值。在智慧化方式下，我们将景区打造得更智能，我们将资源宣传得更广泛，我们将产品销售到更大的市场，我们将管理做得更全面。2018 年至2019年两年的时间里，我们在全市开展景区智慧化建设，建设智慧停车场、智慧厕所、智能闸机，让景区轻松实现智能导航找停车场、找厕所，游览景区不绕圈、不费时，智能闸机实现刷脸入园1秒搞定，从此告别大长队。语音智能讲解、语音互动，配备男声、女声根据喜好自由选择，浏览景区不再是走马观花，除此之外还有很多智能化功能。智慧化发展让我们的景区摆脱了粗放、落后的身影，增添了很多现代化服务功能，快速提升了景区品质和品位，一下吸引了很多游客，同时也吸引着我们的业主以更大的激情投入到文旅产业事业中。“这一次政府带头开展智慧化建设，还给予奖补，增强了我们发展的信心，也给我们带来了很多游客，我们感到很高兴。”这是在智慧景区验收考核中一位景区业主对我们说的。带动文游从业者干事创业的热情，激发他们更大的热爱和智慧投入到旅游产业发展中，让文旅产业发展爆发强大的带动效应，不断拉动周边交通、餐饮、娱乐、乡村旅游等产业链条的发展，全面助推脱贫攻坚，我想这就是我们智慧景区建设的最大意义。

智慧化的发展让我们碰触了时代宣传的洪流。我们一直借助“一部手机游云南”平台极大的流量红利，广泛宣传我市文旅资源，先后策划主题营销活动“打造文化旅游新产品，开启文旅融合新征程”“重温红色记忆　传承长征精神”“我在龙氏家祠听故事”等50余场在“一机游”平台进行直播宣传，吸引着更多游客关注昭通、走进昭通。2020年疫情过后，我们更是通过与“一机游”平台协调更多的宣传资源，进行昭通文旅的推介宣传，先后组织西部大峡谷和邵女坪旅游度假区参与腾云公司推出的“云直播”宣传推介活动，在“游云南”APP首页banner、首页栏目、城市页面，“游云南”小程序，昆明长水机场“一机游”公益宣传广告位投放扎西纪念馆、名樱旅游度假区、龙氏家祠等景区的宣传画面，为我市文旅产业复工复产注入强大动力。

智慧化的发展让我们开辟了文旅产品销售新渠道。按照市政府2019年7月31日组织召开的“特色商品上线一机游平台销售推进会”要求，要拓展昭通特色商品销售途径，推动昭通高原特色产业发展，助力昭通脱贫攻坚。我们在全市范围内组织筛选了苹果、竹笋、红糖、板栗、荞制品等30多个优质商品上线展示销售。“一部手机游云南”是政府背书的平台，政府强大的公信力给每一个上线的产品打上了耀眼的标签“品质”，因此获得了顾客的信任和购买。昭通苹果在线销售，远销北京、广东、上海、河南、四川等城市，其中北京占比24.21%，广东占比11.05%，上海占比5.79%，开辟出了一条昭通苹果销售新渠道。

智慧化的发展让我们努力带动消费脱贫。新的发展模式下我们看到了“直播带货+线下展销”是一种拓宽群众增收很好的方式，我们主动牵线，组织昭通苹果、竹笋和土豆片等10余种特色旅游商品参与腾云公司主办的“知味云南，腾上云消”东西部扶贫协作大型主题直播带货活动，让消费带动脱贫。15分钟的直播推介，我们的产品被快速秒空，每一位商家脸上都情不自禁地洋溢着幸福的笑容。

智慧化的发展让我们的政府管理无处不在，实现游客游得自由自在的良好发展场景。我们开通了“一部手机管云南”功能，及时发现和处理旅游投诉、退货、诚信评价、导游管理等涉旅管理问题，游客有问题一键投诉，后台工作人员快速响应，及时解决游客需求。疫情期间，按照习总书记关于景区“限流、预约、错峰”的重要指示精神，我们指导全市13家旅游景区陆续开通“一机游”预约入园服务功能，有效满足了景区开园复工和保证游客安全的发展需求，确保我市文旅产业快速复工复产，助推2020年脱贫攻坚战取得最后胜利。

在市“一机办”工作2年以来，我深刻地感受到科技赋能，能为脱贫和振兴插上数字翅膀，发挥行业带动，能补上贫困地区产业发展短板，快速实现脱贫致富，智慧旅游发展正突显时代新价值。

（作者系昭通市文化旅游局“一机办”工作人员）

小草坝的康养旅游发展之路

苟文武

向外地游客提起小草坝，情不自禁就要介绍小草坝的一种物产——天麻，而我认识小草坝也是从认识小草坝天麻开始的。最早来小草坝，当地人介绍“小草坝天麻是世界之最，这里的天麻品质是目前全世界最好的，天麻中含有的天麻素占比最高，药用价值极高”。我当时只是莞尔一笑，心里觉得他们未免言过其实，也品尝了小草坝天麻，竟也觉得一般，但是后来我吃过市场上各种天麻后，却发现没有比小草坝天麻口感更好的。有一次在网络上了解了天麻的生长，才恍然明白当地人是诚实的，他们所说的小草坝天麻是“世界之最”并不是夸大其词。由于小草坝是一个低纬度、高海拔的高寒山区，小草坝所在的小草坝镇森林覆盖率达87.6%，平均海拔1710米，最高海拔2226米，最低海拔905米，小草坝这个地方因其特殊的地理气候条件，才孕育了闻名于世的小草坝天麻。

小草坝属于昭通市彝良县，位于彝良县的北面，这些年来自四川、重庆还有全国各地的游客逐渐增多，小草坝成了一个地理标识，其实这里不止有小草坝，有食药一体的天麻，也有风光旖旎的大山。小草坝镇的小草坝生态旅游景区内生物种类多样，珍稀动植物繁多，在13条大小河流上散布着600余处景点，融雄、奇、险、幽、秀于一体，有“庙山叠瀑、河坝水帘、环河盘石、赤溪红壁、万佛奇洞、渴驼饮泉、银河飞瀑、天门鸽树、刀梁险道、十里花溪”等景点，奇山、奇水、奇洞配以奇特的森林植物景观而独具特色，吸引了国内外游客及采挖、加工天麻的客商。每年的秋季，小草坝生态旅游景区自然风光变为一年之最，森林逐渐变色，披上了金黄的色彩，登高山而望，整个森林显得气势磅礴，吸引了许多摄影爱好者来此拍摄秋景。

近年来，小草坝镇结合小草坝实际情况，依托其丰富独特的自然资源优势，把旅游扶贫与小草坝景区建设、特色小镇创建等有机结合，按照“以旅促产、以产突优、以优增收”的发展思路，加大招商引资引企力度，加快旅游开发建设，推动产业深度融合发展，推进旅游扶贫和产业扶贫，以大健康为契机，通过天麻养生为基础，清新的自然环境，逐步探索出一条以康养为主题的特色旅游之路。

听小草坝镇相关负责人介绍，虽然现在小草坝生态旅游景区还不是国家A级旅游景区，但自2015年全面启动小草坝旅游区开发建设以来，按照建设面积63公顷、总投资5亿余元的景区总体规划，已累计完成投资2亿余元，建成景区后河公路、环合公路、环湖旅路、景观大道、停车场及游客服务中心，“溪谷花田”景观工程、小草坝枫叶大酒店、花海小镇、湿地公园等，初步具备了较好的旅游条件，为加快小草坝旅游发展奠定了良好的基础。小草坝生态旅游景区坚持以“观光（森林生态观光）+养生（天麻食疗、养生养心）+休闲”为理念，加快推进旅游区开发建设。将来，小草坝将打造成世界天麻产业集散中心、天麻及珙桐科创中心、天麻特色康养旅游中心，并力争成为云南旅游别具一格的知名品牌和新兴旅游目的地，带动贫困群众脱贫致富，推动乡村产业兴旺。小草坝结合国家发展旅游的战略和政策，积极打造小草坝天麻特色小镇，编制了小草坝天麻特色小镇总体规划，规划打造了小草坝毛家、石门、新厂、广东、下坝、彭家林、火地、高坎、文庙、大厂、海子等11个村民小组。现在安防设施，与人口规模相适应的教育、医疗及社会保障等公共服务设施，集中供水普及率，污水处理率和生活垃圾无害化处理率均达到100%，并配套了服务设施。2017年8月小草坝镇成功申报并列入第二批全国特色小镇。2018年，随着小草坝旅游景区初步建成投入运营及小草坝镇荣获第二批全国特色小镇称号，进一步提升了小草坝旅游的知名度和吸引力，以康养为题推进旅游发展带动群众脱贫致富效果更为显著。2019年，小草坝接待游客近26万人次，实现旅游综合收入3000多万元，带动建档立卡贫困户865户3371人实现增收脱贫，助力全镇建档立卡贫困人口11202人实现脱贫退出，助推小草坝镇实现全镇脱贫出列，于2020年入选云南省30个旅游扶贫示范乡之一。现在，天麻、竹笋是小草坝镇的两大支柱产业，小草坝镇坚持把天麻、竹笋种植、研发加工、销售与生态旅游和休闲养生有机融合，形成了特色鲜明、产业融合、优势互补的天麻旅游特色产业。多年来，小草坝镇在强化天麻规模种植基础上，致力于做好天麻精深加工文章，努力延长天麻产业链，增加天麻附加值，提高群众的经济收入。他们立足资源优势，加强种子资源保护，扎实抓好天麻产业，加强天麻精深加工的研发和市场拓展，加快打造天麻产业集群，规划天麻种植7.5万亩，培育菌材林60万亩，实现天麻种植产值30亿元，2019年已新种天麻2万亩、营造菌材林10万亩，完成8万亩有机天麻再认证。同时，自2016年以来，云南好医生药业集团小草坝双乌天麻产业园、世彭汇小草坝天麻国际交易中心、大彭养生庄园、天麻种植养生体验基地等项目投入建设，建设面积3400公顷，总投资15.12亿元，随着这些项目相继建设完工，小草坝天麻精深加工及仓储、物流、交易等迈出了历史性步伐，培育出了新的经济增长点。

小草坝在以旅促产、以产突优的同时，还坚持以优增收，带动贫困群众脱贫致富。一是加强政策宣传，动员和引导广大乡村群众积极参与到小草坝天麻产业、旅游景区和特色小镇建设中来，形成了美丽家园建设。“人人有责、共建共享”的氛围，杜绝了在征地拆迁建设过程中抢建房屋、抢种天麻等不良现象，为天麻产业健康发展、景区和特色小镇建设提供了良好的建设环境，并有效带动了贫困群众脱贫致富。二是加强小草坝旅游景区经营管理，小草坝旅游景区建设由小草坝镇人民政府、彝良县景区管委会、小草坝国有林场齐抓共管，以“观光＋养生＋休闲”的理念，加快改造提升。同时，由彝良小草坝旅游开发有限责任公司负责景区开发经营，重点围绕游客“有看头、有吃头、有住头、有行头、有玩头、有购头”等方面，结合实际打造具有地方旅游特色的新亮点，着力延伸旅游全产业链。三是加强对小草坝旅游及高原特色产品宣传，多次举办小草坝天麻论坛，提升小草坝大麻在国内外的知名度和影响力；同时充分利用互联网、移动网及“一部手机游云南”等新媒体，以及参加各类交易会、展销会的契机，加大对小草坝旅游景区和小草坝天麻特色小镇的宣传促销，吸引更多的外国游客。

我认识一位在小草坝生态旅游景区工作了多年的女职工，她说自己是本地人，自己家也种植天麻，她在这里当讲解员的同时也通过电商销售天麻，她看到村里许多人通过旅游促进了农产品的销售，可以卖到很好的价钱。我从她眼里看到了激情和信心，相信小草坝乡村生态旅游一定会搞得红红火火，一定能结合康养闯出一条致富路来。

（作者系昭通市文化和旅游局资源开发科工作人员）

马楠有约

卢　静

昭通，属于全国贫困地区，旅游发展的基础设施薄弱，资金、管理、人才等高级生产要素缺乏，发展的内生动力不足。近年来，通过旅游项目招商引资，引进旅游发展所需的资金、管理和技术，特别是引进优秀人才、先进的发展理念，促进旅游产业的进一步发展。2019 年，我有幸到局机关产业发展科顶岗锻炼，负责文旅项目招商引资工作。

为了快速熟悉新岗位工作，我主动和之前负责此项工作的领导、同事进行沟通交流，并对全市已招商、拟招商的旅游项目进行全面梳理，特别是重大文旅项目，从项目策划包装、招商引资、建设推进、竣工投产和运营管理等方面做到全程跟踪服务，积极汇报项目推进过程中遇到的困难和问题，努力推动项目顺利实施。

在对招商引资项目进行梳理过程中，永善县马楠云上草原旅游开发这个项目引起了我的特别注意，为什么这么说呢？因为我的家乡在四川省凉山彝族自治州雷波县，和云南省昭通市永善县就隔着一条金沙江，所以看见永善就仿佛看到了半个家乡，又因为我奶奶是永善县人，她的家乡离马楠不远，所以小时候听奶奶讲自己家乡的时候，对马楠也会或多或少有一些描述。奶奶说："那时候每家条件都不好，加上交通条件落后，大家赶场都是走着路去走着路回来。路上，他们会经过一个叫马楠的地方，那里有万亩草场，天气不好的时候，山上会起很大的雾，使得前后隔几米也看不清人；天气放晴的时候，大家就会停下来，在那里的草场上坐坐，拉拉家常，看看风景，运气好还能看见高山云海。”

2015 年，刚到昭通参加工作，国庆节放假回家，想着国庆七天不能天天待在家里，就和几个表哥表姐商量着去哪儿玩，我家附近也没什么可以玩的地方，最后商定去了还未怎么开发的永善马楠，去看看我奶奶经常提及的美丽的地方。随着人民生活水平的提高，旅游逐渐成为家庭生活的重要组成部分。因此，那年我们去的时候，已经有当地居民及永善县附近的群众自发组织到万亩草场上去游玩，或野餐，或露营看日出、观云海等，也有当地居民自主在路边、草场附近卖小吃、当地特产等商品，由于附近没有垃圾桶等基础配套设施，生态破坏、环境污染的情况时有发生。

作为一个“文旅人”，到一个地方旅行，在欣赏美景的同时，也可作为自己工作的一部分。特别昭通作为旅游后发地区，规划发展好的景区景点是我们学习借鉴的对象，发展不好的景区，我们则可以引以为鉴，而在我们管辖范围内的景区景点，更值得我们深入思考。因此，回到工作岗位后，通过查阅资料、咨询永善县文旅局相关工作人员等方式，对马楠基本情况有了进一步的了解。马楠是一个乡的名字，也是一个村的名字，马楠乡下面有 6 个村，其中一个村也叫马楠。该名字来源于清光绪年间一位外地人搬来此地居住，开一马店，用木桩拦马而得名，后以谐音雅化为“马楠”。马楠村距马楠乡政府所在地 15.4 公里，距永善县城 46.5 公里，全村辖 3 个自然村 9 个村民小组。2018 年，该村户籍人口 585 户 1897 人，其中常住人口 355 户 1325 人，建档立卡户 96 户 376 人，主要居住有汉、苗、彝三种民族，是典型的少数民族贫困村。但是，幸运的是，这里有堆绿叠翠的万亩草场、形态万千的奇特石林、俊秀无比的高原峡谷等保存良好的生态旅游资源；每年有彝族火把节、苗族花山节等大型民族节庆活动，民族风情浓郁。

由于之前没在景区项目这一块工作，因此对马楠的了解也停留在初步了解上。在产业发展科顶岗工作一年多以来，认真学习研究招商引资有关政策文件的同时，指导县区做好项目策划包装工作，抓好重大文旅招商项目跟踪问效，为领导决策提供项目相关准确信息。在对马楠这个项目进行跟踪服务的过程中，我进一步了解到，近年来，为了使生态环境得到更好的保护，将资源优势转化为经济优势，在各级党委政府的关心支持及文旅部门的指导帮助下，2016 年，马楠乡成立了云上草原马楠旅游专业合作社（后更名为云上旅游专业合作社）。合作社采用“支部 + 专业合作社 + 农户”的多方合作模式，将马楠乡下属 6 个村联合起来，通过资源共享、优势互补、共同发力，以万亩草场为抓手，融入苗族风情文化，促进产业转型升级，带领大家一起脱贫致富。2018 年，为推动马楠旅游产业进一步发展，永善县文旅局抽派一名骨干力量到马楠乡驻村指导，重点将永善县马楠云上旅游专业合作社作为全县 60 个示范专业合作社打造，协助马楠乡开展旅游开发工作。2019 年，通过文旅部门积极协调，争取到中央财政专项扶贫资金 344 万元，资金统筹用于脱贫攻坚农业生产发展（乡村旅游项目），为最大限度地调动群众参与合作的积极性，合作社建立监管机制，由支部参与管理，群众监督，重大事项通过集体讨论决定。

2019 年苗族花山节，当我们再次来到马楠的时候，这里已有特色草原木屋民宿 4 间，砖混结构蒙古包民宿 4 间，游客接待餐厅厨房 2 间，乡村旅游厕所 1 座，洗浴室 1 座。同时在县委、县政府及乡镇党委的关心支持及文旅部门指导下，建设了游客步栈道、露营帐篷基地、观景亭、灯光美化工程等配套设施。花山节上的节目也较 2015 年第一届花山节举办以来丰富了许多，不但有民族传统文化及非遗项目展演、民族传统文艺展演及体育活动、特色商品展等活动，还有手机摄影大家乐活动、篝火晚会、草原露营体验等团体活动，这样不但能充分调动当地群众的积极性，增加游客的体验性，还能弘扬民族传统文化，发掘旅游文化资源，展现地方民族风情，提升马楠的知名度，也为持续推进文旅融合，促进旅游产业快速发展，带动乡村旅游助力脱贫攻坚。

近年来，马楠旅游产业逐步发展，同时，我们也看到，景区开发建设作为一项投资大、回报周期长的项目，单靠政府部门的投入，无论是在初期开发还是后期运营方面都存在不可回避的短板，因此依靠市场力量来推动景区发展，才是一个景区持续发展的最好选择。这几年，我们抢抓国家对西部贫困地区的扶贫政策支持，对旅游业发展的重视，在市委、市政府的关心支持下，主要领导牵头抓好招商引资工作，助推旅游产业发展。2019年，为有序推进文旅项目招商引资工作，我们认真对全市拟招商项目进行梳理，筛选出镇雄五德天坑溶洞群、昭通水塘坝新近纪公园、永善马楠云上草原生态旅游区等重大文旅项目制作成招商引资手册进行宣传推介。同时，主要领导率队带领相关人员积极参加南博会、国际旅交会等大型旅游展览，组织参加省文旅厅举办的重大项目招商引资推介会，到广东举办东西扶贫协作专场推介会，前往成都、重庆等周边城市举办专场推介会等方式，通过不同平台不同渠道积极对文旅招商引资项目进行宣传。在进行多次协商洽谈的基础上，2020 年 4 月，马楠成功与四川陈国淳风实业有限公司签订了云上草原旅游开发项目，项目地址位于马楠乡，其中项目核心区集中在马楠乡马楠村。项目采用“公司 + 合作社”的模式，计划投资 6 亿元建设景区入口形象、草原休闲运动及度假设施综合配套项目、民族风情文化体验、低空飞行体验综合配套项目、高原有机农业种植、生态牧业旅游观光体验、云上石林旅游体验及冷水村康养休闲度假等综合配套项目，把绿水青山变成真正的“金山银山”。

我们相信，通过各方面的努力，马楠云上草原旅游开发项目一定会如期建成，一定会打造成为昭通乡村生态旅游的一张亮丽名片。

让我们马楠有约，不见不散。

（作者系昭通市文化和旅游局产业发展科工作人员）

品滋味生活　奔幸福小康

闵玉吉

在昭通，有这样的一群人，他们是昭通脱贫攻坚致富大浪中的弄潮儿，书写青春，挥洒汗水。他们作为昭通人，用一颗拳拳赤子之心，在昭通脱贫攻坚的如歌岁月中，镌刻下自己的足迹。

“为什么我的眼里常含着泪水？因为我对这土地爱得深沉……”

樱花王子的诗与远方

初识黄佑田，不太能把眼前这个朝气蓬勃的年轻人，与老成的昭阳区洒渔镇联合村主任及持重的名樱庄园有限公司董事长的身份联系起来。然而谈吐之间，你会惊诧于这个年轻人对脚下这片土地的熟识，以及对在这片土地上生长的父辈的深情，就会明白，这样的身份，舍他其谁呢？

“85后”佑田，就是昭阳区洒渔镇联合村人，父母是地道的庄稼人。生于斯长于斯，从小看着父母在田间地头劳作的身影，让佑田深深地体会到农民的辛苦，他发誓一定要闯出一条与父辈不一样的路。

2012年，佑田大学毕业，回乡贷款开了一家餐馆，积累了宝贵的经验，为他日后创业奠定了坚实基础。2015年6月，他荣获了昭通市创新创业大赛冠军，得到了市政府和相关部门的关注与帮扶。于是，他在衣胞之地洒渔镇联合村建起了名樱庄园，正式开启了他心目中的乡村旅游事业。

2016 年，佑田当选为联合村村主任。在他的带领下，名樱庄园成了全国农村综合性改革试点试验示范重要基地，把小小樱花树变成了群众脱贫致富的大产业。每当樱花开放的季节，樱花纷纷扬扬，竞相开放，观赏的游人接踵如织，当地的摆摊的百姓赚得盆满钵满。

2018 年，他通过创办农民工创业园，定期开展农民工各项技术技能培训，改变了农户落后的思想，提高他们创新创业的能力；他成立了爱心基金会帮助丧失劳动力的贫困户；他吸纳周边贫困家庭劳动力到合作社、景区务工；他带头成立希田苹果专业合作社、前顺养殖合作社、杏花谷养殖专业合作社等，鼓励当地群众通过土地流转的方式参与合作社入股，帮助贫困户销售农特产品；他无偿提供几万株经济林果苗木，帮助农户开挖土地、修建水池、栽种树木，硬是把一片片荒山变成了绿水青山。

据统计，名樱庄园常年为联合村周边群众提供 100 余个固定就业岗位（其中涉及建档立卡户 25 人）、提供 5000 余个临时务工岗位，月平均工资为 2500 元；公司共流转土地 3000 余亩，每亩土地为村民增收 300 元至 1000 元。2017 年至 2018 年，景区共接待游客达 60 余万人，旅游创收 1000 余万元。在佑田的辛勤耕耘下，乡村旅游助推脱贫攻坚卓有成效，得到了省、市政府及市旅游部门的肯定与支持。

目前，名樱旅游度假区已成为国家 AAA 级景区、昭通乡村旅游的一张名片，是到昭通旅游不能不去的美丽景观。

美食专家的扶贫情怀

顺着蜿蜒的山路不一会儿就到了蒋仕勇的龙源生态山庄。龙源生态山庄位于鲁甸县龙树镇照壁村，一路上绿树开合，野花成趣，景色甚美。

蒋仕勇出生于1970年，肤色黝黑的他骨子里透着庄稼汉质朴的气质，举手投足间总让人不由得信赖。蒋大哥做餐饮创业很多年，品味过很多美食，自己也研发创新出很多特色菜，在美食上颇有心得，可以称得上是专家了。

他最为出名，自己也最为推崇的一道菜叫作“天麻火腿鸡”。凭着这道菜，他在昆明和玉溪都开过餐馆，生意甚是可观。

“其实昆明也有好几家做天麻火腿鸡的，可是就我家生意最好。”他自豪地说。

“为什么呢？有什么秘诀吗？”我问。

“因为我家的这道菜除了鸡必须用土鸡，天麻必须是小草坝天麻以外，从不放鸡精、味精，调味料都是用中药药材替代，有党参、田七、枸杞、当归等等，用柴火慢炖，口味更温和，功效更滋补。”他说着就要做给我们看，要把这些货真价实一一抖出来，证明他所言非虚。

他先把药材研磨成了粉，与土鸡用柴火慢炖，等鸡煮熟后，拣出来掰碎，放入锅中。再一层一层铺上天麻和火腿切成的薄片，再放入大枣、枸杞等，倒入秘制高汤，再继续慢炖煨涨，这时候鸡汤经过天麻火腿的浸润，香气一层一层地沿着锅边攀爬出来，到鼻尖的时候，已是至真至醇。

凭着天麻火腿鸡的金字招牌，蒋大哥在省城的生意越做越好，已经是一个创业成功人士。当昭通扶贫攻坚战打响的时候，他突然想起了在照壁家乡那些面朝黄土背朝天的父老乡亲们，要是他们也能尝到这道菜的鲜美该多好啊！原生态的绿色食材更应该在生态的土地上生根发芽开出金色的花。

于是怀揣着800万元资金和对家乡父老一腔的爱，在2016年蒋大哥回到家乡，通过土地流转、租用等方式，圈了200亩土地，注册了公司，开起了蒋记龙源生态山庄。

但是要怎么样才能投入到扶贫攻坚的行列中去，帮助贫困户脱贫致富呢？“授人以鱼，不如授人以渔”，于是，蒋大哥通过招聘，招收贫困户到山庄工作，教他们天麻火腿鸡的做法，同时，为了激发贫困户的创业积极性，2020年年初，他以1000元1股的低门槛参股方式，让贫困户入得起股，让贫困户自己积极地参与到创业潮流中，不再被动地等、靠、要。

“到了年底，他们就可以参与分红，享受到自己劳动一年的胜利果实啦！”蒋大哥乐呵呵地说。

这么说着，我再品尝了一下这道菜，真与醇之间，又多了几分乡愁的味道。

而今的龙源生态山庄，亭台楼阁，小道掩映，有瀑布、鱼塘，还有网红打卡点“彩虹桥”，更与旅行社合作，成为一处优质的乡村旅游地接景点。

肉串能手的致富梦想

在昭通，有大大小小规模不等的烧烤店不下千家。在昭通夜晚吃小肉串，已经成了当地人的一种生活方式。

洪恩烧烤位于昭阳区洒渔镇下街子，只是众多普通烧烤小店其中之一，不同的是，店主马雪丽是2016年脱贫的卡户。

驱车赶到洪恩烧烤的时候已是深夜，正是雪丽两口子最忙碌的时候。雪丽的丈夫李洪恩正在熟练地烤着小肉串。只见他细致地给每一串小肉串都刷一层秘制酱料，腌渍几分钟，再放到炭火上不断翻烤，起炉前撒上辣子面和芝麻，再就着小炭火端到客人面前，肉串的香气就萦萦袅袅，发挥到了极致，一口咬下去，瞬间满足感爆棚。

1989年出生的马雪丽人如其名，是一个秀丽的姑娘，说话也软软柔柔，像鹅毛吹到脸上一般，很舒服。趁着生意空隙，她给我们回忆起了曾经的岁月。雪丽两口子青梅竹马，打小就认识，到了婚嫁的年纪，经过双方父母同意结了婚，之后很快就有了一个女儿，因为没有生活的来源，不得已告别家乡，带着小孩，去到浙江省义乌市打工。

“那个时候真的很艰难，他找到的是一个批发纸箱的工作，一天到晚见不到面，我的工作也很忙，根本没有办法照顾女儿，只能把她送到幼儿园去，我的工资还低，只有1500元，除去每月500元的房租，生活真的很难想象……”

“这样的生活持续了多久呢？”

“五六年吧，因为儿子出生，我回来了，在家里照顾两个孩子，没有办法再出去工作，家里挣钱的担子就落到了他一个人的头上。房子也因为太久没人住，破败得不成样子了。可是要翻修，谈何容易，我们不敢想。那个时候，真的太难了……”

“后来政府帮我们进行了危房改造，洪恩也从义乌回来修房子了。2016年年底我们就住进了新房。政府给我们解决了一个大难题，真的，我们特别感谢政府。”

“我想着，党和政府这样关心着我们，我们自己也应该更加努力，不能等、靠、要，不能完全依靠政府帮扶。小儿子1岁的时候，我就在昭通城里的烧烤店找了一份工作，说是工作，其实就是打杂，也学习煮米线和包饺子。”

“每月多少钱呢？”我好奇地问。

“每天下午4点到凌晨4点，工作12小时，工资1200元。”看我有点难以置信，她补充道，“其实挺好的，我可以有空回家看孩子，还可以在店里学技术。”

“学了多久可以上手煮米线给客人吃呢？”

“半个月。”

“别人学多久可以呢？”

“一个星期。”

说到这里，雪丽不好意思地笑了：“哎呀，没办法，我也想快，我也急，可是在家带孩子太久了，变得笨手笨脚，就是学不会。”

“后来呢？”

“后来我在那里待了三年，工资从1200元到1800元、到2500元、到2800元，最后我已经是可以教徒弟的师傅啦。今年年初，我们就有了自己的小店……”雪丽脸上有了自豪的笑意。

我环顾四周，80平方米的店面，简单的装修，还隔出了两个包间，真的很不错。

说话间，洪恩端了小火炉过来，上面的小肉串吱吱地冒着热气，他要我们品尝他的手艺：“你看这条街上有十七八家肉串烧烤店，其中有开了很多年的，我们才开两个月，可是我们的生意是这条街上数一数二的哦。”

“你知道为什么吗？因为我们真的很用心，人只要用心，就什么事都难不倒。”

我尝了一串，麻辣鲜香，真的很好。

洒渔乡是中国南方优质苹果生产基地，是著名的苹果之乡，美丽的“洒渔烟柳”是著名的“昭阳八景”之一，每年樱花盛开和苹果成熟的季节，全国往来商贾、游客云集，而作为昭通名小吃的“昭通小肉串”一定会被外来游客津津乐道，成为其念念不忘的昭通情结。

李洪恩眼睛里闪着莹莹的光，仿佛看得见星辰大海，我知道，那是他对未来的向往。

我一口气，吃完了他烤来的所有肉串，脑海里浮现着名樱庄园有限公司董事长黄佑田、蒋记龙源生态山庄老板蒋仕勇以及2016年出列的卡户李洪恩、马雪丽的身影，肉串厚重的香味，正像他们的人生，需要时间来品。

夜更深，洪恩烧烤门店越发热闹。雪丽两口子重新投入到忙碌的工作中。客人们找一角落，围桌而坐，点上啤酒两三，就着小肉串“把肉言欢”，香辣麻爽，酣畅淋漓。

人间的烟火伸向虚空，夜空更加广袤深邃。在红尘的尽头，星子明明灭灭，仿佛是梦想与希望，宛如散落在昭通大地上的千万乡村旅游点，群星灿烂。

（作者时任昭通市旅游执法支队副支队长）

美丽乡村的绿色脱贫路

郭银江

近年来，随着全省、全市综合交通等基础条件的快速提升和配套设施的不断完善，特别是全市打响脱贫攻坚战以来，作为旅游行业的一名干部，我始终在想，在脱贫攻坚中，我该如何结合部门和自身岗位职责，为山区群众的脱贫致富找到一条新路子。围绕习近平总书记“绿水青山就是金山银山”的理念，几年来，我和我的同事们顺势而为，积极引导山区群众大力发展乡村旅游，围绕“五化”做文章、求突破、展风采，助力山区群众开辟致富新路子，取得了明显效果，昔日的绿水青山正变为群众脱贫致富的“金山银山”。

乡村旅游要发展必须要有项目建设，几年来，我会同产业科、规划科的同事们始终突出重点推进旅游项目建设，借助交通干线、重点旅游线路、重点旅游景区的辐射效应和城镇人口密集优势，各县（市、区）在交通沿线、旅游景区、城镇周边大力发展乡村旅游。通过我们的积极努力和引导，目前昭阳区奥尼尔庄园、秋甸蓝莓园、白虎山庄，鲁甸县茨院田园庄园、龙塘野生动物园，永善县明子山乡村旅游区、玉笋枇杷农业示范庄园等一批批农家乐、农业庄园和乡村旅游示范点如雨后春笋般涌现，在昭通大地已形成星火燎原之势。同时，在脱贫攻坚中，我与规划科的同事加班加点，坚持以精准扶贫、农业转型升级、美丽乡村建设等工作作为全市乡村旅游扶贫工作的抓手，2020年启动了1个省级旅游扶贫示范县、2个省级旅游扶贫示范乡（镇）、3个省级旅游扶贫示范村建设。为强化资金投入，我多次主动与负责项目的同志以及有关单位对接，整合各类资金加大乡村旅游投入。据不完全统计，2020年11县区多渠道投入乡村旅游相关项目建设资金达15.56亿元，同比增长11.8%，带动建档立卡贫困人口脱贫人数4185人，乡村旅游的蓬勃发展有力拓展了旅游扶贫工作的广度和深度。

乡村旅游要发展，规划必须先行。几年来，我主动向分管领导和主要领导报告，并会同规划科的同事在市、县（市、区）旅游发展总体规划和“十三五”旅游业发展规划中，主动自觉地对乡村旅游进行了全面规划，从机制上保障乡村旅游的发展空间和发展布局。把乡村旅游发展纳入全市旅游规划的重要内容，将乡村旅游与休闲度假旅游、康体养生旅游、休闲农业观光旅游、文化艺术旅游等专项旅游产品融合，使之适应多层次的游客需求。目前，已指导完成《鲁甸县小寨镇樱桃文化旅游区策划方案》《盐津县滩头乡生基村乡村旅游扶贫规划》《镇雄县以古镇小米多村乡村旅游概念性规划》等一批策划，通过规划引领乡村旅游发展。比如，鲁甸县小寨镇由过去的名不见经传到如今通过乡村旅游声名鹊起，游客人数从2006年的几万人次增长到近两年的36万多人次。当地群众从原来一年经营传统农业不到1万元的收入，到现在通过樱桃节每年达到了几万元甚至10万元以上的收入。同时，争取把乡村旅游作为脱贫攻坚的一大抓手，并做好前期有关工作，促成主要领导召集各有关业务科室，研究制定下发了《昭通市乡村旅游精准扶贫实施方案》，在全市打造1个省级旅游扶贫示范县、2个旅游扶贫示范乡镇、3个旅游扶贫示范村，39个市、县级旅游扶贫示范村。同时强化示范引领，比如盐津县豆沙镇石门村、彝良县小草坝镇小草坝村通过旅游扶贫示范创建和引导，当地群众在“土”和“特”字上做文章，一批当地土特产和美食受到了游客的广泛欢迎和争相购买，户均增收万元以上。

近两年来，我利用在昭通市“一部手机游云南”办公室工作的机会，以全力做好“一部手机游云南”昭通板块建设为抓手，努力让乡村旅游插上智慧的翅膀，加快乡村智慧旅游建设。先后完成精美图片征集800余张，完成全市196个公共厕所、旅游厕所的基本信息采集。规划布局4G新建机站280座，实现3条精品自驾游线路4G网络全覆盖，为游客提供了更专业、更人文、更便捷、更高效的服务。同时，通过“一部手机游云南”领导小组成员单位，整合农业、住建、扶贫、交通、旅游等资金2.8亿元，加大乡村旅游交通、环境、卫生等方面的配套设施建设，乡村公路、旅游厕所、停车场等配套设施得到较大改善。特别是全市广泛开展爱国卫生运动以来，通过在城市全面实施“四治三改一拆两增”和在农村全面实施“七改三清”治理，全市城乡环境卫生状况得到显著提升，为乡村旅游发展营造了良好氛围。仅旅游厕所建设方面，全市近4年共完成旅游厕所建设198座，投入资金7825万元，为广大游客和市民提供了一个干净、卫生、文明的如厕环境。

为使全市乡村旅游经营专业化，打造全市乡村旅游品牌，我与办公室、培训中心同事先后组织20余批次由政府、部门、乡村（社区）领导和干部群众组成的学习考察组，奔赴四川、贵州和本省兄弟州市进行考察。通过外出学习，开阔了大家的视野、拓宽了创业思路。大家纷纷结合实际，大胆创新，突出本地特色，如彝良县小草坝镇小草坝村结合外出学习借鉴，突出天麻特色打造的天麻一条街，年年轻松实现销售额破亿元；在经营管理上，我和同事们切实加强学习，认真研究，充分汲取先进经验，探索适合昭通的旅游发展道路，先后指导和引导昭阳区、鲁甸县、水富县、盐津县等县区打造了集高原特色观光区、民族风情体验区、温泉休闲养生区、田园风光体验区、水果采摘体验区、农家生活体验区为一体的30余个乡村旅游度假村，努力构建“一县一品、一区一特、一村一业”的乡村旅游发展格局，优化乡村旅游区域生产力布局。目前，昭阳的苹果、鲁甸的樱桃、绥江的“半边红”李子、彝良的天麻等声名远播，花开赏花、结果尝果等接地气、原生态的乡村旅游受到了市内外游客的广泛好评，带动了当地群众增产增收。

乡村旅游点打造好后，市场营销是关键，我多次与市场科的同事商讨新的营销模式，最后我们创造性地实行营销“捆绑”化，将昭通大山、大水、大峡谷、大文化与原生态、独具特色的乡村旅游小镇（村）融合在一起“打包”推荐。几年来，我和市场科的同事先后组队参加了海峡旅游博览会、中国—南亚博览会暨中国昆明进出口商品交易会、中国国际旅游交易会等，昭通乡村旅游的知名度和美誉度得到不断提高。结合本地特色多次举办以桃花、梨花、油菜花、樱桃、枇杷、苹果、美食等为主题的乡村旅游节庆活动，通过“政府搭台、农户唱戏”的方式，大力营销乡村旅游。在采取“捆绑”营销和节庆营销之前，我市的乡村美景藏在深山无人识，通过大力营销，乡村旅游的火热带动苹果、天麻、樱桃等农特产品销售收入及周边群众收入翻倍。

（作者时任昭通市文化和旅游信息技术中心主任）

加强旅游产品宣传　强力助推脱贫攻坚

宋廷燕

昭通市位于川滇黔三省接合部，是乌蒙山区连片特困地区的核心区，贫困人口众多，贫困程度深，生态环境脆弱，生存条件恶劣，自然灾害频繁，基础设施和经济发展滞后，是全省乃至全国建成小康社会短板中的短板、难点中的难点。或许正因为如此，昭通维护着优美的自然景观和良好的自然生态，也保留着传统的生活方式和多样的民族民俗文化。这一切，都成了昭通发展旅游的独特和潜在的优势。

“杨家有女初长成，养在深闺人未识。”2015年9月以来，我作为一名旅游宣传战线的工作人员，和很多地方的人交谈时，说起云南，大多数人都只知道大理、丽江、西双版纳、香格里拉，很少有人知道629万人口的昭通。我心中昭通大地的秀美山川，为何外地人知之甚少？昭通很多旅游产品，为何外界不知道？一方面是多年来交通闭塞的问题，另一方面是宣传推介不到位的问题。世界最神秘的豆沙关、世界最大的天坑溶洞群、世界最好的大山包翼装飞行基地、魅力无限的金江峡谷、沉淀在革命老区的红色经典、掩藏在历史深处的土司文化，何时才能以其独特的魅力展现在世界面前？如何加大旅游产品宣传，助推脱贫攻坚，发挥旅游作为第三产业引擎的作用，是摆在昭通每一个旅游宣传人面前的问题。

旅游者看的是风景，体验的是环境！宣传昭通旅游产品，最关键的就是要宣传昭通的独特自然风光。

2015 年刚接触旅游工作的那个秋天，我随东莞考察团第一次到了大山包，我完全被眼前的风景惊呆了，心灵的震撼至今记忆犹新。蓝天白云、空旷的草地、连绵的山峰、习习凉风拂过，感觉自己就像到了蒙古草原，到了香格里拉。不！草原和香格里拉远远没有这里的灵气。你看，那些湿地里飞舞的精灵，据说黑颈鹤很快会来到，它们为大山包注入了神奇的灵气，翩翩飞舞间让人心旷神怡。还有鸡公山高耸入云、雄奇峻伟，会让你突然间被大自然的鬼斧神工征服，感受到立于天地之间的豪迈。可是，大山包，有多少人知道它的魅力？

小时候，在县城的小报上读过一首小诗，有一句说“总渴望山以外的天空，海以外的水，树以外的栀子花”。总觉得这诗句很漂亮，但又总说不清哪里漂亮。后来，因工作安排，我到了世界上最大的天坑溶洞群。那一次，我才真正明白，山以外的天空，那是我们深藏在心底的梦想；海以外的水，是我们期待着发生的奇迹！从镇雄县城出发，大约走 50 余公里就到了镇雄县五德镇天坑溶洞群中最大的天坑“大锅圈”，那崎岖的山道是我这辈子走过的最惊险的地方，垂直高度达 120 米，我们一群人嬉笑着往“锅底”前行。突然，我被眼前的景象惊呆了，洞里还居住着人家，俨然一片阡陌交通、鸡犬相闻的景象。当时，我心底完全被震撼到了，一直以为世外桃源是杜撰的故事，一直以为山中有人家都是让梦栖息的地方，从来没有想过在这个与世隔绝的地方，还有人间烟火，在这样一个驴友探险的地方，还有人世代相传。镇雄天坑，有多少人知道它的神奇？镇雄天坑，还有多少神奇的地方不为人知？

温情的西部大峡谷、惬意的大关黄连河，神秘的僰人悬棺、岁月深处的五尺古道，金沙江上的高峡平湖、红色扎西的历史记忆，昭阳古城飞檐峭壁的建筑神韵、龙卢故里绵延十里的荷花。昭通，还有多少神奇的自然风光不为人知，需要我们去宣传；还有多少神奇的故事需要续写，等待我们去讲述。

旅游者吃的是特色，品的是心情！宣传昭通旅游产品，要主推昭通原生态特色文旅商品，让昭通苹果、小草坝天麻、鲁甸樱桃、大关筇竹、“洋芋帝国”的噜咪啦薯片等产品走进旅游者的心中、走向全国、走向世界，为昭通脱贫攻坚发挥旅游的引擎作用。

书记宣传马铃薯、市长卖苹果，一直是昭通家喻户晓的佳话！这些年，昭通市“六个百亿元”产业逐步成型，旅游产品宣传中如何推介昭通特色产品，是摆在我们每一个人面前的课题。我们也在用自己的实际行动向外界展示昭通产品，为昭通脱贫攻坚贡献力量。

2016年，我与同事们一起参加了广东海博会。会上，我们与东莞市旅游局联合举办了“不一样的精彩”旅游推介会，建立昭通旅游商品经销区，使昭通特产和旅游手工艺品走进东莞市民的生活，昭通很多工艺品深受东莞人民喜爱。

2016年11月16日至18日，我参加了上海国际旅交会，与东莞、中山市旅游局共推昭通旅游资源，建立旅游协作机制，进一步深化旅游扶贫协作。在东莞、中山和深圳三市成立市场推广中心，以东莞市青年国际旅行社、中山市青年国际旅行社和深圳市航空国际旅行社三家实力较为雄厚的企业作为市场推广中心的承接体，共同推进与深化昭通区域市场营销工作。

2016年11月19日，我们在昭阳区望海公园举行“畅游乌蒙·神韵昭通”万人游活动，并邀请东莞、中山两市实力较为雄厚的旅行社到昭通，对我市的旅游线路进行实地踩线考察，有针对性地设计旅游线路产品，助推昭通旅游发展。成立了东莞、中山、深圳昭通旅游市场推广中心，市政府举行了授牌仪式，昭通旅游东莞市场推广中心在东莞正式揭牌成立，市场推广中心作用不断显现，推广中心规模逐步扩大。据不完全统计，自帮扶协作开展以来，东莞、中山有6000多人次赴昭通进行了旅游、考察等活动。有了不断的对外宣传，吸引了游客入昭，农户的农特产品有了更好的销路。

近年来，我参与了很多市内会展节庆的筹办活动，如“昭通苹果嘉年华音乐节”“水富国际半程马拉松”“天麻采挖节”“马铃薯峰会”“苹果展销会”等节庆活动，让游客在活动中体验昭通、品味昭通、认识昭通。

2018年7月，昭通召开中国马铃薯大会，为向外推荐市文旅局职工结对帮扶的镇雄县场坝镇麻园村的“脱贫果”红宝石李子，我们规划设置了专门的宣传展台，由驻村工作队选派当地红宝石李子种植大户和建档立卡种植户组队参会。红宝石李子以“果实扁圆、个大、皮薄、色泽鲜艳，果肉浅黄、质脆硬细腻，成熟后柔软多汁，酸甜适度，回味香甜，耐贮运”而在当地享有盛誉，但却是“长在深山人未知”，麻园村红宝石李首次对外登台亮相，引来广大参会客商极大的兴趣，前来了解、品鉴、购买，四川、重庆、黑龙江等外地参展客商纷纷扫码加微信，表示回去后还要邮购。带到展会的500多斤红宝石李子在两天内被抢购一空。

2020年9月4日至7日，我们宣传科组织全市文旅特色商品、非遗保护项目，参加“广东昭通市农特产品展销、推介活动”，可喜的是，大关筇竹产品被全部预定，同时签下了几十万元的订单。23—24日，我们又组织全市文化旅游商品参加“2020中国特色旅游商品大赛”，其中由云南理世集团水富生产基地的“噜咪啦”高原鲜切薯片，按照“昭通大洋芋、世界马铃薯、扶贫大产业”的定位，凭借其独特精致的包装设计和高端过硬的品质，获得了专家评审的认可与推崇，受到了食品领域专家及薯片爱好者广泛的关注，斩获“2020中国特色旅游商品大赛”金奖，真正为洋芋帝国的昭通添光增彩。

旅游者经历的是过程，沉淀的是文化！吸引游客，发展旅游资源，不能单靠美丽的自然风光，还必结合一定的人文历史景观或传说神话，才得以在旅游业中分到一盘美羹。昭通历史悠久、人杰地灵，自秦开“五尺道”、汉筑“南夷道”后，便成为中原文化传入云南的重要通道，是早期云南文化的三大发祥地之一，为我国“南丝绸之路”的要冲。近现代以来，这里曾诞生和哺育了一大批杰出人才。1935年中国工农红军长征途经昭通，中共中央在威信召开了具有重要历史意义的“扎西会议”，在中国革命史上写下了光辉的一页。

宣传昭通的旅游产品，必须加大历史文化、红色文化、民族文化的挖掘、提炼和宣传。

2020年6月，我参加了镇彝威革命老区红色旅游线路考察，一路上听了专家学者的介绍，了解了当地群众流传的传说，重温了长征时期，中国革命生死关头扎西会议的艰难抉择和重要意义，了解了乌蒙回旋战的很多经典战斗，了解了川滇黔游击纵队的峥嵘岁月。有多少经典故事等待着我们去挖掘，有多少红色记忆等待着我们去开启。

火把节前，我作为一名彝族参加了昭通市彝族学会研讨班，了解了“六祖分支”，了解了昭通历史上的“乌撒、乌蒙、镇雄”三大土司的历史传承和兴衰更替，了解了“龙云卢汉”从昭通走向云南，从民国走向解放的历史云烟。拥有20多个民族的昭通大地，很多民俗文化还保留着独特的风格，需要我们去保护、去发扬。

2020年8月，我随外地旅游资源考察组到了豆沙关，再次看着那神秘的悬棺，明朝年间的历史浮现在眼前，僰人悬棺是如何到达悬崖上的？僰人与中央政府的历史纠葛还有多少故事不为人知？僰人去哪里了？五尺古道上马帮的铃声消失在历史深处，“南丝绸之路”的故事不应该消失在昭通的记忆中。那些动人的传说，悲情的故事，民族迁徙变化的踪迹，正等候着我们去总结。

在旅游业新一轮蓬勃发展的大趋势、大背景下，昭通发展旅游产业机不可失，我们必须抢抓机遇、乘势而为，多渠道、多角度地加大旅游产品宣传力度，推动昭通旅游产业大发展，形成“旅游＋扶贫”模式，形成昭通脱贫攻坚新引擎。

（作者系昭通市文化和旅游局宣传交流科工作人员）

乡村旅游：幸福就在家门口

周兴文

“走，去渔洞名樱庄园看樱花。”这是近几年昭通城区比较热门的一个话题了。我第一次到洒渔镇联合村名樱庄园，走在樱花长廊里的时候，确实被眼前唯美的景色惊艳了，昭通太需要这样一个景点了。在这几年发展中，昭通经济、社会各方面都在不断进步，物质生活水平有了很大提高，但我们休闲、娱乐和旅游度假等方面确实还处于刚起步阶段，各种基础设施和旅游景区景点建设速度还远远落后于人们的需求。我也常思考，我们到底需要什么样的旅游产品才能满足人们日益增长的旅游需求？在局领导带领下多次参与实地调研后，我认识到大力发展乡村旅游是能够满足很大一部分人群的短途周边游需求的。从全国各地发展乡村旅游来看，大部分乡村旅游都是以观光休闲、体验娱乐作为起点进入乡村旅游这个行业的，起点要求可能不高，但要想发展好乡村旅游，把乡村旅游发展为集观光休闲、体验娱乐、康养度假、会议会务等为一体的综合旅游体，很大程度上受到当地群众自身阅历、素质、能力水平等因素的限制，要通过群众自发地发展乡村旅游实现脱贫致富是很有难度的。而我所在的市文化和旅游局产业科的工作就是指导好有条件、也有意愿的乡村积极发展乡村旅游，争取有更多的群众在发展乡村旅游的带动下实现脱贫致富。

昭通是全省脱贫攻坚的主战场之一，全市有 10 个贫困县区，脱贫攻坚任务非常繁重。市文化和旅游局在深入学习贯彻落实习近平总书记精准扶贫精准脱贫基本方略以及中央、省、市关于脱贫攻坚决策部署下，围绕“两不愁、三保障”的总体目标，以全域旅游思维不断推进文旅、农旅融合，大力发展乡村旅游助推脱贫攻坚。我和同事通过平时了解和实地走访调查，提出建议把昭通乡村旅游扶贫纳入我市旅游产业发展规划中来，作为旅游产业振兴的一项重点工程进行规划和打造。同时，按照国家和省级部门要求，在局领导带领下，我和同事一起积极组织开展乡村旅游发展规划，申报省级旅游扶贫示范村，争取全国旅游扶贫试点村公益规划项目支持，计划把昭阳区建成省级旅游扶贫示范县，盐津县豆沙镇、彝良县小草坝镇、镇雄县芒部镇建成省级旅游扶贫示范乡镇，并建成118个旅游扶贫示范村，重点培育960户旅游扶贫示范户，使我们发展乡村旅游受益农村贫困人口累计达到25万人以上。

2016年，当了解到昭阳区洒渔镇联合村村民委员会主任黄佑田想依托联合村发展乡村旅游后，产业科把具体情况向局领导进行了汇报。按照领导安排，我和科室同事一起联系了国土、发改、农业、林业、畜牧、水利等部门，积极争取把支持联合村发展乡村旅游促扶贫作为一件重要工作来抓。我和黄主任进行多次沟通，和他分享了一些产业科在乡村旅游资源整合、乡村旅游休闲度假社区、休闲农庄、乡村营地、农家乐、渔家乐、休闲牧场等旅游新业态、新产品建设的经验，特别是这几年昭通乡村旅游规划中，景区对交通沿线优势的利用，特色水果、花卉等种植户和渔业养殖户，乡村旅游开发项目如何降低建设成本，以及如何吸纳贫困户劳动力参与乡村旅游建设方面的情况，也给他提出了一些初步的意见和建议。经过不断实地了解和深入调研，我认为联合村依靠本地自然山水风光、风土人情、历史人文等资源优势，打造独具洒渔镇联合村特色的乡村文化旅游，为山区群众闯出一条致富路来是行得通的。

联合村位于昭通市昭阳区洒渔镇的南边，距洒渔镇政府所在地1公里左右，距昭通市区仅13公里，发展乡村旅游地理位置优势比较明显，它的平均海拔为1920米，年平均气温11℃，年降水量729.7毫米，温湿度都很适合发展种养殖业。在长期实地调查和沟通中，我也不断向单位领导反馈建议，把联合村渔洞名樱庄园景区纳入我们昭通市乡村旅游发展规划中，争取把联合村的乡村旅游打造成昭通城边乡村旅游的一张名片。通过大家不断努力，联合村建起了渔洞名樱庄园景区，并成功评上了3A级景区。景区以一中心（游客服务中心）、二片区（渔洞樱花片区、老君山观景片区）、三大道（樱花大道、古柳大道、梧桐大道）为主，是融旅游观光、度假休闲、餐饮住宿、健身康养、民族文化和生态农庄为一体的大型综合性旅游度假区，采取因地制宜方式，发挥绿水青山的优势，走上了全面开发联合村渔洞樱花片区及老君山风景片区发展乡村旅游促脱贫的道路。现在景区以联合村优势资源为依托，以绿水青山就是金山银山的发展理念为核心，以“黑白·七天·四季”旅游为营销亮点，打造国家级乡村旅游扶贫示范村，整合景区周边优势资源，以体验、康养、研学、赛事为抓手，以期通过发展乡村旅游，实现整村群众能够脱贫致富、乡村文化得到传承、乡村振兴得到实现。

结合原国家旅游局“万企万村”和原省旅发委“千企千村”旅游结对帮扶行动，市文化和旅游局在全市开展了“百企百村”旅游结对帮扶行动，我和科室同事积极指导联合村及名樱庄园有限公司以就业帮扶、项目带动、合作开发、输送客源、定点采购、产品代销等多种形式参与旅游、投入旅游、发展旅游、经营旅游、共享旅游。联合村通过“村委+公司+合作社+农户”和“支部引领、能人带动、群众参与”双模式培育发展乡村文化旅游来助推脱贫攻坚，带动建档立卡贫困人口脱贫致富。

从到名樱庄园游览和景区日常监管中，我发现名樱庄园景区开始营业以来，旅游人数和旅游收入虽有增加，但发展较为缓慢，模式较为单一。为了促进联合村乡村旅游发展，我们组织了联合村村委负责人和旅游企业负责人参加了省内外举办的乡村旅游学习考察和乡村旅游扶贫培训等活动，系统地学习乡村旅游开发建设、乡村旅游经营管理、乡村旅游宣传营销等，实地考察发达地区乡村旅游开发建设成功经验，解决乡村旅游实际操作者视野问题、拓宽他们的思路，让他们对如何开展好本地乡村旅游扶贫有更清晰的认识和打算。

为提高公司和景区对周边贫困劳动力的吸纳力度，我和同事积极协调景区和群众，建议公司和景区吸纳周边贫困家庭的劳动力到景区务工，参与景区建设，给贫困户提供固定摊位，安排环卫、安保、服务员、种养殖管理员、厨师等100多个固定岗位，并在景区开始营业后每年提供10000人次左右的临时性劳务人员岗位，就近解决群众临时就业问题，帮助困难群众稳定增收，同时也降低了景区建设运营成本。通过不断沟通和协调，景区现已解决联合村25个建档立卡人口固定岗位，月均工资2500元，同时提供了20多个贫困户家庭大学生周末实践岗位。为解决发展过程中的人才问题，我们借鉴省内和省外发展经验，从联合村实际情况出发，指导联合村在发展乡村旅游中重视技能人才培训，以成立的公司为平台创办农民工创业园，开展农民工各项技术技能培训，改变村民的思想观念、提高村民的创新创业能力，对有条件的农户大力开展农村电商、网上创业等培训，努力把他们培育成技能型人才，再从中发现和培育出更多适合乡村文化旅游发展的人才。

从全国各地乡村旅游发展来看，乡村旅游发展和繁荣是离不开产业支撑的，如何发展产业成了联合村的短板和弱项。从地理位置、气候条件和整个昭阳区发展上看，联合村种植、养殖都有一定的发展条件，其中苹果产业条件较为成熟。我向科室和局领导进行了情况汇报，通过局里和省、市、县各级主管部门进行联系，积极指导了联合村申报各类国家支持的产业发展项目。联合村成立了村集体运营公司、3个专业合作社，流转了3000余亩杂木林、100余亩农田。公司通过提供苗木、畜种、技术等支持帮助村民发展种养殖业，为村民增产增收，鼓励当地群众通过土地流转的方式参与入股。目前，通过土地流转入社的社员96户，其中建档立卡户75户312人，户均每年可分红3000元。通过景区和公司的前期带动和发展，联合村将投入资金建立苹果加工厂，主要生产苹果醋、苹果酒、苹果汁，预计村集体收入稳定在50万元以上。正如洒渔镇联合村18组建档立卡户群众朱国好说的，对洒渔人来说，就在家门口名樱庄园这样的乡村旅游度假景区中打工，又能赚钱又能顾家，脱贫致富是充满了希望的，所以一定会努力、加油。

通过大家不断努力，2019年，云南省文化和旅游厅公示认定，昭阳区入选云南省20个旅游扶贫示范县（区），洒渔镇联合村入选云南省100个旅游扶贫示范村。2020年，云南省省文化和旅游厅公示认定，洒渔镇联合村入选云南省133个旅游名村。

（作者系昭通市文化和旅游局产业发展科工作人员）

创建 A 级景区　助推乡村旅游

陈　雯

昭通拥有丰富的旅游资源、厚重的历史文化和浓郁的民俗风情，随着交通瓶颈的不断改善，昭通的旅游产业发展取得了长足进步。但是，昭通旅游仍然处于起步阶段，资源优势没有转化为经济价值，旅游业的产业带动作用和惠民优势没有得到充分发挥，在改善人民物质精神生活水平、实现长久幸福富裕方面的“造血”功能没有充分显现。作为 2006 年就从事旅游行政工作的“老旅游”来说，如何打造昭通旅游产品，培育核心吸引物，一直以来都是我思考的问题。昭通旅游到底是“一轮明月捧出来”的龙头产品带动模式还是“万紫千红春满园”的遍地开花模式，可能是困扰昭通旅游人的难题。

随着工作的推进和形势的发展，我逐渐认识到，随着大众旅游时代的来临，游客的需求不断多元化、个性化，光是靠龙头景区的“火车头”发展方式已经不适应旅游大发展的需求，昭通的旅游产品开发必须是一个“舰队群”，每艘舰艇都能独立战斗，合起来就是一个强大的群体，而 A 级景区是旅游产品开发的金字招牌，拥有不可撼动的地位。纵观全市旅游资源，大山包拥有世界级的资源禀赋，是全市重点开发的钻石级景区，是昭通旅游的引爆点，也可以打造成旅游扶贫的示范点。

为了打造大山包龙头旅游产品，我们积极策划举办了两届“大山包国际翼装飞行大赛”，改造了大山包小镇，完善了部分旅游配套设施，特别是投入30余亿元修建了大山包一级公路和全省第一条郊野绿道“昭璞绿道”，沿途建设完工昭鲁、酒房两个驿站，彻底解决了制约大山包发展的交通问题。随着大山包旅游的发展，旅游的惠民优势逐步得到体现，当地民众的参与度和认可度逐渐提高，旅游扶贫的效果有效发挥，但是由于受环保问题影响，大山包暂停了旅游开发的步伐。环保红线与旅游开发之间的矛盾在昭通似乎显得格外突出。

昭通拥有两个国家级自然保护区——大山包黑颈鹤国家级自然保护区和乌蒙山国家级自然保护区，涉及大山包、罗汉坝、三江口、小草坝等资源点，这些资源点都是昭通旅游重点开发的区域，生态红线与旅游开发之间的矛盾如何解决，成了交通问题解决后的又一个难题摆在眼前。为了突破旅游发展瓶颈，促进昭通旅游的发展，丰富旅游产品业态，我在积极对接联系县区进行调规、整改的同时，会同其他科室，在全市其他没有涉及生态红线的区域规划了以A级景区创建为抓手，以景区带动乡村旅游发展，盘活一级客源市场为目标的乡村旅游发展布局，逐渐探索了一条以景区观光、节庆赛事、生态农业、移民搬迁等产业与旅游融合发展的立体式、复合型旅游扶贫模式。

我带领产业科和资源开发科对全市的旅游资源进行了摸排、梳理，做到心中有数，同时按照“应评尽评”的原则，在全市范围内指导开展了3A级景区创建评定，全市的A级景区数量由原来的3家增至12家。其中，昭阳名樱庄园的旅游厕所未达到3A级景区的评定标准，我主动与资源开发科对接，帮助争取解决了1个旅游厕所建设经费，并完成了智慧旅游厕所的改造，名樱庄园完成了3A级景区的创建评定，形成了以烧烤、观花、采摘等为一体的旅游产品，吸纳了周边卡户参与旅游经营，成为全市乡村旅游扶贫示范点。彝族六祖分支景区旅游产品类型单一，旅游厕所不达标，我积极与相关科室对接，完成了旅游厕所改造。指导景区栽花植树，规范景区内的民族歌舞表演，将昭阳八景之一的葡萄井、索玛樱桃谷等资源点进行整合打造，帮助景区完成了3A级景区的创建评定，形成了彝族民俗、歌舞、美食体验的景区，打造周末短途游和亲子游产品，成为新兴网红打卡地，极大地带动了景区所在地旧圃镇的乡村旅游发展。为了推进全市重点景区基础设施建设，以项目建设带动景区创建，我积极与市发改委、县区文旅部门对接联系，争取中央预算内资金项目22个资金2亿余元，镇雄天坑溶洞群景区争取专债资金2.5亿元，有效缓解重点景区的建设资金瓶颈，推进大山包、扎西纪念馆、黄连河、豆沙关等重点景区的基础设施建设，夯实了景区创建基础。

昭璞绿道作为大山包景区的衍生产品和有益补充，肯定是要纳入我们3A级景区创建工作的范围。但是作为一条绿道，一个全方位开放式的资源点，无论是景区体量、旅游厕所、标识标牌等硬件设施，还是景区文化、导游讲解员等软件服务似乎都达不到标准。为了解决这一问题，我带领资源科积极研究，与景区业主进行沟通对接，最后制定了将昭鲁、酒房驿站纳入景区范围，同时作为3S、4S级汽车营地进行打包创建，这就解决了景区硬件不足的问题，同时极大地提升了景区的品位。昭璞绿道景区的配套设施甚至可以达到4A级景区的标准，在2019年的旅游革命考核中被评定为省级户外旅游线路产品。

为了发展壮大全市乡村旅游，促进文化旅游深度融合发展，我在思考规划全市乡村旅游的同时，注重与其他相关科室的联系，以地方节庆活动为推手，以游客组织为着力点，加强内宣与外宣相结合，科学安排全市各县区的节庆活动，形成“一县一节庆、月月不重复”的发展态势，推进旅游和农业、林业、体育、康体、养老养生等产业融合发展，因地制宜发展体育赛事、民族节庆、农事采摘、森林旅游、生态农庄等旅游产品，引导更多的贫困村参与发展乡村旅游，吸纳更多的贫困人口直接或间接参与旅游经营。持续举办水富国际半程马拉松赛等国际性体育赛事以及鲁甸樱桃文化旅游节、永善枇杷采摘节、彝族火把节、苗族花山节、回族古尔邦节等赛事节庆活动，推动了旅游与体育、农业、民俗文化的融合发展，本土节庆赛事的外界认知度大幅度提升，有效拉动了本市一级客源市场和滇川黔渝等重点客源市场，切实提升了乡村旅游的品位和内涵，助推全市乡村旅游发展。

乡村旅游是巩固脱贫攻坚成果、实现乡村振兴的重要抓手，我们将按照打造景区的理念指导乡村旅游的发展，继续开展以景区带动周边的乡村旅游发展模式，促进昭通乡村旅游实现健康发展，为乡村振兴提供产业支撑。

（作者时任昭通市文化和旅游局产业发展科科长）

乡村旅游邀你来

陈再春

“含桃最说出东吴，香色鲜秾气味殊。洽洽举头千万颗，婆娑拂面两三株。鸟偷飞处衔将火，人摘争时踏破珠。可惜风吹兼雨打，明朝后日即应无。”唐时白居易赞美吴地樱桃色香味美，人人争食。今日小寨樱桃，不遑多让，每到四五月间，朋友总会相互问候一句：“小寨樱桃熟了，约吗？”相约去小寨摘樱桃、吃美食、赏美景已经成为一种旅游风尚。

2006年，第一届鲁甸樱桃文化旅游节开始举办。那时的樱桃节就是当地人知道的一个自娱自乐的玩乐会，没什么名气，参加的人也不多。小寨的樱桃也没有现在这样出名，尝到味道甘甜、鲜美可口的樱桃时会有人问一句：“这樱桃好甜，哪点产的？”只有老实的水果商贩才会说一句：“就是鲁甸小寨咧。”也是一年一年在这样口碑相传中小寨的樱桃打响了名号，樱桃节也逐渐有了名气，樱桃节一开幕就是在广而告之：“小寨的樱桃熟啦，快点来吃樱桃喽。”

历经14年积累，如今的小寨河两岸已建成10公里樱桃长廊，樱桃种植面积达1.5万亩，盛果期达9000亩。冬去春来，日光转暖，小寨河畔的樱桃花纷纷盛开，如雪似霰，美不胜收。每到4月，花期一败，枝头绿叶繁茂，一颗颗绿色的樱桃藏在叶中吸收日月精华，慢慢长成一颗颗、一串串赛过珍珠、酷似玛瑙的人间美味。这时樱桃节翩然而至，鲁甸县城、小寨、龙头山等地会举办丰富多彩的活动，去樱桃园摘樱桃，到美食街品尝美食、去参加娱乐嘉年华、再看一场文艺演出或者体育比赛，沿途再看看樱桃图片展、文化长廊，就能度过充实而多彩的一天。若是对樱桃的美味念念不忘，那就选一个风和日丽的日子，呼朋引伴相携再去参加一次樱桃节。

去年的樱桃节开幕式选在了4月19日，当天昭鲁大道上车水马龙、川流不息。开幕式场地人流摩肩接踵，樱桃园内欢声笑语，处处都是来摘樱桃，想要品尝第一口美味的游客。如果接连参加了几年樱桃节，明显可以感受到活动内容一年比一年丰富，市场秩序更加规范，交通也一年比一年优化便利，田园风光更是越发美丽怡人。

借助鲁甸小寨樱桃文化旅游节的成功举办，龙头山设立分会场，以百家宴、椒林鸡和一园三馆，吸引了大量游客，其间接待游客38万人次，实现旅游收入16256万元，创下龙头山文化旅游发展历年之最，为龙头山群众增收增添了浓墨重彩的一笔。

过完了樱桃节，品尝了美味的樱桃，饱了口腹之欲，可以到永善去转一转，参加他们的苗族花山节。永善县的“云上草原·浪漫马楠”苗族花山节是以苗族传统节日花山节为主的各民族大团结大联欢活动，每年端午节期间在马楠万亩草原上举行。一到花山节，永善全县及周边县区的苗族、彝族及各民族同胞齐聚草原，喝三道酒，品原味羊汤，购特色商品，赏主题少数民族文艺歌舞演出，观苗族彝族传统体育项目赛马、斗牛、斗羊、草原足球及民族民俗节目斗歌、斗舞等活动。苗族和彝族精美的传统服饰，对歌、上刀山、金江狮舞等传统文化表演，给眼睛和耳朵带来新奇的体验，射弩比赛、篝火晚会、长街宴美食、草原露营会让人全身心都投入在民族节日欢乐的气氛里。

过完花山节，可以转道水富和绥江，去参加半程马拉松比赛和龙舟赛。水富国际半程马拉松赛诞生于2013年，是国内首个跑两圈的半程马拉松赛。自2016年以来，该赛事已连续3年荣获中国田协“马拉松金牌赛事”称号。2019年，水富还举办了金沙江奇石艺术博览会展，销品包括奇石、南红玛瑙、玉石、雕刻雕塑、编织刺绣、陶瓷茶具、古玩字画、民族民间工艺、文化旅游商品、名特药及特产等十类。其间还举办了精品奇石评选、精品奇石拍卖交易会、文化（奇石金融）发展经验交流会等一系列丰富多彩的活动。绥江的金沙江文化旅游节会举办龙舟赛、野钓赛、自行车公开赛、美食节、音乐节等活动，节目精彩纷呈，赛事热闹非凡。

体验完精彩的体育比赛，就能到昭通的美食之都——盐津去逛吃逛吃。盐津豆沙关的“五尺道”遗迹、唐袁滋摩崖、“僰人悬棺”等景点原本就是著名的文化古迹。自2008年以来，豆沙古镇就致力于深入挖掘开发豆沙古镇文化和名优特色美食，实现美食与文化相结合、文化与旅游共衬托，使美食文化成为豆沙古镇旅游的又一亮点，打造并逐步形成豆沙独特的文化旅游品牌，开创了“盐津丝绸之路—南亚廊道豆沙关美食文化旅游节”。农家宴、袁滋街长街宴席主要以各种特色菜袭击人们的味蕾，如味美肉鲜的排骨炖竹笋、甜而不腻的千层肉、秀色可餐的谐和酥肉汤以及令人食味大开的僰乡坨坨肉等。而美食展销、品尝一条街，主要展示盐津县内各个地方的美食小吃，如酸辣水粉、腊猪脚、芭蕉凉粉以及远近闻名的豆沙“三粑”，而民族民间文艺表演主要是展示僰乡文艺团和五尺道艺术团的表演，以及篝火晚会等各种活动表演，精彩绝伦。

现如今，昭通每个县都形成了具有规模、富有特色的文化节庆活动，除了鲁甸、永善、水富、绥江、盐津的各大节庆活动，昭阳区还有一年一度的苹果文化节、“乌蒙之巅·秘境大山包”中国摄影大师赛、昭璞绿道苹果嘉年华音乐节、渔洞樱花文化旅游节、彝族祭祖盛典等。巧家高扬小碗红糖的“旗号”，打造金江小碗红糖文化旅游节。镇雄开创了“赤水源·大雄古邦斗马”文化旅游节。彝良依托小草坝天麻的大名，开展中国小草坝天麻文化旅游节和千年古镇龙灯文化旅游节。威信的扎西会议是长征途中的重要历史节点，中国扎西红色文化旅游节应运而生。大关有黄连河和青龙洞美景，青龙洞文化旅游节就在这青山秀水里举行。昭通的每一个县都发掘出自己的特色文化，与旅游资源结合起来，形成了自己独特的文化旅游节庆文化，带动各县旅游经济发展，在助推脱贫攻坚的同时，也传承了传统文化，让文化活了起来。

文化为魂，旅游为体。旅游不仅是一种经济生活，而且也是一种文化生活，旅游是文化性很强的经济事业，又是经济性很强的文化事业。在精准定位旅游和文化的关系后，各县坚持立足资源、打造特色、精准发力，强化示范引导与整体推进相结合，因村因户施策，主打乡村旅游特色产品和养生休闲度假产品。据鲁甸文化旅游局统计，2019 年樱桃旅游文化节开幕式当天，鲁甸就接待游客 138000 人，同比增长 6.2%，自驾游车辆 30600 辆，同比增长 6.3%。文化节期间（4 月 19 日—5 月 5 日）共接待游客 85 万人，同比增长 13%。其中，接待过夜游客人 87000 人，同比增长 8.8%，接待一日游客人 763000 人，同比增长 15%。自驾游车辆合计 188000 辆次，同比增长 14.6%。接待外国游客 35 人，实现旅游收入 0.96 万美元，折合人民币 6.48 万元。过夜游收入 6266.87 万元，一日游收入 35336.81 万元，合计总收入人民币 41603.68 万元。

《诗经·大雅·民劳》曰："民亦劳止，汔可小康。惠此中国，以绥四方。"2000 多年前，我们的先民就在劳动和生活中渴求美好的小康梦。今天，昭通市委、市政府在决战决胜脱贫攻坚中，认真贯彻"精准扶贫、精准脱贫"基本方略，把旅游扶贫作为稳定脱贫的主要措施之一，坚持产业进村、扶持到户，按照"旅游发展带动扶贫开发、扶贫开发促进旅游发展"的思路和"大自然、原生态、活文化、真生活"的理念，以旅游为载体，以脱贫为目的，做特做优乡村旅游产品、做大做强旅游产业、做精做美城乡旅游环境，合力推进精准扶贫和城乡统筹发展，全市全域旅游水平和档次不断提升，让更多的农村贫困群众因乡村旅游发展而脱贫，让众多的旅游者在欣赏自然风光、名胜古迹、风土人情的同时，也获得了历史文化、民族传统、文学艺术和科学常识等方面知识，开阔了视野，陶冶了情操，接受了教育。

（作者时任昭通市文化和旅游局艺术科科长）

《昭通市脱贫攻坚大决战实录》后记

经过半年的筹划，历时一年的编撰，《昭通市脱贫攻坚大决战实录》〔全套书共 19 卷，其中市级 8 卷、县（市、区）11 卷〕终于在党的百年华诞之际与广大读者见面了。这既是政协昭通市第四届委员会文史工作的成果展示，又是对我市脱贫攻坚工作客观真实的记录，更是用真实的故事展示历史资料的大胆尝试。

反贫困是世界性难题，也是现代国家面临的迫切任务。党的十八大以来，以习近平同志为核心的党中央把扶贫开发摆到治国理政的重要位置，提升到事关全面建成小康社会、实现第一个百年奋斗目标的新高度，纳入“五位一体”总体布局和“四个全面”战略布局进行决策部署，加大扶贫投入，创新扶贫方式，出台系列重大政策措施，扶贫开发取得巨大成就。

昭通作为全国、全省脱贫攻坚的主战场，是最难啃的“硬骨头”。2015 年习近平总书记首次离京考察就到昭通，对昭通脱贫攻坚工作提出了“三个更加”的重要指示要求。昭通全市上下牢记习近平总书记的殷切嘱托，坚持把脱贫攻坚作为全市工作的主题主线，坚持“双统领”“双保障”“双推进”，践行“133”工作思路，汇聚中央和省定点单位、东西部扶贫协作、社会扶贫和各族干部群众磅礴力量，在昭通脱贫攻坚主战场上打响了一场史无前例的脱贫攻坚大决战，长期困扰昭通发展的主要“瓶颈”得以突破，实现根本性跨越，全市185.07万贫困人口全部脱贫、1235个贫困村全部出列、10个贫困县（区）全部摘帽，昭通大地发生了翻天覆地的变化，困扰昭通千百年的绝对贫困得到历史性解决。

为充分发挥政协文史资料“存史、资政、团结、育人”功能，客观、真实地记录昭通市在脱贫攻坚中各项建设和群众生活发生的变化，记述各级干部群众在脱贫攻坚工作中可歌可泣的感人故事，市政协党组拟组织相关部门、专家对2015—2020年我市开展脱贫攻坚的重大事件、典型故事进行搜集整理，编撰《昭通市脱贫攻坚大决战实录》丛书。

在市政协成联远主席亲自关心和指导下，编委会拟订了编撰工作的初步方案和《昭通市脱贫攻坚大决战实录》的整体框架，并于2019年8月7日向市委报送了关于编撰《昭通市脱贫攻坚大决战实录》的请示，市委杨亚林书记批示“此项工作很有意义，同意组织编写，请联远主席牵头负责”。按照市委的批示，市政协党组迅速行动，成联远主席亲自安排、统一部署，及时组织专家拟出了《昭通市脱贫攻坚大决战实录》编撰任务分解方案，经反复讨论、多次修改后，于2020年3月30日上报市委，市委杨亚林书记批示“同意所报方案，客观精准务实地做好工作”。

2020年4月14日，市政协组织召开了《昭通市脱贫攻坚大决战实录》专题会议，市委副书记朱家伟出席会议并作动员讲话，编撰工作在全市正式启动，会议统一了认识、明确了要求。为进一步细化任务、落实责任，编委会于2020年4月23日印发了《昭通市脱贫攻坚大决战实录》编撰任务分解方案的通知，加强对市级单位和县区市编撰工作的指导。随后，市政协副主席陶仁带领专家对11个县（市、区）的编撰工作进行了调研、培训、指导、督促，推动各县（市、区）编撰工作有效开展。针对全市编撰工作存在的问题，编委会经反复研究，统一思想，召开了由40多个市级部门参加的征求意见协商座谈会，在此基础上，进一步完善了编撰任务细化量化分解方案，印发到各县市区加强指导，并于2020年7月16日召开了《昭通市脱贫攻坚大决战实录》编撰工作推进暨培训会议，推进编撰进度，提升编撰水平。

为把《昭通市脱贫攻坚大决战实录》打造成“建党一百周年特别献礼工程”“昭通脱贫攻坚工作特别纪念”，市政协抢抓时间，及时出台系列配套文件，明确了市政协机关各委室联系各单位、部门及市政协委员，专门负责催稿工作，2020 年 10 月底稿件收集基本结束。为使编辑审稿工作有序推进，落到实处，市政协从昭通学院和市委党史研究室聘请专家对编辑工作进行审稿（其中，昭通学院教授唐靖负责市级篇章《综合卷》和《巧家卷》，市政协原经农委主任王华国负责市级篇章《产业就业扶贫卷》和《鲁甸卷》，昭通学院教授傅奠基负责市级篇章《基础设施建设卷》和《盐津卷》《大关卷》，昭通学院教授陈玥负责市级篇章《易地搬迁扶贫卷》和《永善卷》，昭通学院教授王琼负责《民生扶贫卷》和《镇雄卷》，昭通学院教授任继敏负责市级篇章《挂钩帮扶及社会扶贫卷》和《水富卷》，昭通学院教授周玲负责市级篇章《扶贫协作卷》和《彝良卷》《威信卷》，市委党史研究室副主任翟昭明负责市级篇章《组织保障卷》和《昭阳卷》《绥江卷》）。2020 年 11 月 18 日，市政协陶仁副主席主持召开《昭通市脱贫攻坚大决战实录》统稿工作会，统一了丛书形式和内容、结构和逻辑框架。

在市政协党组的坚强领导下，在各位编撰专家、市直各单位、市政协机关各委室、各县市区政协以及编撰办公室成员的大力支持和共同努力下，经夏历冬，数易其稿，2021 年 3 月初，《昭通市脱贫攻坚大决战实录》样书基本成型。2021 年 3 月 17 日，市政协副主席陶仁主持召开《昭通市脱贫攻坚大决战实录》样稿讨论会，进一步推动《昭通市脱贫攻坚大决战实录》编辑出版工作。

首先，本丛书的编撰出版得益于各级领导的正确领导，特别是市委杨亚林书记、市政府郭大进市长、市委朱家伟副书记的指导和支持。其次，本丛书的编撰出版得益于市政协党组的坚强领导，特别是成联远主席亲自指挥，亲自督战，亲自修订纲要，并亲自撰写总序和文章。第三，本丛书的编撰出版得益于全市 200 余家单位和部门的积极参与，全市领导干部，基层工作人员，脱贫攻坚督导员、驻村工作队员，政协委员，他们不仅是脱贫攻坚一线指战员，同时还撰写亲身经历脱贫攻坚工作的真实故事。据统计，全市共有1700余人参与《昭通市脱贫攻坚大决战实录》撰稿工作中，收到初稿2526篇。应该说，本丛书的编撰工作是我市脱贫攻坚工作的有机组成部分，同样也凝聚着全市干部群众的智慧和心血，是集体智慧的结晶。最后，特别要提的是昭通学院对本丛书编撰工作的支持和帮助。昭通学院党委大力支持《昭通市脱贫攻坚大决战实录》的编撰工作，在师资紧缺的情况下，委派出周玲、傅奠基、唐靖、陈玥、任继敏、王琼等六位教授参与编撰工作中，为编撰工作注入了智慧和力量。

在编撰《昭通市脱贫攻坚大决战实录》时，编撰专家精心筛选、整理、提炼，力求将那些散落于基层的珍珠捡拾起来，洗尽铅华，还原本真，形成真实的历史故事。这套书注重文史资料“亲历、亲见、亲闻”原则，以第一人称行文，部分新闻通讯、消息类稿件，在公开媒体上发表过，体现新闻的真实性，也作为资料收录，补充《昭通市脱贫攻坚大决战实录》内容。编者旨在通过真实、感人的故事让脱贫攻坚工作在时代的聚光灯下接受检阅，给过往和经历者以心灵的依稀穿越，获取一种灵魂的战栗和反思。同时，给不曾经历，甚至不曾听闻过的后人以另一种历史的演绎，告诉他们当年自己的祖先那段荡气回肠、可歌可泣的脱贫史。

虽说《昭通市脱贫攻坚大决战实录》丛书已呈现在读者面前，但由于编撰时间紧迫、人手不够、水平有限，不免存在内容欠全面、认知不到位、归类难把握等问题和瑕疵，恳请各位方家在阅读过程中批评指正，不吝赐教，我们定当虚心接受意见建议，进一步加以修改完善，以遗后人，真正达到“存史、资政、团结、育人”之目的。

编委会办公室